3. 관리가 합격의 차이!
해커스이기에 가능한 **단기합격 관리 시스템**

업계 단독! 어디서도 볼 수 없었던
논술 끝장 집중케어 시스템

실전 대비 필수 코스!
해커스 전국 실전 무료 모의고사

수강생이라면 누구나! 1:1 집중케어
교수님께 질문하기 서비스

카톡, 전화로 언제 어디서나!
1:1 전문 상담진과 학습 상담

해커스행정사
문제풀이 강의 20% 할인권
492CE547B8B2C000

이용 경로
해커스행정사(adm.Hackers.com) 접속 후 로그인 ▶
메인페이지 우측 하단 [쿠폰&수강권 등록] 입력란에 쿠폰번호 등록 후 이용

* 유효기간: 2026년 12월 31일까지(등록 후 7일간 사용 가능)

▲ 쿠폰 등록 바로가기

해커스행정사
쌩기초특강 무료 수강권

이용 경로
해커스행정사(adm.Hackers.com) 접속 후 로그인 ▶
사이트 메인 상단의 [이벤트] 클릭 ▶
[★쌩기초특강 전과목 무료!] 배너 클릭 후 수강 신청 ▶
[마이클래스 - 패스 강좌]에서 강의 수강

* 신청 후 15일간 수강 가능(매일 선착순 100명 제공, ID당 1회에 한해 이용 가능)

▲ 지금 바로 무료 수강

해커스행정사
양기백
민법총칙 1차 기출+실전문제집

해커스

양기백

약력

현 | 해커스행정사 민법총칙 강사
해커스 공인중개사 부동산공시법령 강사
해커스 중개실무강의 대표강사
해커스 감정평가사 감정평가관계법규 강사
전 | EBS 부동산공시법령 전임강사
노량진·종로·강남 박문각 부동산공시법령 전임강사

저서

해커스행정사 양기백 민법총칙 1차 핵심요약집
해커스행정사 양기백 민법총칙 1차 기본서
해커스행정사 양기백 민법총칙 1차 기출+실전문제집
해커스 감정평가사 양기백 감정평가관계법규 1차 기출+예상문제집
해커스 감정평가사 양기백 감정평가관계법규 기본서
공인중개사 부동산공시법령 기본서, 박문각
공인중개사 부동산공시법령 기본서, 북파일
공인중개사 부동산공시법령 기본서, 랜드하나

서문

본 교재는 행정사 1차 시험 합격을 위한 민법총칙 문제집입니다.
객관식 절대평가 시험에서 기출문제는 매우 중요합니다. 매년 객관식 시험의 약 70%는 기출된 내용에서 다시 출제된다고 해도 무방하기 때문입니다.

『해커스행정사 양기백 민법총칙 기출+실전문제집』은 수험생 여러분이 가장 효율적이며 효과적으로 합격할 수 있도록 다음과 같은 특징을 가지고 있습니다.

첫째, 행정사 시험 민법총칙 과목의 2013년 제1회부터 2025년 제13회까지 모든 기출문제와 그에 대한 해설을 수록하였습니다.

둘째, 행정사뿐만 아니라 다른 공신력 있는 자격시험의 기출문제를 변형한 예상문제를 함께 제공하여, 다양한 유형의 문제를 풀어보며 실전 감각을 기를 수 있습니다.

셋째, 본 교재의 문제를 풀면서 자연스럽게 내용이 정리될 수 있도록 가급적 해설은 상세히 수록하였습니다. 판례문제의 경우에는 해설로 판례의 원문을 그대로 인용하여 수험생들이 판례의 취지를 이해하는 데 도움이 되도록 하였습니다.

수험생 여러분은 공부방법을 전략적으로 선택하셔야 합니다. 기본 이론서로 전체적인 개념을 잡으시고, 기출문제로 방대한 내용에 대해 선택과 집중을 하신다면 반드시 목표점수에 도달할 수 있을 것입니다. 문제를 푸신 후에는 정답만 확인하는 것이 아니고 모든 선택지의 내용을 이해하시기 바랍니다. 본 교재를 기본으로 다회독하고, 기본서 또는 핵심요약집으로 내용을 보충한다면 합격을 위한 가장 효율적인 학습방법이 될 것입니다.

민법총칙은 민법의 가장 기초적인 법리를 이해하는 과목이므로, 민법총칙의 이해가 바탕이 되어야 다른 법 과목 및 2차 민법(계약)도 이해하기 쉽습니다. 따라서 민법총칙은 그냥 시험 과목 중 하나라는 생각보다는 자신의 리걸 마인드(Legal Mind)의 기초를 확립시키는 공부라고 생각하시면 공부에 대한 부담을 줄일 수 있을 것입니다.

'흔들리지 않고 피는 꽃은 없다'고 하였습니다.
여러분의 노력과 인내가 아름다운 꽃으로 피어날 것을 믿으면서 수험생 여러분의 행복과 합격을 기원합니다.

2025년 10월 청량산 연구실에서
양기백 올림

차례

행정사 시험안내   6
출제경향분석 및 수험대책   8

제1장 통칙

제1절 민법의 의의   12
제2절 민법의 법원(法源)   13

제3장 권리의 주체

제1절 자연인   38
제2절 법인   68

제2장 법률관계와 권리·의무

제1절 권리와 의무   22
제2절 신의성실의 원칙과 권리남용금지의 원칙   25

제4장 권리의 객체 - 물건   106

제5장 권리의 변동

제1절	서설	118
제2절	법률행위	120
제3절	의사표시	146
제4절	법률행위의 대리	181
제5절	법률행위의 무효와 취소	214
제6절	조건과 기한(법률행위의 부관)	237

제7장 소멸시효

제1절	서설 및 소멸시효의 요건	258
제2절	소멸시효의 중단과 정지	271
제3절	소멸시효의 효력	282

제6장 기간 248

행정사 시험안내

원서 접수방법

- 국가자격시험 행정사 홈페이지(www.Q-net.or.kr/site/haengjung)에 접속하여 소정의 절차를 거쳐 원서를 접수합니다.
- 인터넷 원서 접수 시 최근 6개월 이내에 촬영한 본인의 여권용 사진(300×400 이상, dpi 300 권장, JPG, 용량 200KB 이하)을 등록합니다.
- 응시 수수료는 1차 25,000원, 2차 40,000원입니다.
  * 2025년 제13회 행정사 시험 일반응시자 기준

시험 과목 및 시간

차수 및 교시		시험 과목		문항 수	시간
1차	1교시	• 민법(총칙 관련 내용으로 한정) • 행정법 • 행정학개론(지방자치행정 포함)		과목당 25문항 (총 75문항)	75분 (09:30~10:45)
2차	1교시	• 민법(계약 관련 내용으로 한정) • 행정절차론(행정절차법 포함)		과목당 4문항 (논술 1문제, 약술 3문제)	100분 (09:30~11:10)
	2교시	[공통] 사무관리론(민원처리에 관한 법률, 행정업무의 운영 및 혁신에 관한 규정 포함)	[선택(택1)] • 행정사실무법(행정심판사례, 비송사건절차법) • 해사실무법(선박안전법, 해운법, 해사안전기본법, 해상교통안전법, 해양사고의 조사 및 심판에 관한 법률) • 해당 외국어(외국어능력검정시험으로 대체)		일반·해사 100분 (11:40~13:20) 외국어번역 50분 (11:40~12:30)

시험일정 및 방법

구분	2025년 제13회 1차	2025년 제13회 2차
시험일정	2025년 5월 31일(토)	2025년 9월 27일(토)
합격자 발표	2025년 7월 2일(수)	2025년 12월 10일(수)
방법	• 객관식 5지 선택형 • 국가전문자격 공통 표준형카드에 답안 작성	• 논술형 및 약술형 • 국가전문자격 주관식 답안지에 답안 작성

* 2025년 제13회 행정사 시험 기준
* 정확한 일정은 국가자격시험 행정사 홈페이지 공지사항 참고

최종 정답 및 합격자 발표

최종 정답 발표	인터넷(www.Q-net.or.kr/site/haengjung)을 통하여 확인 가능합니다.
합격자 발표	최종 합격자 발표는 1차 및 2차 시험을 각각 치른 약 한 달 후에 행정사 홈페이지(www.Q-net.or.kr/site/haengjung) 혹은 ARS(1666-0100, 유료)를 통하여 확인 가능합니다.
합격자 결정 방법	• 제1차 시험과 제2차 시험 합격자는 과목(제2차 시험의 외국어시험은 외국어능력검정시험으로 대체)당 100점을 만점으로 하여 모든 과목의 점수가 40점 이상이고, 전 과목의 평균 점수가 60점 이상인 사람을 합격자로 합니다. • 단, 2차 시험 합격자가 최소 선발인원보다 적은 경우에는 최소 선발인원이 될 때까지 모든 과목의 점수가 40점 이상인 사람 중에서 전 과목 평균 점수가 높은 순으로 합격자를 추가로 결정하고, 이 경우 동점자가 있어 최소 선발인원을 초과하는 경우에는 그 동점자 모두를 합격자로 합니다. • 최소 선발인원이 적용되는 일반·해사행정사(공무원 경력에 의해 2차 시험 일부 과목을 면제받는 응시자 포함) 2차 시험에서 합격자 결정 시, 공무원 경력 일부 과목 면제 합격자 수에 상관없이 일반 응시자가 최소 선발인원에 도달할 때까지 점수 순위에 따라 추가 합격자로 합니다.

출제경향분석 및 수험대책

편별 출제비중(제13회~제1회)

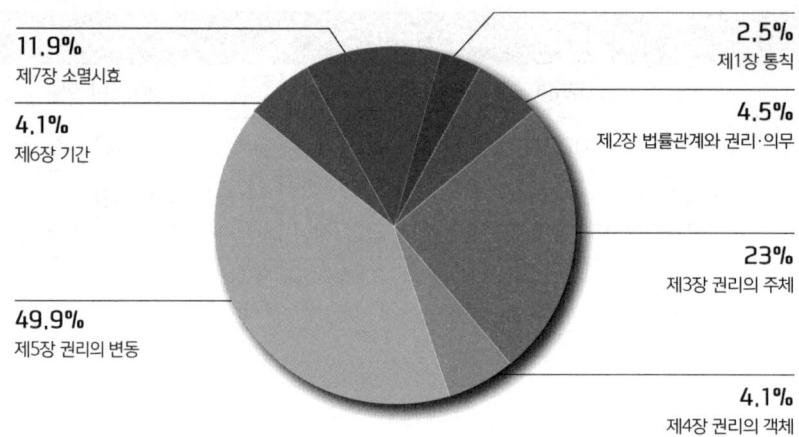

- 11.9% 제7장 소멸시효
- 4.1% 제6장 기간
- 49.9% 제5장 권리의 변동
- 2.5% 제1장 통칙
- 4.5% 제2장 법률관계와 권리·의무
- 23% 제3장 권리의 주체
- 4.1% 제4장 권리의 객체

장별 출제비중(제13회~제1회)

구분		출제비율
제1장	통칙	2.5%
제2장	법률관계와 권리·의무	4.5%
제3장	제1절 총설	0.0%
	제2절 자연인	10.7%
	제3절 법인	12.3%
제4장	권리의 객체	4.1%
제5장	제1절 총설	0.0%
	제2절 법률행위	10.2%
	제3절 의사표시	12.7%
	제4절 법률행위의 대리	13.5%
	제5절 법률행위의 무효와 취소	9.4%
	제6절 조건과 기한(법률행위의 부관)	4.1%
제6장	기간	4.1%
제7장	소멸시효	11.9%

2025년 제13회 민법총칙 총평

- 이번 2025년 제13회 행정사 민법총칙 시험은 예년과 비교하여 비슷한 난이도로 출제되었습니다. 평소 성실히 수업을 듣고 정리하셨다면 무난히 고득점을 받을 수 있을 것이라 생각합니다.
- 옳은 지문을 묻는 문제는 8개였으며, 사례 겸 박스형 문제가 1문제 출제되었습니다. 이는 예년과 비슷한 수준이거나 약간 쉬운 수준이었습니다.
- 구체적으로 기출문제가 반복 출제되었으며, 어려운 지문이 있더라도 정답 지문은 명백히 보이는 문제가 많았습니다. 종합적으로 예년과 비슷한 수준의 평이한 문제였다고 생각합니다.

2026년 제14회 민법총칙 수험대책

- 기존의 기출문제 유형과 난이도에서 크게 벗어나지 않는다면, 2026년 제14회 민법총칙 시험도 기출문제 위주로 핵심적인 내용만 정리하시면 좋은 결과가 있을 것입니다.
- 먼저 기본적인 민법의 기초개념을 정립하시고, 기본개념 위에 조문과 판례이론을 강의 커리큘럼에 맞게 성실히 따라만 와 주신다면 무난히 합격점수를 얻을 수 있을 것이라 생각합니다. 열심히 하셔서 좋은 결과가 있기를 바랍니다.

해커스행정사
adm.Hackers.com

제 1 장

통칙

제1장 통칙

제1절 | 민법의 의의

01 민법의 의의에 관한 다음 서술 중 옳지 않은 것은?

① 민법은 개인 간의 법률관계를 규율하는 사법이며 실체법에 속한다.
② 민법은 실체법이므로 민법 속에는 절차법적인 규정이 있을 수 없다.
③ 민법은 사람·장소 등에 관계없이 일반적으로 적용되는 일반법이다.
④ 민법은 사생활과 일반거래생활에서 일어나는 법률관계를 규율하는 일상생활의 법이라 할 수 있다.
⑤ 민법의 보호대상은 사익에 관한 것이다.

해설

민법은 법인 이사의 벌칙과 같은 형벌법규(제97조), 채권의 강제이행의 방법(제389조)과 같은 절차법 규정도 포함하고 있다.

정답 | 01 ②

제2절 | 민법의 법원(法源)

01 민법의 법원(法源)에 관한 설명으로 옳지 않은 것은? (다툼이 있으면 판례에 따름) 제3회

① 민사에 관하여 법률에 규정이 없으면 관습법에 의하고 관습법이 없으면 조리에 의한다.
② 헌법에 의하여 체결·공포된 조약이나 일반적으로 승인된 국제법규가 민사에 관한 것이라도 민법의 법원이 될 수 없다.
③ 공동선조와 성과 본을 같이 하는 후손은 성별의 구별 없이 성년이 되면 당연히 종중의 구성원이 된다고 보는 것이 조리에 합당하다.
④ 법령과 같은 효력을 갖는 관습법은 특별한 사정이 없으면 당사자의 주장·증명을 기다릴 필요 없이 법원이 직권으로 이를 확정하여야 한다.
⑤ 헌법을 최상위 규범으로 하는 전체 법질서에 반하는 사회생활규범은 사회의 거듭된 관행으로 생성된 것일지라도 관습법으로서의 효력이 인정될 수 없다.

해설

민법 제1조에서 말하는 법원으로서 '법률'은 국회에서 제정·공포된 형식적 의미의 법률만 의미하는 것이 아니고 성문화된 법규명령, 조약, 자치법규 등 성문법 전체를 말하는 것이다. 헌법에 의하여 체결·공포된 조약이나 일반적으로 승인된 국제법규도 민법의 법원이 될 수 있다.

02 민법의 법원(法源)에 관한 설명으로 가장 옳지 않은 것은? (다툼이 있으면 판례에 따름)

① 관습법은 법률에 대하여 보충적인 효력을 갖는다.
② 여기에서 법률은 국회에서 통과된 성문의 법률만을 의미한다.
③ 민사문제에 관하여 법률, 관습법, 조리의 순서로 재판의 준칙이 된다.
④ 관습법은 법원이 그 존재의 여부를 직권으로 조사하여 적용한다.
⑤ 조리는 사물의 본질로서 법원인 동시에 법률해석과 계약해석의 기준이 된다.

해설

민법 제1조에서의 성문법은 형식적 의미의 법률에 한정하지 않고 넓은 의미의 법률, 즉 성문화된 명령, 규칙, 자치법규, 국제법 등을 통칭한다.

정답 | 01 ② 02 ②

03 민법의 법원(法源)에 관한 설명으로 옳지 않은 것은? (다툼이 있으면 판례에 따름) 제10회

① 헌법에 의하여 체결·공포된 민사에 관한 조약은 민법의 법원(法源)이 될 수 있다.
② 관습법은 헌법재판소의 위헌법률심판의 대상이 아니다.
③ 관습법의 존재는 특별한 사정이 없으면 당사자의 주장·증명을 기다릴 필요 없이 법원이 직권으로 확정하여야 한다.
④ 사실인 관습은 법원(法源)으로서 법령에 저촉되지 않는 한 법칙으로서의 효력이 있다.
⑤ 공동선조와 성과 본을 같이 하는 후손은 성별의 구별 없이 성년이 되면 당연히 종중의 구성원이 된다고 보는 것이 조리에 합당하다.

해설

② 관습법은 민법 시행 이전에 상속을 규율하는 법률이 없는 상황에서 재산상속에 관하여 적용된 규범으로서 비록 형식적 의미의 법률은 아니지만 실질적으로는 법률과 같은 효력을 갖는 것이므로 위헌법률심판의 대상이 된다(헌재 2013.2.28, 2009헌바129).
④ 관습법은 바로 법원으로서 법령과 같은 효력을 갖는 관습으로서 법령에 저촉되지 않는 한 법칙으로서의 효력이 있는 것이며, 이에 반하여 사실인 관습은 법령으로서의 효력이 없는 단순한 관행으로서 법률행위의 당사자의 의사를 보충함에 그치는 것이다(대판 1983.6.14, 80다3231).

[참고]

구분	관습법(법 제106조)	사실인 관습(법 제106조)
의의	사회의 거듭된 관행으로 생성한 사회생활규범이 사회의 법적 확신과 인식에 의하여 법적 규범으로 승인·강행되기에 이른 것	사회의 관행에 의하여 발생한 사회생활규범이지만 사회의 법적 확신이나 인식에 의하여 법적 규범으로서 승인된 정도에 이르지 않은 것
성립요건	1. 관행이 존재 2. 법적 확신 3. 법질서에 반하지 아니하는 것 ※ 법원의 재판(국가승인)은 요건 아님	1. 관행이 존재 2. 선량한 풍속 기타 사회질서에 반하지 않을 것 ※ 법적 확신은 요건이 아님
효력	법원으로서 법령의 효력을 가짐(법 규범)	법원이 아니므로 법령으로서 효력은 없고 법률행위의 당사자의 의사표시를 보충하는 것에 그침(사실)
입증책임	법원이 직권으로 확정	그 존재를 당사자가 주장·입증

04 관습법과 사실인 관습에 관한 설명으로 옳지 않은 것은? (다툼이 있는 경우에는 판례에 의함)

제2회

① 관습법은 헌법을 최상위 규범으로 하는 전체 법질서에 반하지 않고 정당성과 합리성이 있어야 한다.
② 관습법은 바로 법원(法源)으로서 법령과 같은 효력을 갖는 관습이므로 법령에 저촉하는 관습법도 법칙으로서 효력이 있다.
③ 사실인 관습은 사회의 관행에 의하여 발생한 사회생활규범인 점에서 관습법과 같다.
④ 사실인 관습은 단순한 관행으로서 법률행위의 당사자의 의사를 보충한다.
⑤ 관습법도 사회구성원이 그러한 관행의 법적 구속력에 대하여 확신을 갖지 않게 된 경우 그 법적 규범으로서 효력을 잃는다.

해설

법령에 저촉하는 관습법은 법칙으로서 효력이 없다. 관습법이란 사회의 거듭된 관행으로 생성한 사회생활규범이 사회의 법적 확신과 인식에 의하여 법적 규범으로 승인·강행되기에 이른 것을 말하고, 그러한 **관습법은 법원으로서 법령에 저촉되지 아니하는 한 법칙으로서의 효력이 있는 것이고**, 또 사회의 거듭된 관행으로 생성한 어떤 사회생활규범이 법적 규범으로 승인되기에 이르렀다고 하기 위하여는 헌법을 최상위 규범으로 하는 전체 법질서에 반하지 아니하는 것으로서 정당성과 합리성이 있다고 인정될 수 있는 것이어야 하고, 그렇지 아니한 사회생활규범은 비록 그것이 사회의 거듭된 관행으로 생성된 것이라고 할지라도 이를 법적 규범으로 삼아 관습법으로서의 효력을 인정할 수 없다(대판 2005.7.21, 2002다1178 전합).

정답 | 03 ②④   04 ②

05 민법의 법원(法源)에 관한 설명으로 옳지 않은 것은? (다툼이 있으면 판례에 따름) 제7회

① 관습법은 법률에 대하여 열후적·보충적 성격을 가진다.
② 헌법에 의하여 체결·공포된 조약으로서 민사에 관한 것은 민법의 법원이 된다.
③ 관습법은 원칙적으로 당사자의 주장·입증을 기다림이 없이 법원이 직권으로 이를 확정할 수 있다.
④ 민법 제1조 소정의 '법률'은 헌법이 정하는 절차에 따라서 제정·공포되는 형식적 의미의 법률만을 뜻한다.
⑤ 사회의 거듭된 관행으로 생성된 사회생활규범은 전체 법질서에 반하지 않아야 관습법으로서의 효력이 인정될 수 있다.

해설

민법 제1조에서 말하는 '법률'은 국회에서 제정·공포된 형식적 의미의 법률만 의미하는 것이 아니고 성문화된 법규명령, 조약, 자치법규 등 성문법 전체를 말하는 것이다. 헌법에 의하여 체결·공포된 조약이나 일반적으로 승인된 국제법규도 민법의 법원이 될 수 있다.

06 다음 중 판례에 의해서 확인된 관습법이나 관습법상의 제도가 아닌 것은?

① 분묘기지권
② 동산의 양도담보
③ 명인방법
④ 미등기 무허가건물의 양수인의 소유권에 준하는 관습상의 물권
⑤ 관습법상의 법정지상권

해설

관습법 ○	명인방법, 관습법상 법정지상권, 분묘기지권, 명의신탁, 동산양도담보
관습법 ×	사도통행권, 온천권, 공원이용권, 미등기 무허가건물의 양수인의 소유권에 준하는 관습상의 물권

07 관습법과 사실인 관습에 관한 설명으로 옳은 것을 모두 고른 것은? (다툼이 있으면 판례에 따름)

제8회

> ㉠ 관습법은 사회의 거듭된 관행으로 생성된 사회생활규범이 법적 확신과 인식에 의하여 법적 규범으로 승인된 것이다.
> ㉡ 종래 관습법으로 승인되었더라도 그 관습법을 적용하여야 할 시점에서 전체 법질서에 부합하지 않게 되었다면 법적 규범으로서의 효력이 부정된다.
> ㉢ 사실인 관습은 법령으로서의 효력이 없는 단순한 관행으로서 당사자의 의사를 보충하는 데 그친다.

① ㉠
② ㉠, ㉡
③ ㉠, ㉢
④ ㉡, ㉢
⑤ ㉠, ㉡, ㉢

해설

㉠㉢ 관습법이란 사회의 거듭된 관행으로 생성된 사회생활규범이 사회의 법적 확신과 인식에 의하여 법적 규범으로 승인·강행되기에 이르른 것을 말하고, 사실인 관습은 사회의 관행에 의하여 발생한 사회생활규범인 점에서 관습법과 같으나 사회의 법적 확신이나 인식에 의하여 법적 규범으로서 승인된 정도에 이르지 않은 것을 말하는바, 관습법은 바로 법원으로서 법령과 같은 효력을 갖는 관습으로서 법령에 저촉되지 않는 한 법칙으로서의 효력이 있는 것이며, 이에 반하여 사실인 관습은 법령으로서의 효력이 없는 단순한 관행으로서 법률행위의 당사자의 의사를 보충함에 그치는 것이다(대판 1983.6.14, 80다3231).

㉡ 사회의 거듭된 관행으로 생성된 사회생활규범이 관습법으로 승인되었다고 하더라도 사회 구성원들이 그러한 관행의 법적 구속력에 대하여 확신을 갖지 않게 되었다거나, 사회를 지배하는 기본적 이념이나 사회질서의 변화로 인하여 그러한 관습법을 적용하여야 할 시점에 있어서의 전체 법질서에 부합하지 않게 되었다면 그러한 관습법은 법적 규범으로서의 효력이 부정될 수밖에 없다(대판 2005.7.21, 2002다1178 전합).

정답 | 05 ④ 06 ④ 07 ⑤

08 민법의 법원(法源)인 관습법에 관한 설명으로 옳지 않은 것은? (다툼이 있으면 판례에 따름)

제6회

① 관습법이란 사회의 거듭된 관행으로 생성된 사회생활규범이 사회의 법적 확신과 인식에 의하여 법적 규범으로 승인·강행되기에 이른 것을 말한다.
② 어떤 관행이 관습법으로 승인된 이상, 사회구성원들이 그러한 관행의 법적 구속력에 대하여 확신을 갖지 않게 되었더라도, 그 관습법은 법규범으로서의 효력에 영향을 받지 않는다.
③ 관습법의 존재는 당사자의 주장·증명이 없어도 법원이 직권으로 이를 확정할 수 있다.
④ 수목의 집단에 대한 공시방법인 명인방법은 판례에 의하여 확인된 관습법이다.
⑤ 관습법은 법령에 저촉되지 아니하는 한 법칙으로서의 효력이 있다.

해설

관습법이란 사회의 거듭된 관행으로 생성된 사회생활규범이 사회의 법적 확신과 인식에 의하여 법적 규범으로 승인·강행되기에 이른 것을 말하고, 사실인 관습은 사회의 관행에 의하여 발생한 사회생활규범인 점에서 관습법과 같으나 사회의 법적 확신이나 인식에 의하여 법적 규범으로서 승인된 정도에 이르지 않은 것을 말한다.

09 관습법과 사실인 관습에 관한 설명으로 옳지 않은 것은? (다툼이 있으면 판례에 따름)

제5회

① 관습법은 성문법에 대하여 보충적 효력을 가진다.
② 관습법이 성립하기 위해서는 사회구성원의 법적 확신과 인식이 있어야 한다.
③ 사실인 관습은 법원(法源)으로서의 효력이 인정된다.
④ 사실인 관습은 그 존재를 당사자가 주장·증명하여야 한다.
⑤ 사실인 관습은 당사자의 의사가 명확하지 아니한 때에 그 의사를 보충함에 그친다.

해설

사실인 관습은 법원(法源)으로서의 효력이 없다.

10 관습법과 사실인 관습에 관한 설명으로 옳은 것은? (다툼이 있으면 판례에 따름) 제13회

① 미등기 무허가건물의 취득자에게는 소유권에 준하는 관습법상의 물권이 있다.
② 사실인 관습은 법원(法源)으로서 법령에 저촉되지 않는 한 법칙으로서의 효력이 있다.
③ 시효로 관습법상 분묘기지권을 취득한 사람은 토지소유자가 분묘기지에 관한 지료를 청구하면 그 청구한 날부터의 지료를 지급하여야 한다.
④ 관습법은 그 존재를 당사자가 주장, 증명하여야 하고, 법원이 직권으로 확정할 수 없다.
⑤ 사실인 관습은 관련 분야의 제정법이 강행규정이라도 특별한 사정이 없는 한 법률행위의 의사를 보충하는 기능으로서 재판의 자료로 할 수 있다.

해설

③ 구 장사 등에 관한 법률(이하 '장사법'이라 한다)의 시행일인 2001.1.13. 이전에 타인의 토지에 분묘를 설치한 다음 20년간 평온·공연하게 분묘의 기지(기지)를 점유함으로써 분묘기지권을 시효로 취득하였더라도, 분묘기지권자는 토지소유자가 분묘기지에 관한 지료를 청구하면 그 청구한 날부터의 지료를 지급할 의무가 있다고 보아야 한다(대판 2021.4.29, 2017다228007 전합).

[지문분석]
① 미등기 무허가건물의 양수인이라 할지라도 그 소유권이전등기를 경료받지 않는 한 그 건물에 대한 소유권을 취득할 수 없고, 그러한 상태의 건물 양수인에게 소유권에 준하는 관습상의 물권이 있다고 볼 수도 없으므로, 건물을 신축하여 그 소유권을 원시취득한 자로부터 그 건물을 매수하였으나 아직 소유권이전등기를 갖추지 못한 자는 그 건물의 불법점거자에 대하여 직접 자신의 소유권 등에 기하여 명도를 청구할 수는 없다(대판 2007.6.15, 2007다11347).
② 사실인 관습은 법령으로서의 효력이 없는 단순한 관행으로서 법률행위의 당사자의 의사를 보충함에 그치는 것이다(대판 1983.6.14, 80다3231).
④ 관습법은 그 존재를 법원이 직권으로 확정한다.
⑤ 사실인 관습은 임의규정의 영역에서 당사자의 의사를 보충하는 기능을 한다.

해커스행정사
adm.Hackers.com

제 2 장

법률관계와 권리·의무

제2장 법률관계와 권리·의무

제1절 | 권리와 의무

01 다음 중 권리가 아닌 것은?

① 인격권
② 지식재산권
③ 가족권
④ 취소권
⑤ 대리권

해설

대리권은 타인을 위하여 그 자에 대하여 일정한 법률효과를 발생하게 하는 능력 내지 자격으로, 권리가 아니라 권한이다.

02 다음 중 형성권이 아닌 것은?   제9회

① 물권적 청구권
② 취소권
③ 추인권
④ 동의권
⑤ 계약해지권

해설

물권적 청구권은 물권의 내용의 실현이 어떤 사정으로 말미암아 방해당하고 있거나 방해당할 염려가 있는 경우에 물권자가 방해자에 대하여 그 방해의 제거 또는 예방에 필요한 일정한 행위를 청구할 수 있는 권리이다. 즉, 형성권이 아니라 청구권이다. 형성권이란 권리자의 일방적인 의사표시에 의하여 일정한 권리변동을 가져오게 하는 권리를 말한다. 법률행위의 동의권(제10조), 취소권(제140조), 추인권(제143조), 계약의 해제권·해지권(제543조), 매매의 예약완결권(제564조) 등이 이에 속한다.

03 형성권의 행사에 해당하는 것을 모두 고른 것은? 제6회

> ㉠ 무권대리행위에 대한 본인의 추인
> ㉡ 미성년자의 법률행위에 대한 법정대리인의 취소
> ㉢ 상계적상에 있는 채무의 대등액에 관한 채무자 일방의 상계
> ㉣ 채무불이행을 원인으로 한 계약의 해제

① ㉠, ㉢
② ㉡, ㉣
③ ㉠, ㉡, ㉢
④ ㉡, ㉢, ㉣
⑤ ㉠, ㉡, ㉢, ㉣

해설

모두 형성권이다. 형성권이란 권리자의 일방적인 의사표시에 의하여 일정한 권리변동을 가져오게 하는 권리를 말한다. 법률행위의 동의권(제5조, 제10조), 제한능력자의 상대방의 촉구권·철회권·거절권(제15조, 제16조), 취소권(제140조), 추인권(제143조), 계약의 해제권·해지권(제543조), 상계권(제492조), 매매의 예약완결권(제564조) 등이 있다.

정답 | 01 ⑤ 02 ① 03 ⑤

04 권리의 충돌과 경합에 관한 설명으로 옳지 않은 것은? (다툼이 있으면 판례에 의함)

① '권리의 경합'이란 하나의 생활사실이 수 개의 법규의 요건을 충족하여 동일한 목적을 가지는 수개의 권리가 동일한 권리자에게 발생하는 경우를 말한다.
② 경합하는 하나의 권리를 행사하여 그 목적을 달성하는 경우에도 나머지 권리는 소멸하지 않는다.
③ '권리의 충돌'이란 동일한 객체에 수개의 권리가 존재하는 경우에 그 객체가 권리 모두를 만족시키지 못하는 경우를 말한다.
④ 소유권과 제한물권 사이에는 제한물권이 소유권에 항상 우선한다.
⑤ 동일물에 대해 물권과 채권이 충돌한 때에는 그 성립시기를 불문하고 물권이 우선한다.

해설

경합하는 하나의 권리를 행사하여 그 목적을 달성하는 경우에는 나머지 권리는 모두 소멸한다. 예컨대 임대차 기간이 만료되면 임대인은 소유권에 기한 반환청구권과 임대차계약상의 반환청구권을 갖는다. 2개의 반환청구권의 경합이 있게 되는데, 하나의 청구권을 행사하여 목적물을 반환받으면 목적을 달성하였으므로 다른 하나의 반환청구권은 소멸한다.

정답 | 04 ②

제2절 | 신의성실의 원칙과 권리남용금지의 원칙

01 신의칙에 관한 설명으로 옳지 않은 것은? (다툼이 있으면 판례에 따름) 　　제10회

① 신의칙에 반하는 것은 강행규정에 위반하는 것이므로 당사자의 주장이 없더라도 법원이 직권으로 판단할 수 있다.
② 법정대리인의 동의 없이 신용구매계약을 체결한 미성년자가 나중에 법정대리인의 동의 없음을 이유로 그 계약을 취소하는 것은 신의칙에 반한다.
③ 무권대리인이 본인을 단독 상속한 경우, 본인의 지위에서 자신이 한 무권대리행위의 추인을 거절하는 것은 신의칙에 반한다.
④ 병원은 입원환자의 휴대품 등의 도난을 방지하기 위하여 필요한 적절한 조치를 강구하여 줄 신의칙상 보호의무가 있다.
⑤ 채권자가 유효하게 성립한 계약에 따른 급부의 이행을 청구하는 경우, 법원이 신의칙에 의하여 그 급부의 일부를 감축하는 것은 원칙적으로 허용되지 않는다.

해설

② 미성년자의 법률행위에 법정대리인의 동의를 요하도록 하는 것은 강행규정인데, 위 규정에 반하여 이루어진 신용구매계약을 미성년자 스스로 취소하는 것을 신의칙 위반을 이유로 배척한다면, 이는 오히려 위 규정에 의해 배제하려는 결과를 실현시키는 셈이 되어 미성년자 제도의 입법 취지를 몰각시킬 우려가 있으므로, 법정대리인의 동의 없이 신용구매계약을 체결한 **미성년자가 사후에 법정대리인의 동의 없음을 사유로 들어 이를 취소하는 것이 신의칙에 위배된 것이라고 할 수 없다**(대판 2007.11.16, 2005다71659·71666·71673).

[지문분석]
① 신의성실의 원칙에 반하는 것 또는 권리남용은 강행규정에 위배되는 것이므로 당사자의 주장이 없더라도 법원은 직권으로 판단할 수 있다(대판 1995.12.22, 94다42129).
③ 대리권한 없이 타인의 부동산을 매도한 자가 그 부동산을 상속한 후 소유자의 지위에서 자신의 대리행위가 무권대리로 무효임을 주장하여 등기말소 등을 구하는 것은 금반언원칙이나 신의칙상 허용될 수 없다(대판 1994.9.27, 94다20617).
④ 병원은 병실에의 출입자를 통제·감독하든가 그것이 불가능하다면 최소한 입원환자에게 휴대품을 안전하게 보관할 수 있는 시정장치가 있는 사물함을 제공하는 등으로 입원환자의 휴대품 등의 도난을 방지함에 필요한 적절한 조치를 강구하여 줄 신의칙상의 보호의무가 있다고 할 것이고, 이를 소홀히 하여 입원환자와는 아무런 관련이 없는 자가 입원환자의 병실에 무단출입하여 입원환자의 휴대품 등을 절취하였다면 병원은 그로 인한 손해배상책임을 면하지 못한다(대판 2003.4.11, 2002다63275).
⑤ 유효하게 성립한 계약상의 책임을 공평의 이념 또는 신의칙과 같은 일반원칙에 의하여 제한하는 것은 사적 자치의 원칙이나 법적 안정성에 대한 중대한 위협이 될 수 있으므로, 채권자가 유효하게 성립한 계약에 따른 급부의 이행을 청구하는 때에 법원이 그 급부의 일부를 감축하는 것은 원칙적으로 허용되지 않는다(대판 2016.12.1, 2016다240543).

정답 | 01 ②

02 신의성실의 원칙(이하 '신의칙')에 관한 설명으로 옳지 않은 것은? (다툼이 있으면 판례에 따름)
제11회

① 사적 자치의 영역을 넘어 공공질서를 위하여 공익적 요구를 선행시켜야 할 경우에도 특별한 사정이 없는 한 신의칙이 합법성의 원칙보다 우월하다.
② 신의칙이란 "법률관계의 당사자는 상대방의 이익을 고려하여 형평에 어긋나거나 신의를 저버리는 내용 또는 방법으로 권리를 행사하거나 의무를 이행하여서는 안 된다."는 추상적 규범을 말한다.
③ 숙박업자는 신의칙상 부수적 의무로서 고객의 안전을 배려할 보호의무를 부담한다.
④ 인지청구권에는 실효의 법리가 적용되지 않는다.
⑤ 이사가 회사 재직 중에 채무액과 변제기가 특정되어 있는 회사채무를 보증한 후 사임한 경우, 그 이사는 사정변경을 이유로 그 보증계약을 일방적으로 해지할 수 없다.

해설

신의성실의 원칙은 추상적 규범이다. 따라서 사적 자치의 영역을 넘어 공공질서를 위하여 공익적 요구를 선행시켜야 할 사안에서는 원칙적으로 합법성의 원칙은 신의성실의 원칙보다 우월한 것이므로 신의성실의 원칙은 합법성의 원칙을 희생하여서라도 구체적 신뢰보호의 필요성이 인정되는 경우에 비로소 적용된다(대판 2021.6.10, 2021다207489·207496).

03 신의성실의 원칙에 관한 다음 설명 중 가장 옳지 않은 것은? (다수설에 의함)

① 민법상 신의성실의 원칙은 법률관계의 당사자가 상대방의 이익을 배려하여 형평에 어긋나거나 신뢰를 저버리는 내용 또는 방법으로 권리를 행사하거나 의무를 이행하여서는 아니 된다는 추상적인 규범이다.
② 신의성실의 원칙은 권리의 발생·변경·소멸의 기능을 갖는다.
③ 신의성실의 원칙은 민법뿐 아니라 상법 등 사법(私法)의 전 영역에서 적용된다.
④ 신의성실의 원칙은 오직 권리행사와 의무이행에만 적용되는 것으로서 이에 기해 어떠한 의무가 도출되는 것은 아니다.
⑤ 신의성실원칙의 위반 또는 권리남용은 당사자의 주장이 없더라도 직권으로 판단할 수 있다.

해설

신의성실의 원칙이란 법률관계에 있는 자는 서로 상대방의 신뢰에 어긋나지 않도록 성실히 행동해야 한다는 원칙으로, 권리행사와 의무이행에만 적용되는 것은 아니며, 신의칙은 급부의무 또는 명시적으로 규정되어 있는 종된 의무를 확장하여 부수의무를 발생시킨다.

04 신의성실의 원칙(이하 '신의칙'이라 함)에 관한 설명으로 옳은 것은? (다툼이 있는 경우에는 판례에 의함)

제1회

① 신의칙 위반에 대해서도 변론주의 원칙이 적용되므로 당사자의 주장이 없으면 법원이 직권으로 이를 판단할 수 없다.
② 회사의 이사로 재직하면서 보증 당시 그 채무액과 변제기가 특정되어 있는 회사의 확정채무에 대하여 보증을 한 후 이사직을 사임하였다면, 사정변경을 이유로 그 보증계약을 해지할 수 있다.
③ 법정대리인의 동의 없이 신용구매계약을 체결한 미성년자가 사후에 법정대리인의 동의 없음을 사유로 들어 이를 취소하는 것은 신의칙에 반하지 않는다.
④ 국가는 국민을 보호할 의무가 있기 때문에 소멸시효가 완성되었더라도 국가가 이를 주장하는 것은 신의칙에 반한다.
⑤ 사정변경이 해제권을 취득하는 당사자의 책임 있는 사유로 생긴 경우에도 그 당사자는 사정변경을 이유로 계약을 해제할 수 있다.

해설

[지문분석]
① 신의성실의 원칙에 반하는 것 또는 권리남용은 강행규정에 위배되는 것이므로 당사자의 주장이 없더라도 법원은 직권으로 판단할 수 있다(대판 1995.12.22, 94다42129).
② 회사의 이사가 채무액과 변제기가 특정되어 있는 회사 채무에 대하여 보증계약을 체결한 경우에는 계속적 보증이나 포괄근보증의 경우와는 달리 이사직 사임이라는 사정변경을 이유로 보증인인 이사가 일방적으로 보증계약을 해지할 수 없다(대판 2006.7.4, 2004다30675).
④ 국가에게 국민을 보호할 의무가 있다는 사유만으로 국가가 소멸시효의 완성을 주장하는 것 자체가 신의성실의 원칙에 반하여 권리남용에 해당한다고 할 수는 없다(대판 2005.5.13, 2004다71881).
⑤ 이른바 사정변경으로 인한 계약해제는, 계약성립 당시 당사자가 예견할 수 없었던 현저한 사정의 변경이 발생하였고 그러한 **사정의 변경이 해제권을 취득하는 당사자에게 책임 없는 사유로 생긴 것으로서**, 계약내용대로의 구속력을 인정한다면 신의칙에 현저히 반하는 결과가 생기는 경우에 계약준수 원칙의 예외로서 인정되는 것이고, 여기에서 말하는 사정이라 함은 계약의 기초가 되었던 객관적인 사정으로서, 일방당사자의 주관적 또는 개인적인 사정을 의미하는 것은 아니다. 또한, 계약의 성립에 기초가 되지 아니한 사정이 그 후 변경되어 일방당사자가 계약 당시 의도한 계약목적을 달성할 수 없게 됨으로써 손해를 입게 되었다 하더라도 특별한 사정이 없는 한 그 계약내용의 효력을 그대로 유지하는 것이 신의칙에 반한다고 볼 수도 없다(대판 2007.3.29, 2004다31302).

정답 | 02 ① 03 ④ 04 ③

05 신의성실의 원칙(이하 '신의칙'이라 한다)에 관한 설명으로 옳지 않은 것은? (다툼이 있으면 판례에 따름)

제8회

① 신의칙은 당사자의 주장이 없어도 법원이 직권으로 판단할 수 있다.
② 일반 행정법률관계에 관한 관청의 행위에 대하여 신의칙은 특별한 사정이 있는 경우 예외적으로 적용될 수 있다.
③ 사용자는 특별한 사정이 없는 한 근로계약에 수반되는 신의칙상의 부수적 의무로서 피용자의 안전에 대한 보호의무를 부담한다.
④ 숙박업자는 신의칙상 부수적 의무로서 투숙객의 안전을 배려할 보호의무를 부담한다.
⑤ 항소권과 같은 소송법상의 권리에는 신의칙 내지 실효의 원칙이 적용될 수 없다.

해설

⑤ 실효의 원칙이라 함은 권리자가 장기간에 걸쳐 그 권리를 행사하지 아니함에 따라 그 의무자인 상대방이 더 이상 권리자가 권리를 행사하지 아니할 것으로 신뢰할 만한 정당한 기대를 가지게 된 경우에 새삼스럽게 권리자가 그 권리를 행사하는 것은 법질서 전체를 지배하는 신의성실의 원칙에 위반되어 허용되지 아니한다는 것을 의미하고, **항소권과 같은 소송법상의 권리에 대하여도 이러한 원칙은 적용될 수 있다**(대판 1996.7.30, 94다51840).

[지문분석]
① 신의성실의 원칙에 반하는 것 또는 권리남용은 강행규정에 위배되는 것이므로 당사자의 주장이 없더라도 법원은 직권으로 판단할 수 있다(대판 1995.12.22, 94다42129).
② 일반 행정법률관계에서 관청의 행위에 대하여 신의칙이 적용되기 위해서는 합법성의 원칙을 희생하여서라도 처분의 상대방의 신뢰를 보호함이 정의의 관념에 부합하는 것으로 인정되는 특별한 사정이 있을 경우에 한하여 예외적으로 적용된다(대판 2004.7.22, 2002두11233).
③ 사용자는 근로계약에 수반되는 신의칙상의 부수적 의무로서 피용자가 노무를 제공하는 과정에서 생명, 신체, 건강을 해치는 일이 없도록 인적·물적 환경을 정비하는 등 필요한 조치를 강구하여야 할 보호의무를 부담하고, 이러한 보호의무를 위반함으로써 피용자가 손해를 입은 경우 이를 배상할 책임이 있다(대판 2001.7.27, 99다56734).
④ 숙박업자는 통상의 임대차와 같이 단순히 여관 등의 객실 및 관련 시설을 제공하여 고객으로 하여금 이를 사용·수익하게 할 의무를 부담하는 것에서 한 걸음 더 나아가 고객에게 위험이 없는 안전하고 편안한 객실 및 관련 시설을 제공함으로써 고객의 안전을 배려하여야 할 보호의무를 부담하며 이러한 의무는 숙박계약의 특수성을 고려하여 신의칙상 인정되는 부수적인 의무로 숙박업자가 이를 위반하여 고객의 생명·신체를 침해하여 투숙객에게 손해를 입힌 경우 불완전이행으로 인한 채무불이행책임을 부담한다(대판 2000.11.24, 2000다38718·38725).

06 신의성실의 원칙에 관한 설명으로 옳지 않은 것은? (다툼이 있으면 판례에 따름) 제12회

① 신의칙 위반 여부는 당사자의 주장이 없더라도 법원이 직권으로 판단할 수 있다.
② 사정변경의 원칙에서의 사정이란 계약을 체결하게 된 일방 당사자의 주관적·개인적 사정을 의미한다.
③ 실효의 원칙은 공법관계인 권력관계에도 적용될 수 있다.
④ 여행계약상 기획여행업자는 여행자의 안전을 확보하기 위한 합리적 조치를 할 신의칙상 안전배려의무가 있다.
⑤ 주로 자기의 채무 이행만을 회피하기 위한 수단으로 동시이행항변권을 행사하는 경우, 그 항변권의 행사는 권리남용이 될 수 있다.

해설

사정변경을 이유로 한 계약 해제는 계약 성립 당시 당사자가 예견할 수 없었던 현저한 사정의 변경이 발생하였고 그러한 사정의 변경이 해제권을 취득하는 당사자에게 책임 없는 사유로 생긴 것으로서, 계약 내용대로의 구속력을 인정한다면 신의칙에 현저히 반하는 결과가 생기는 경우에 계약준수 원칙의 예외로서 인정된다. 그리고 여기서의 **변경된 사정이라 함은 계약의 기초가 되었던 객관적인 사정으로서, 일방 당사자의 주관적 또는 개인적 사정을 의미하는 것은 아니다**(대판 2013.9.26, 2012다13637 전합).

정답 | 05 ⑤ 06 ②

07 신의성실의 원칙에 관한 설명으로 옳은 것은? (다툼이 있으면 판례에 따름)

제7회

① 신의성실의 원칙에 반하는지 여부는 당사자의 주장이 없더라도 법원이 직권으로 판단할 수 있다.
② 특정채무를 보증하는 일반보증의 경우에는 채권자의 권리행사가 신의성실의 원칙에 비추어 용납할 수 없는 성질의 것인 때에도 보증인의 책임은 제한될 수 없다.
③ 강행규정에 위반하여 계약을 체결한 자가 스스로 그 계약의 성립을 부정하는 것은 특별한 사정이 없는 한 신의성실의 원칙에 반한다.
④ 종전 토지 소유자가 자신의 권리를 행사하지 않았다는 사정은 그 토지의 소유권을 적법하게 취득한 새로운 권리자에게 실효의 원칙을 적용함에 있어서 고려되어야 한다.
⑤ 계약의 성립에 기초가 되지 아니한 사정이 현저히 변경되어 일방당사자가 계약목적을 달성할 수 없게 된 경우에는 특별한 사정이 없는 한 신의성실의 원칙상 계약을 해제할 수 있다.

해설

① 신의성실의 원칙에 반하는 것 또는 권리남용은 강행규정에 위배되는 것이므로 당사자의 주장이 없더라도 법원은 직권으로 판단할 수 있다(대판 1995.12.22, 94다42129).

[지문분석]
② 채권자와 채무자 사이에 계속적인 거래관계에서 발생하는 불확정한 채무를 보증하는 이른바 계속적 보증의 경우뿐만 아니라 특정채무를 보증하는 일반보증의 경우에 있어서도, 채권자의 권리행사가 신의칙에 비추어 용납할 수 없는 성질의 것인 때에는 보증인의 책임을 제한하는 것이 예외적으로 허용될 수 있을 것이나, 일단 유효하게 성립된 보증계약에 따른 책임을 신의칙과 같은 일반원칙에 의하여 제한하는 것은 자칫 잘못하면 사적 자치의 원칙이나 법적 안정성에 대한 중대한 위협이 될 수 있으므로 신중을 기하여 극히 예외적으로 인정하여야 한다(대판 2004.1.27, 2003다45410).
③ 강행법규를 위반한 자가 스스로 그 약정의 무효를 주장하는 것이 신의칙에 위배되는 권리의 행사라는 이유로 그 주장을 배척한다면, 이는 오히려 강행법규에 의하여 배제하려는 결과를 실현시키는 셈이 되어 입법취지를 완전히 몰각하게 되므로 달리 특별한 사정이 없는 한 위와 같은 주장은 신의칙에 반하는 것이라고 할 수 없다(대판 2007.11.29, 2005다64552).
④ 토지의 소유권을 취득하기 이전의 종전 토지 소유자들이 자신들의 권리를 행사하지 아니하였다는 사정은 그 토지의 소유권을 적법하게 취득한 원고들에게 권리의 실효 원칙을 적용함에 있어서 고려하여야 할 것은 아니다(대판 1995.8.25, 94다27069).
⑤ 이른바, 사정변경으로 인한 계약해제는 계약성립 당시 당사자가 예견할 수 없었던 현저한 사정의 변경이 발생하였고 그러한 사정의 변경이 해제권을 취득하는 당사자에게 책임 없는 사유로 생긴 것으로서, 계약내용대로의 구속력을 인정한다면 신의칙에 현저히 반하는 결과가 생기는 경우에 계약준수 원칙의 예외로서 인정되는 것이고, 여기에서 말하는 사정이라 함은 계약의 기초가 되었던 객관적인 사정으로서, 일방당사자의 주관적 또는 개인적인 사정을 의미하는 것은 아니라 할 것이다. 또한, 계약의 성립에 기초가 되지 아니한 사정이 그 후 변경되어 일방당사자가 계약 당시 의도한 계약목적을 달성할 수 없게 됨으로써 손해를 입게 되었다 하더라도 특별한 사정이 없는 한 그 계약내용의 효력을 그대로 유지하는 것이 신의칙에 반한다고 볼 수도 없다 할 것이다(대판 2007.3.29, 2004다31302).

08 신의성실의 원칙에 관한 설명으로 옳은 것은? (다툼이 있으면 판례에 따름) 제3회

① 병원은 입원환자의 휴대품 등의 도난을 방지하는 데 필요한 적절한 조치를 강구할 신의성실의 원칙상의 보호의무가 없다.
② 채무자의 소멸시효에 기한 항변권의 행사에는 신의성실의 원칙이 적용되지 않는다.
③ 강행법규를 위반한 자가 스스로 그 약정의 무효를 주장하는 것은 특별한 사정이 없는 한 신의성실의 원칙에 반한다.
④ 송전선이 토지 위를 통과하고 있다는 점을 알면서 그 토지를 시가대로 취득한 자의 송전선 철거 청구는 신의성실의 원칙에 반하거나 권리남용으로서 허용될 수 없다.
⑤ 미성년자가 법정대리인의 동의 없이 신용구매계약을 체결한 후에 법정대리인의 동의 없음을 사유로 이를 취소하는 것은 신의성실의 원칙에 반하지 않는다.

해설

[지문분석]
① 병원은 입원환자의 휴대품 등의 도난을 방지하는 데 필요한 적절한 조치를 강구할 신의성실의 원칙상의 보호의무가 있다.
② 채무자의 소멸시효에 기한 항변권의 행사에는 신의성실의 원칙이 적용된다.
③ 강행법규를 위반한 자가 스스로 그 약정의 무효를 주장하는 것은 특별한 사정이 없는 한 신의성실의 원칙에 반하지 않는다.
④ 송전선이 토지 위를 통과하고 있다는 점을 알면서 그 토지를 시가대로 취득한 자의 송전선 철거 청구는 신의성실의 원칙에 반하거나 권리남용에 해당하지 않는다.

정답 | 07 ① 08 ⑤

09 신의성실의 원칙에 관한 설명으로 옳지 않은 것은? (다툼이 있으면 판례에 따름) 제5회

① 제한능력자의 행위라는 이유로 법률행위를 취소하는 것은 신의성실의 원칙에 위배되지 않는다.
② 강행법규에 위반하여 약정을 체결한 당사자가 그 약정의 무효를 주장하는 것은 신의성실의 원칙에 반하지 아니한다.
③ 무권대리인이 본인을 단독 상속한 경우 본인의 지위에서 추인을 거절하는 것은 신의성실의 원칙에 위배된다.
④ 이사가 회사재직 중 회사의 확정채무를 보증한 후 사임한 경우에 사정변경을 이유로 보증계약을 해지할 수 있다.
⑤ 법원은 당사자의 주장이 없더라도 직권으로 신의성실의 원칙에 위반되는지 여부를 판단할 수 있다.

해설

회사의 이사가 채무액과 변제기가 특정되어 있는 회사 채무에 대하여 보증계약을 체결한 경우에는 계속적 보증이나 포괄근보증의 경우와는 달리 이사직 사임이라는 사정변경을 이유로 보증인인 이사가 일방적으로 보증계약을 해지할 수 없다(대판 2006.7.4, 2004다30675).

10 신의성실의 원칙 등에 관한 설명으로 옳은 것을 모두 고른 것은? (다툼이 있으면 판례에 따름) 제4회

㉠ 병원은 병실에의 출입자를 통제·감독하든가 그것이 불가능하다면 입원환자의 휴대품 등의 도난을 방지함에 필요한 적절한 조치를 강구하여 줄 신의칙상의 보호의무가 있다.
㉡ 인지청구권에는 실효의 법리가 적용된다.
㉢ 매매계약체결 후 9년이 지났고 시가가 올랐다는 사정만으로 계약을 해제할 만한 사정변경이 있다고 볼 수 없다.
㉣ 실효의 원칙은 항소권과 같은 소송법상의 권리에도 적용될 수 있다.

① ㉠, ㉢ ② ㉡, ㉣
③ ㉠, ㉡, ㉣ ④ ㉠, ㉢, ㉣
⑤ ㉠, ㉡, ㉢, ㉣

해설

㉠, ㉢, ㉣은 옳다.
[지문분석]
㉡ 인지청구권은 본인의 일신전속적인 신분관계상의 권리로서 포기할 수도 없으며 포기하였더라도 그 효력이 발생할 수 없는 것이고, 이와 같이 인지청구권의 포기가 허용되지 않는 이상 거기에 실효의 법리가 적용될 여지도 없다(대판 2001.11.27, 2001므1353).

11 신의성실의 원칙에 관한 설명으로 옳은 것은? (다툼이 있으면 판례에 따름) 제13회

① 신의성실의 원칙은 당사자의 주장이 없더라도 법원이 직권으로 판단할 수 있다.
② 소멸시효를 이유로 한 채무자의 항변권 행사에는 신의성실의 원칙이 적용되지 않는다.
③ 무권대리인이 본인을 단독 상속한 경우, 본인의 지위에서 추인을 거절하더라도 신의성실의 원칙에 반하지 않는다.
④ 강행규정에 위반하여 계약을 체결한 자가 스스로 그 계약의 무효를 주장하는 것은 특별한 사정이 없는 한 신의성실의 원칙에 반한다.
⑤ 조건의 성취로 이익을 받을 당사자가 신의성실에 반하여 조건을 성취시키더라도, 상대방이 그 조건이 성취하지 아니한 것으로 주장할 수는 없다.

해설

① 신의성실의 원칙에 반하는 것 또는 권리남용은 강행규정에 위배되는 것이므로 당사자의 주장이 없더라도 법원은 직권으로 판단할 수 있다(대판 1989.9.29, 88다카17181).
[지문분석]
② 채무자의 소멸시효에 기한 항변권의 행사도 우리 민법의 대원칙인 신의성실의 원칙과 권리남용금지의 원칙의 지배를 받는 것이다(대판 2005.5.13, 2004다71881).
③ 대리권한 없이 타인의 부동산을 매도한 자가 그 부동산을 상속한 후 소유자의 지위에서 자신의 대리행위가 무권대리로 무효임을 주장하여 등기말소 등을 구하는 것은 금반언원칙이나 신의칙상 허용될 수 없다(대판 1994.9.27, 94다20617).
④ 강행법규를 위반한 자가 스스로 강행법규에 위배된 약정의 무효를 주장하는 것이 신의칙에 위반되는 권리의 행사라는 이유로 그 주장을 배척한다면, 이는 오히려 강행법규에 의하여 배제하려는 결과를 실현시키는 셈이 되어 입법 취지를 완전히 몰각하게 되므로 달리 특별한 사정이 없는 한 위와 같은 주장은 신의칙에 반하는 것이라고 할 수 없다(대판 2011.3.10, 2007다17482).
⑤ 조건의 성취로 인하여 이익을 받을 당사자가 신의성실에 반하여 조건을 성취시킨 때에는 상대방은 그 조건이 성취하지 아니한 것으로 주장할 수 있다(제150조 제2항).

정답 | 09 ④ 10 ④ 11 ①

12 권리남용에 관한 설명으로 옳지 않은 것은? (다툼이 있으면 판례에 따름)   제9회

① 확정판결에 따른 강제집행도 특별한 사정이 있으면 권리남용이 될 수 있다.
② 주로 자기의 채무 이행만을 회피할 목적으로 동시이행 항변권을 행사하는 경우에 그 항변권의 행사는 권리남용이 될 수 있다.
③ 권리남용이 인정되기 위해서는 권리행사로 인한 권리자의 이익과 상대방의 불이익 사이에 현저한 불균형이 있어야 한다.
④ 권리남용이 불법행위가 되어 발생한 손해배상청구권은 1년의 단기소멸시효가 적용된다.
⑤ 토지소유자의 건물 철거 청구가 권리남용으로 인정된 경우라도 토지소유자는 그 건물의 소유자에 대해 그 토지의 사용대가를 부당이득으로 반환청구할 수 있다.

해설

④ 불법행위로 인한 소멸시효는 안 날로부터 3년, 불법행위를 한 날로부터 10년이다.

> 제766조【손해배상청구권의 소멸시효】① 불법행위로 인한 손해배상의 청구권은 피해자나 그 법정대리인이 그 손해 및 가해자를 안 날로부터 3년간 이를 행사하지 아니하면 시효로 인하여 소멸한다.
> ② 불법행위를 한 날로부터 10년을 경과한 때에도 전항과 같다.
> ③ 미성년자가 성폭력, 성추행, 성희롱, 그 밖의 성적(性的) 침해를 당한 경우에 이로 인한 손해배상청구권의 소멸시효는 그가 성년이 될 때까지는 진행되지 아니한다.

[지문분석]
① 확정판결에 의한 권리라 하더라도 신의에 좇아 성실히 행사되어야 하고 그 판결에 기한 집행이 권리남용이 되는 경우에는 허용되지 않으므로 집행채무자는 청구이의의 소에 의하여 그 집행의 배제를 구할 수 있다(대판 1997.9.12, 96다4862).
② 일반적으로 동시이행의 관계가 인정되는 경우에 그러한 항변권을 행사하는 자의 상대방이 그 동시이행의 의무를 이행하기 위하여 과다한 비용이 소요되거나 또는 그 의무의 이행이 실제적으로 어려운 반면 그 의무의 이행으로 인하여 항변권자가 얻는 이득은 별달리 크지 아니하여 **동시이행의 항변권의 행사가 주로 자기 채무의 이행만을 회피하기 위한 수단이라고 보여지는 경우에는 그 항변권의 행사는 권리남용으로서 배척되어야 할 것이다**(대판 2001.9.18, 2001다9304).
③ 권리남용이 인정되기 위한 객관적 요건으로서 권리행사로 인한 권리자의 이익과 상대방의 불이익 사이에 현저한 불균형이 있어야 한다.
⑤ 권리의 행사가 권리남용에 해당한다면, 권리의 원래 효과는 발생하지 않는다. 그러나 권리 자체가 소멸하는 것은 아니어서 부당이득청구가 가능한 경우도 있다.

13 권리남용에 관한 설명으로 옳지 않은 것은? (다툼이 있으면 판례에 의함)
① 권리자가 법령에 위반되어 무효임을 알면서도 법률행위를 한 후 강행법규 위반을 이유로 그 법률행위의 무효를 주장하여도 원칙적으로 권리남용에 해당하지 않는다.
② 권리자의 권리행사에 대하여 상대방이 권리남용을 주장하지 않아도 법원은 이를 직권으로 판단할 수 있다.
③ 당사자 간의 합의로 권리남용금지 원칙의 적용을 배제하기로 하는 특약은 허용되지 않는다.
④ 채무자가 소멸시효에 기한 항변권을 행사하는 경우에도 권리남용금지 원칙이 적용된다.
⑤ 권리남용을 이유로 권리 그 자체가 박탈되는 경우는 없다.

해설

친권을 남용하면 친권의 상실선고(제924조)로 친권을 박탈시킬 수 있다.

14 신의성실의 원칙(이하 '신의칙'이라 함)에 관한 설명으로 옳지 않은 것은? (다툼이 있는 경우에는 판례에 의함)   제2회
① 신의칙이란 법률관계의 당사자로서 형평에 어긋나거나 신뢰를 버리는 내용 또는 방법으로 권리를 행사하거나 의무를 이행하여서는 아니 된다는 추상적 규범을 말한다.
② 신의칙에 관한 제2조는 강행규정이므로 법원은 그 위반 여부를 직권으로 판단할 수 있다.
③ 강행규정을 위반한 행위를 한 사람이 그 무효를 주장하는 것은 특별한 사정이 없으면, 신의칙에 반하지 아니한다.
④ 권리의 행사로 권리자가 얻는 이익보다 상대방이 잃은 이익이 현저하게 크다는 사정만으로 권리남용이 인정된다.
⑤ 본인을 상속한 무권대리인이 무권대리행위의 무효를 주장하는 것은 신의칙에 반한다.

해설

권리행사가 권리의 남용에 해당한다고 할 수 있으려면, 주관적으로 그 권리행사의 목적이 오직 상대방에게 고통을 주고 손해를 입히려는 데 있을 뿐, 행사하는 사람에게 아무런 이익이 없을 경우이어야 하고, 객관적으로는 그 권리행사가 사회질서에 위반된다고 볼 수 있어야 하는 것이며, 이와 같은 경우에 해당하지 않는 한 비록 그 권리의 행사에 의하여 권리행사자가 얻는 이익보다 상대방이 입을 손해가 현저히 크다 하여도 그러한 사정만으로는 권리남용이라 할 수 없는 것이다(대판 1986.7.22, 85다카2307).

정답 | 12 ④   13 ⑤   14 ④

해커스행정사
adm.Hackers.com

제 3 장

권리의 주체

제3장 권리의 주체

제1절 | 자연인

I 권리능력

01 권리능력에 관한 설명으로 옳은 것은? 제4회

① 2인 이상이 동일한 위난으로 사망한 경우 동시에 사망한 것으로 본다.
② 태아는 모든 법률관계에서 권리의 주체가 될 수 있다.
③ 의사능력이 없는 자는 권리능력도 인정되지 않는다.
④ 외국인은 대한민국의 도선사(導船士)가 될 수 있다.
⑤ 우리 민법은 외국인의 권리능력에 관하여 명문규정을 두고 있지 않다.

해설

⑤ 우리 민법은 외국인의 권리능력에 관하여 명문규정을 두고 있지 않다. 외국인은 국제법과 조약이 정하는 바에 의하여 그 지위가 보장된다(헌법 제6조 제2항).

[지문분석]
① 2인 이상이 동일한 위난으로 사망한 경우에는 동시에 사망한 것으로 **추정한다**.
② 우리 민법은 태아를 모든 법률관계에 있어서 이미 출생한 것으로 보지 않고, 태아의 보호에 특히 중요하다고 생각되는 법률관계만 개별적으로 열거하여 이에 한하여만 이미 출생한 것으로 보는 개별적 보호주의를 취하고 있다. 즉, 불법행위에 기한 손해배상청구권, 상속 등에 있어서는 출생한 것으로 보나 태아의 수증능력은 인정하지 않는다.
③ 의사능력이 없는 자라도 권리능력은 인정된다.
④ 대한민국 국민이 아닌 사람은 도선사가 될 수 없다(도선법 제6조).

02 권리능력에 관한 설명 중 옳지 않은 것은?
① 자연인은 오직 사망에 의해서만 권리능력을 상실한다.
② 미성년자, 금치산자도 권리능력이 있다.
③ 태아는 권리능력이 없으므로 유언자의 사망 시 태아였던 자에 대한 유증은 무효이다.
④ 청산 중의 법인은 청산의 목적범위 내에서 권리능력이 있다.
⑤ 실종선고를 받은 자라도 생존해 있으면 권리능력이 있다.

해설

태아도 예외적으로 불법행위에 기한 손해배상의 청구, 상속권, 유류분권, 대습상속, 유증에 대하여는 권리능력이 인정된다.

03 자연인의 권리능력에 관한 설명으로 옳은 것은? (다툼이 있으면 판례에 따름)   제6회
① 권리능력은 가족관계등록부의 기재로 그 취득이 추정되므로, 그 기재가 진실에 반하는 사정이 있더라도 번복하지 못한다.
② 동시사망이 추정되는 경우에도 대습상속은 인정될 수 있다.
③ 태아인 동안에 부(父)가 교통사고로 사망한 경우, 태아는 살아서 출생하더라도 그 정신적 고통에 대한 위자료를 청구할 수 없다.
④ 태아가 사산된 경우에도 태아인 동안의 권리능력은 인정된다.
⑤ 실종선고를 받은 자는 실종기간이 만료한 때에 사망한 것으로 추정한다.

해설

[지문분석]
① 권리능력은 가족관계등록부의 기재로 그 취득이 추정되므로, 그 기재가 진실에 반하는 사정이 입증되면 번복된다.
③ 태아는 살아서 출생하면 그 정신적 고통에 대한 위자료를 청구할 수 있다.
④ 태아가 사산된 경우에는 태아인 동안의 권리능력은 인정되지 않는다.
⑤ 실종선고를 받은 자는 실종기간이 만료한 때에 사망한 것으로 본다.

정답 | 01 ⑤   02 ③   03 ②

04 태아의 권리능력이 인정되는 경우가 아닌 것은?

① 불법행위에 기한 손해배상청구권
② 유증
③ 상속
④ 인지
⑤ 사인증여

해설

태아의 권리능력 인정 (개별적 보호주의)	1. 불법행위에 기한 손해배상청구권(제762조) 2. 상속(제1000조 제3항) 3. 유증(제1064조, 제1000조 제3항) 4. 인지(제858조) 그러나 태아가 부에게 인지청구는 불가
태아의 권리능력 부정	사인증여(판례)

05 부부 사이인 甲과 그의 아이 丙을 임신한 乙은 A의 과실로 교통사고를 당했다. 이에 관한 설명으로 옳은 것을 모두 고른 것은?

제8회

㉠ 이 사고로 丙이 출생 전 乙과 함께 사망하였더라도 丙은 A에 대하여 불법행위로 인한 손해배상청구권을 가진다.
㉡ 사고 후 살아서 출생한 丙은 A에 대하여 甲의 부상으로 입게 될 자신의 정신적 고통에 대한 위자료를 청구할 수 있다.
㉢ 甲이 사고로 사망한 후 살아서 출생한 丙은 甲의 A에 대한 불법행위로 인한 손해배상청구권을 상속받지 못한다.

① ㉠
② ㉡
③ ㉢
④ ㉠, ㉡
⑤ ㉡, ㉢

해설

> ⓒ 제762조【손해배상청구권에 있어서의 태아의 지위】태아는 손해배상의 청구권에 관하여는 이미 출생한 것으로 본다.

태아도 손해배상청구권에 관하여는 이미 출생한 것으로 보는바, 부가 교통사고로 상해를 입을 당시 태아가 출생하지 아니하였다고 하더라도 그 뒤에 출생한 이상 부의 부상으로 인하여 입게 될 정신적 고통에 대한 위자료를 청구할 수 있다(대판 1993.4.27, 93다4663).

[지문분석]
㉠ 태아인 丙이 사망하였다면 불법행위로 인한 손해배상을 청구할 수 없다. 태아가 특정한 권리에 있어서 이미 태어난 것으로 본다는 것은 살아서 출생한 때에 출생시기가 문제의 사건의 시기까지 소급하여 그 때에 태아가 출생한 것과 같이 법률상 보아 준다고 해석하여야 상당하므로 그가 모체와 같이 사망하여 출생의 기회를 못 가진 이상 배상청구권을 논할 여지가 없다(대판 1976.9.14, 76다1365).
㉢ 부의 사망으로 부가 갖게 된 손해배상청구권은 태아에게 상속된다. 태아는 상속순위에 관하여는 이미 출생한 것으로 본다(제1000조 제3항).

Ⅱ 행위능력

06 민법상 '능력'에 관한 설명으로 옳지 않은 것은? (다툼이 있으면 판례에 의함)

① 자기 행위의 결과를 정상적으로 인식할 수 없는 자도 권리능력이 있다.
② 행위능력에 관한 규정은 임의규정이다.
③ 의사능력은 구체적인 법률행위와 관련하여 개별적으로 판단하여야 한다.
④ 민법상 조합에는 권리능력이 인정되지 않는다.
⑤ 모(母)가 임신 중에 타인의 불법행위로 태아의 부(父)가 사망한 경우, 태아는 그 뒤에 출생하면 부의 부상으로 인하여 입게 될 정신적 고통에 대한 위자료를 청구할 수 있다.

해설

권리능력, 행위능력 등 민법의 능력에 관한 규정은 강행규정이다.

정답 | 04 ⑤ 05 ② 06 ②

07 민법상 미성년자의 법률행위에 관한 설명으로 옳지 않은 것은? (다툼이 있으면 판례에 따름)
제12회

① 미성년자의 법률행위에 법정대리인의 동의를 요하도록 하는 규정은 강행규정이다.
② 법정대리인의 동의를 요하는 미성년자의 법률행위에 있어서 법정대리인의 동의는 묵시적으로는 할 수 없다.
③ 미성년자가 법정대리인으로부터 허락을 얻은 특정한 영업에 관해서는 성년자와 동일한 행위능력이 있다.
④ 법정대리인이 미성년자에게 한 특정한 영업의 허락을 취소하는 경우, 그 취소는 선의의 제3자에게 대항할 수 없다.
⑤ 미성년자와 계약을 체결한 상대방은 계약 당시 미성년자임을 알았을 경우에는 그 의사표시를 철회할 수 없다.

해설

> 미성년자가 법률행위를 함에 있어서 요구되는 법정대리인의 동의는 언제나 명시적이어야 하는 것은 아니고 묵시적으로도 가능한 것이며, 미성년자의 행위가 위와 같이 법정대리인의 묵시적 동의가 인정되거나 처분허락이 있는 재산의 처분 등에 해당하는 경우라면, 미성년자로서는 더 이상 행위무능력을 이유로 그 법률행위를 취소할 수 없다(대판 2007.11.16, 2005다71659·71666·71673).

08 미성년자의 법률행위에 관한 설명으로 옳은 것은? (다툼이 있으면 판례에 따름)
제11회

① 법정대리인이 취소한 미성년자의 법률행위는 취소한 때로부터 그 효력을 상실한다.
② 법정대리인이 재산의 범위를 정하여 미성년자에게 처분을 허락한 경우, 법정대리인은 그 재산에 관하여 유효한 대리행위를 할 수 없다.
③ 법정대리인이 미성년자에게 특정한 영업을 허락한 경우, 법정대리인은 그 영업에 관하여 유효한 대리행위를 할 수 있다.
④ 미성년자가 자신의 주민등록증을 변조하여 자기를 능력자로 믿게 하여 법률행위를 한 경우, 미성년자는 그 법률행위를 취소할 수 없다.
⑤ 미성년자가 오직 권리만을 얻는 법률행위를 할 경우에도 특별한 사정이 없는 한 법정대리인의 동의가 필요하다.

해설

④ 제한능력자가 속임수로써 자기를 능력자로 믿게 한 경우에는 그 행위를 취소할 수 없다(제17조 제1항).
[지문분석]
① 제141조【취소의 효과】취소된 법률행위는 처음부터 무효인 것으로 본다.
② 법정대리인의 허락이 있다고 하여 미성년자가 성년자가 되는 것은 아니므로 법정대리인이 스스로 대리행위를 할 수도 있다.
③ 미성년자가 법정대리인으로부터 허락을 얻은 특정한 영업에 관하여는 성년자와 동일한 행위능력이 있다. '성년자와 동일한 행위능력이 있다'는 것은, 그 범위에서는 법정대리인의 동의를 필요로 하지 않을 뿐만 아니라 법정대리인의 대리권도 이 범위에서 소멸한다.
⑤ 미성년자가 오직 권리만을 얻는 법률행위를 할 경우에는 단독으로 할 수 있다.

09 만 18세의 甲이 법정대리인의 동의 없이 단독으로 할 수 있는 행위가 아닌 것은? (다툼이 있는 경우에는 판례에 의함)   제1회

① 甲이 타인의 대리인으로 체결하는 부동산 매매계약
② 모(母)와 공동으로 받는 상속에 대한 甲의 승인
③ 甲이 법정대리인의 동의 없이 체결한 오토바이 매매계약에 대한 취소
④ 부양의무를 이행하지 않는 친권자 乙에 대한 甲의 부양료 청구
⑤ 甲이 자신의 재산에 대하여 행하는 유언

해설

② 상속승인은 권리뿐만 아니라 의무도 승계되므로 단독으로 할 수 없다.
[지문분석]
① 대리행위는 행위능력을 요하지 않는다.
③ 제한능력자도 유효하게 취소할 수 있다.
④ 권리만을 얻는 행위는 법정대리인의 동의가 필요 없는 점에 비추어 볼 때, 부양의무자인 친권자가 그를 부양하고 있지 않은 이상 그 부양료를 부양의무자인 친권자에게 직접 청구할 수 있다(대판 1972.7.11, 72므5).
⑤ 17세 이상인 자는 유언능력이 있다(제1061조).

정답 | 07 ② 08 ④ 09 ②

10 다음 중 미성년자가 단독으로 할 수 없는 행위는?

① 부담부 증여
② 유언행위
③ 채무면제의 청약에 대한 승낙
④ 혼인관계에 있는 미성년자의 채무부담행위
⑤ 허락받은 특정한 영업에 관한 행위

해설

> 부담부 증여는 단순히 권리만을 얻는 것이 아니므로 단독으로 할 수 없다.

11 제한능력자에 관한 설명으로 옳지 않은 것은?   제8회

① 미성년자가 법정대리인의 동의를 얻은 법률행위를 하기 전에는 법정대리인은 그가 한 동의를 취소할 수 있다.
② 미성년자는 자신의 노무제공에 따른 임금청구를 단독으로 할 수 있다.
③ 미성년자는 타인의 대리인으로서 단독으로 유효한 대리행위를 할 수 있다.
④ 피한정후견인은 적극적인 속임수로써 법정대리인의 동의가 있는 것으로 믿게 한 경우, 그 법률행위를 취소할 수 없다.
⑤ 가정법원은 성년후견개시의 심판을 할 때 본인의 의사를 고려할 필요는 없다.

해설

> ⑤ 가정법원은 성년후견개시의 심판을 할 때 본인의 의사를 고려하여야 한다(제9조).
> [지문분석]
> ① 민법 제7조【동의와 허락의 취소】법정대리인은 미성년자가 아직 법률행위를 하기 전에는 전2조의 동의와 허락을 취소할 수 있다.
> ② 근로기준법 제68조【임금의 청구】미성년자는 독자적으로 임금을 청구할 수 있다.
> ③ 민법 제117조【대리인의 행위능력】대리인은 행위능력자임을 요하지 아니한다.
> ④ 민법 제17조【제한능력자의 속임수】① 제한능력자가 속임수로써 자기를 능력자로 믿게 한 경우에는 그 행위를 취소할 수 없다.
> ② 미성년자나 피한정후견인이 속임수로써 법정대리인의 동의가 있는 것으로 믿게 한 경우에도 제1항과 같다.

12 제한능력자에 관한 설명으로 옳지 않은 것은?

제9회

① 권리만을 얻는 법률행위는 미성년자가 단독으로 할 수 있다.
② 미성년자가 법정대리인으로부터 허락을 얻은 특정한 영업에 관하여는 성년자와 동일한 행위능력이 있다.
③ 법정대리인이 미성년자에게 한 특정한 영업의 허락을 취소하는 경우 그 취소로 선의의 제3자에게 대항할 수 있다.
④ 제한능력자의 상대방은 계약 당시 제한능력자임을 알았을 경우에는 그 의사표시를 철회할 수 없다.
⑤ 상대방이 거절의 의사표시를 할 수 있는 경우 제한능력자를 상대로 그 의사표시를 할 수 있다.

해설

③ 법정대리인이 미성년자에게 한 특정한 영업의 허락을 취소하는 경우 그 취소로 선의의 제3자에게 대항할 수 없다(제8조 제2항).

[지문분석]
① 미성년자가 법률행위를 함에는 법정대리인의 동의를 얻어야 한다. 그러나 권리만을 얻거나 의무만을 면하는 행위는 그러하지 아니하다(제5조 제1항).
② 미성년자가 법정대리인으로부터 허락을 얻은 특정한 영업에 관하여는 성년자와 동일한 행위능력이 있다(제8조 제1항).
④ 제한능력자가 맺은 계약은 추인이 있을 때까지 상대방이 그 의사표시를 철회할 수 있다. 다만, 상대방이 계약 당시에 제한능력자임을 알았을 경우에는 그러하지 아니하다(제16조 제1항).
⑤ 상대방의 철회나 거절의 의사표시는 제한능력자에게도 할 수 있다(제16조 제2항).

13 피성년후견인에 관한 설명으로 옳은 것은?

① 가정법원은 청구권자의 청구가 없더라도 직권으로 성년후견개시의 심판을 한다.
② 정신적 제약으로 사무처리능력이 일시적으로 결여된 경우, 성년후견개시의 심판을 해야 한다.
③ 법인은 성년후견인이 될 수 없다.
④ 일상생활에 필요하고 그 대가가 과도하지 아니한 피성년후견인의 법률행위는 성년후견인이 취소할 수 없다.
⑤ 가정법원은 청구권자의 청구가 없더라도 피성년후견인의 취소할 수 없는 법률행위의 범위를 임의로 변경할 수 있다.

해설

④⑤ 제10조【피성년후견인의 행위와 취소】① 피성년후견인의 법률행위는 취소할 수 있다.
② 제1항에도 불구하고 가정법원은 취소할 수 없는 피성년후견인의 법률행위의 범위를 정할 수 있다.
③ 가정법원은 본인, 배우자, 4촌 이내의 친족, 성년후견인, 성년후견감독인, 검사 또는 지방자치단체의 장의 청구에 의하여 제2항의 범위를 변경할 수 있다.
④ 제1항에도 불구하고 일용품의 구입 등 일상생활에 필요하고 그 대가가 과도하지 아니한 법률행위는 성년후견인이 취소할 수 없다.

[지문분석]

①② 제9조【성년후견개시의 심판】① 가정법원은 질병, 장애, 노령, 그 밖의 사유로 인한 정신적 제약으로 사무를 처리할 능력이 지속적으로 결여된 사람에 대하여 본인, 배우자, 4촌 이내의 친족, 미성년후견인, 미성년후견감독인, 한정후견인, 한정후견감독인, 특정후견인, 특정후견감독인, 검사 또는 지방자치단체의 장의 청구에 의하여 성년후견개시의 심판을 한다.
③ 법인도 성년후견인이 될 수 있다.

14 성년후견에 관한 설명으로 옳지 않은 것은?

① 피성년후견인도 의사능력이 있으면 유효하게 임의대리행위를 할 수 있다.
② 가정법원은 본인의 의사에 반하더라도 특정후견의 심판을 할 수 있다.
③ 검사나 지방자치단체의 장도 특정후견의 심판을 청구할 수 있는 자에 포함된다.
④ 특정후견은 특정후견의 심판에서 정한 기간이 경과하면 가정법원의 종료심판 없이도 종료한다.
⑤ 특정후견의 심판을 하는 경우에는 특정후견의 기간 또는 사무의 범위를 정하여야 한다.

해설

특정후견은 본인의 의사에 반하여 할 수 없다(제14조의2 제2항).

15 민법상 성년후견종료의 심판을 청구할 수 있는 자로 명시되지 않은 자는? 제7회

① 성년후견인 ② 성년후견감독인 ③ 지방의회 의장
④ 4촌 이내의 친족 ⑤ 검사

해설

제9조【성년후견개시의 심판】 ① 가정법원은 질병, 장애, 노령, 그 밖의 사유로 인한 정신적 제약으로 사무를 처리할 능력이 지속적으로 결여된 사람에 대하여 본인, 배우자, 4촌 이내의 친족, 미성년후견인, 미성년후견감독인, 한정후견인, 한정후견감독인, 특정후견인, 특정후견감독인, 검사 또는 지방자치단체의 장의 청구에 의하여 성년후견개시의 심판을 한다.
② 가정법원은 성년후견개시의 심판을 할 때 본인의 의사를 고려하여야 한다.

16 민법상 한정후견인 제도에 관한 설명으로 옳지 않은 것은? 제13회

① 가정법원은 피한정후견인이 한정후견인의 동의를 받아야 하는 행위의 범위를 정할 수 있다.
② 질병, 장애, 노령 등으로 인한 정신적 제약 때문에 사무 처리 능력이 지속적으로 결여된 사람을 위한 제도이다.
③ 가정법원이 한정후견개시의 심판을 할 때 피성년후견의 경우에서와 마찬가지로 본인의 의사를 고려하여야 한다.
④ 피한정후견인의 행위에서 한정후견인의 동의가 필요한 범위에 대한 변경 청구는 검사나 지방자치단체의 장도 할 수 있다.
⑤ 피한정후견인이 한 법률행위가 일상생활에 필요하고 그 대가가 과도하지 않다면, 그 법률행위는 한정후견인이 취소할 수 없다.

해설

한정후견인 제도는 질병, 장애, 노령 등으로 인한 정신적 제약 때문에 사무 처리 능력이 부족한 사람을 위한 제도이다. 사무 처리 능력이 지속적으로 결여된 사람을 위한 제도는 성년후견인 제도이다.

제12조【한정후견개시의 심판】 ① 가정법원은 질병, 장애, 노령, 그 밖의 사유로 인한 정신적 제약으로 사무를 처리할 능력이 부족한 사람에 대하여 본인, 배우자, 4촌 이내의 친족, 미성년후견인, 미성년후견감독인, 성년후견인, 성년후견감독인, 특정후견인, 특정후견감독인, 검사 또는 지방자치단체의 장의 청구에 의하여 한정후견개시의 심판을 한다.

정답 | 13 ④ 14 ② 15 ③ 16 ②

17 피성년후견인과 피한정후견인에 관한 설명으로 옳지 않은 것은? 제11회

① 가정법원은 성년후견개시의 심판을 할 때 본인의 의사를 고려하여야 한다.
② 성년후견개시의 심판은 일정한 사유로 인한 정신적 제약으로 사무처리능력이 일시적으로 부족한 사람에게 허용된다.
③ 가정법원은 피한정후견인이 한정후견인의 동의를 받아야 하는 행위의 범위를 정할 수 있다.
④ 일상생활에 필요하고 그 대가가 과도하지 아니한 피성년후견인의 법률행위는 성년후견인이 취소할 수 없다.
⑤ 가정법원이 피성년후견인에 대하여 한정후견개시의 심판을 할 때에는 종전의 성년후견의 종료 심판을 한다.

해설

> 제9조【성년후견개시의 심판】① 가정법원은 질병, 장애, 노령, 그 밖의 사유로 인한 정신적 제약으로 사무를 처리할 능력이 **지속적으로 결여된 사람**에 대하여 본인, 배우자, 4촌 이내의 친족, 미성년후견인, 미성년후견감독인, 한정후견인, 한정후견감독인, 특정후견인, 특정후견감독인, 검사 또는 지방자치단체의 장의 청구에 의하여 성년후견개시의 심판을 한다.
> ② 가정법원은 성년후견개시의 심판을 할 때 본인의 의사를 고려하여야 한다.

구분	미성년자	피성년후견인	피한정후견인	피특정후견인
행위능력	제한	제한	제한	제한 없음
기준	19세 미만	정신적 제약으로 사무를 처리할 능력이 지속적으로 결여	정신적 제약으로 사무를 처리할 능력이 부족	정신적 제약으로 일시적 후원 또는 특정한 사무에 관한 후원이 필요

18 성년후견, 한정후견, 특정후견에 관한 설명으로 옳지 않은 것은? 제2회

① 피성년후견인의 법률행위는 취소할 수 있다.
② 가정법원은 한정후견개시의 심판을 할 때 본인의 의사를 고려하여야 한다.
③ 가정법원이 피한정후견인에 대하여 성년후견개시의 심판을 할 때에는 종전의 한정후견의 종료 심판을 한다.
④ 특정후견은 본인의 의사에 반하여 할 수 있다.
⑤ 특정후견의 심판을 하는 경우에는 특정후견의 기간 또는 사무의 범위를 정하여야 한다.

해설

제14조의2 【특정후견의 심판】 ② 특정후견은 본인의 의사에 반하여 할 수 없다.

19 성년후견, 한정후견, 특정후견에 관한 설명으로 옳은 것은? 제3회

① 지방자치단체의 장은 성년후견개시의 원인이 소멸된 경우에는 성년후견종료의 심판을 청구할 수 없다.
② 성년후견인은 피성년후견인의 법률행위가 일용품의 구입 등 일상생활에 필요하고 그 대가가 과도하지 않더라도 그 행위를 취소할 수 있다.
③ 가정법원은 피한정후견인이 한정후견인의 동의를 받아야 하는 행위의 범위를 정할 수 없다.
④ 가정법원은 취소할 수 없는 피성년후견인의 법률행위의 범위를 정할 수 있다.
⑤ 가정법원은 성년후견개시의 심판을 할 때 본인의 의사를 고려할 필요가 없다.

해설

[지문분석]
① 지방자치단체의 장도 성년후견개시의 원인이 소멸된 경우에는 성년후견종료의 심판을 청구할 수 있다.
② 피성년후견인의 법률행위가 일용품의 구입 등 일상생활에 필요하고 그 대가가 과도하지 않은 경우에는 그 행위를 취소할 수 없다.
③ 가정법원은 피한정후견인이 한정후견인의 동의를 받아야 하는 행위의 범위를 정할 수 있다.
⑤ 가정법원은 성년후견개시의 심판을 할 때 본인의 의사를 고려하여야 한다.

정답 | 17 ② 18 ④ 19 ④

20 성년후견, 한정후견, 특정후견에 관한 설명으로 옳지 않은 것은?

제4회

① 가정법원은 한정후견개시의 심판을 직권으로 하지 못한다.
② 한정후견종료의 심판은 장래에 향하여 효력을 가진다.
③ 특정후견은 본인의 의사에 반하여 할 수 있다.
④ 가정법원은 취소할 수 없는 피성년후견인의 법률행위의 범위를 정할 수 있다.
⑤ 정신적 제약으로 사무를 처리할 능력이 지속적으로 결여된 사람에 대하여 지방자치단체의 장도 성년후견개시의 심판을 청구할 수 있다.

해설

특정후견은 본인의 의사에 반하여 할 수 없다(제14조의2 제2항).

21 후견에 관한 설명으로 옳지 않은 것은?

제10회

① 가정법원은 성년후견개시의 심판을 할 때 본인의 의사를 고려하여야 한다.
② 가정법원이 피성년후견인에 대하여 한정후견개시의 심판을 할 때에는 종전의 성년후견의 종료 심판을 하여야 한다.
③ 피성년후견인의 법률행위는 원칙적으로 취소할 수 있지만, 가정법원은 취소할 수 없는 법률행위의 범위를 정할 수 있다.
④ 가정법원은 피한정후견인이 한정후견인의 동의를 받아야 하는 행위의 범위를 정할 수 있다.
⑤ 가정법원은 정신적 제약으로 특정한 사무에 관하여 후원이 필요한 자에 대하여는 본인의 의사에 반하더라도 특정후견의 심판을 할 수 있다.

해설

제14조의2 【특정후견의 심판】 ① 가정법원은 질병, 장애, 노령, 그 밖의 사유로 인한 정신적 제약으로 일시적 후원 또는 특정한 사무에 관한 후원이 필요한 사람에 대하여 본인, 배우자, 4촌 이내의 친족, 미성년후견인, 미성년후견감독인, 검사 또는 지방자치단체의 장의 청구에 의하여 특정후견의 심판을 한다.
② 특정후견은 본인의 의사에 반하여 할 수 없다.

22 제한능력자에 관한 설명으로 옳은 것을 모두 고른 것은? (다툼이 있으면 판례에 따름)

제5회

> ㉠ 미성년자의 법률행위에 법정대리인의 묵시적 동의가 인정되는 경우에는 미성년자는 제한능력을 이유로 그 법률행위를 취소할 수 없다.
> ㉡ 법정대리인이 취소한 미성년자의 법률행위는 취소 시부터 효력을 상실한다.
> ㉢ 피성년후견인의 법률행위 중 일상생활에 필요하고, 대가가 과도하지 아니한 법률행위는 성년후견인이 취소할 수 없다.
> ㉣ 제한능력자가 맺은 계약은 제한능력자 측에서 추인하기 전까지 상대방이 이를 거절할 수 있다.
> ㉤ 제한능력자와 계약을 맺은 선의의 상대방은 제한능력자 측에서 추인하기 전까지 제한능력자를 상대로 그 의사표시를 철회할 수 있다.

① ㉠, ㉡, ㉢
② ㉠, ㉢, ㉤
③ ㉠, ㉣, ㉤
④ ㉡, ㉢, ㉣
⑤ ㉡, ㉣, ㉤

해설

[지문분석]
㉡ 법정대리인이 취소한 미성년자의 법률행위는 취소 시가 아니라 처음부터 소급하여 효력을 상실한다.
㉣ 단독행위의 경우에 상대방은 거절할 수 있다.

참고 제한능력자의 상대방의 권리

권리	요건	상대방
확답촉구권	선악 불문	추인할 수 있는 자 • 제한능력자(제한능력자가 능력자가 된 경우) • 법정대리인(제한능력자가 능력자가 아직 아닌 경우)
철회권(계약)	선의만 가능	제한능력자 또는 법정대리인
거절권(단독행위)	선악 불문	제한능력자 또는 법정대리인

정답 | 20 ③ 21 ⑤ 22 ②

23 제한능력자와 거래한 선의의 상대방의 제한능력자 측에 대한 권리가 아닌 것은?
① 법정대리인에 대한 최고권(확답의 촉구)   ② 제한능력자에 대한 거절권
③ 제한능력자에 대한 취소권   ④ 법정대리인에 대한 철회권
⑤ 제한능력자에 대한 철회권

해설

취소권은 제한능력자 측에서 가지며, 상대방은 취소할 수 없다. 상대방은 최고권, 철회권, 거절권을 가지며, 제한능력자가 속임수를 쓴 경우에는 제한능력자 측의 취소권이 배제된다.

24 제한능력자의 상대방 보호에 관한 설명으로 옳은 것을 모두 고른 것은?   제3회

㉠ 상대방은 제한능력자가 능력자로 된 후에 그에게 유예기간을 정하여 취소할 수 있는 행위에 대한 추인 여부의 확답을 원칙적으로 촉구할 수 없다.
㉡ 상대방은 제한능력자가 능력자로 된 후에 그 법정대리인이었던 자에게 취소할 수 있는 행위에 대한 추인 여부의 확답을 촉구한 경우 그 촉구는 유효하다.
㉢ 계약 당시에 제한능력자임을 상대방이 알지 못한 경우, 제한능력자가 맺은 계약은 추인이 있을 때까지 상대방이 그 의사표시를 철회할 수 있다.
㉣ 제한능력자가 속임수로써 자기를 능력자로 믿게 한 경우에는 그 행위를 취소할 수 없다.

① ㉠, ㉡
② ㉡, ㉣
③ ㉢, ㉣
④ ㉠, ㉡, ㉢
⑤ ㉠, ㉢, ㉣

해설

[지문분석]

㉠ 제15조【제한능력자의 상대방의 확답을 촉구할 권리】① 제한능력자의 상대방은 제한능력자가 능력자가 된 후에 그에게 1개월 이상의 기간을 정하여 그 취소할 수 있는 행위를 추인할 것인지 여부의 확답을 촉구할 수 있다.
㉡ 제한능력자가 능력자로 된 후에는 그에게, 제한능력자가 아직 능력자가 되지 못한 경우에는 그의 법정대리인에게 확답을 촉구하여야 한다.

25 미성년자 甲이 법정대리인 乙의 동의 없이 자신의 노트북 컴퓨터를 丙에게 매각하였다. 다음 설명 중 옳은 것은?
제2회

① 丙은 乙이 추인하기 전에 거절권을 행사할 수 있다.
② 丙이 그 물건을 다시 丁에게 증여한 경우, 甲은 丁을 상대로 매매계약을 취소할 수 있다.
③ 계약체결 시에 甲이 미성년자임을 안 丙은 그의 의사표시를 철회할 수 있다.
④ 甲이 속임수로써 乙의 동의가 있는 것으로 믿게 한 경우, 甲은 계약을 원인으로 얻은 모든 이득을 반환하고 계약을 취소할 수 있다.
⑤ 丙은 19세가 된 甲에게 1개월 이상의 기간을 정하여 매매계약을 추인할 것인지 여부의 확답을 촉구할 수 있다.

해설

⑤ 제15조【제한능력자의 상대방의 확답을 촉구할 권리】① 제한능력자의 상대방은 제한능력자가 능력자가 된 후에 그에게 1개월 이상의 기간을 정하여 그 취소할 수 있는 행위를 추인할 것인지 여부의 확답을 촉구할 수 있다. 능력자로 된 사람이 그 기간 내에 확답을 발송하지 아니하면 그 행위를 추인한 것으로 본다.

[지문분석]
① 상대방의 거절권은 단독행위에 있어서 가능하다. 계약의 상대은 거절권을 행사할 수 없다.
② 취소할 수 있는 법률행위의 상대방이 확정한 경우에는 그 취소는 그 상대방에 대한 의사표시로 하여야 한다(제142조). 따라서 丙을 상대로 취소해야 한다.
③ 상대방의 철회권은 선의의 경우에만 인정된다.
④ 미성년자가 속임수로써 동의가 있는 것으로 믿게 한 경우에는 취소할 수 없다.

정답 | 23 ③   24 ③   25 ⑤

26 미성년자 甲은 법정대리인 乙의 동의 없이 자신의 디지털 카메라를 丙에게 매도하는 내용의 계약(이하 '계약')을 丙과 체결하였다. 이에 관한 설명으로 옳은 것은? (다툼이 있으면 판례에 따름)

제7회

① 甲이 위 계약을 취소하려는 경우, 乙의 동의의 유무에 대한 증명책임은 甲에게 있다.
② 계약 당시 甲이 미성년자임을 알고 있었던 丙은 乙에 대하여 자신의 의사표시를 철회할 수 있다.
③ 丙이 성년자가 된 甲에게 1개월의 기간을 정하여 계약의 추인 여부의 확답을 촉구한 경우, 甲이 그 기간 내에 확답을 발송하지 않으면 계약을 취소한 것으로 본다.
④ 丙이 미성년자인 甲에게 1개월의 기간을 정하여 계약의 추인 여부의 확답을 촉구한 경우, 甲이 그 기간 내에 확답을 발송하지 않으면 계약을 추인한 것으로 본다.
⑤ 甲이 위조하여 제시한 乙의 동의서를 丙이 신뢰하여 계약을 체결하였다면 乙은 미성년자의 법률행위임을 이유로 계약을 취소할 수 없다.

해설

⑤ 동의서를 위조한 것은 제한능력자의 속임수에 의한 행위로 취소할 수 없다.

> 제17조【제한능력자의 속임수】① 제한능력자가 속임수로써 자기를 능력자로 믿게 한 경우에는 그 행위를 취소할 수 없다.
> ② 미성년자나 피한정후견인이 속임수로써 법정대리인의 동의가 있는 것으로 믿게 한 경우에도 제1항과 같다.

[지문분석]
① 동의에 대한 증명책임은 상대방에게 있다(판례).
② 악의인 경우에는 철회할 수 없다.

> 제16조【제한능력자의 상대방의 철회권과 거절권】① 제한능력자가 맺은 계약은 추인이 있을 때까지 상대방이 그 의사표시를 철회할 수 있다. 다만, 상대방이 계약 당시에 제한능력자임을 알았을 경우에는 그러하지 아니하다.
> ② 제한능력자의 단독행위는 추인이 있을 때까지 상대방이 거절할 수 있다.
> ③ 제1항의 철회나 제2항의 거절의 의사표시는 제한능력자에게도 할 수 있다.

③ 甲이 그 기간 내에 확답을 발송하지 않으면 추인한 것으로 본다.
④ 아직 미성년자인 경우에는 법정대리인에게 확답을 촉구하여야 한다.

> 제15조【제한능력자의 상대방의 확답을 촉구할 권리】① 제한능력자의 상대방은 제한능력자가 능력자가 된 후에 그에게 1개월 이상의 기간을 정하여 그 취소할 수 있는 행위를 추인할 것인지 여부의 확답을 촉구할 수 있다. 능력자로 된 사람이 그 기간 내에 확답을 발송하지 아니하면 그 행위를 추인한 것으로 본다.

② 제한능력자가 아직 능력자가 되지 못한 경우에는 그의 법정대리인에게 제1항의 촉구를 할 수 있고, 법정대리인이 그 정하여진 기간 내에 확답을 발송하지 아니한 경우에는 그 행위를 추인한 것으로 본다.
③ 특별한 절차가 필요한 행위는 그 정하여진 기간 내에 그 절차를 밟은 확답을 발송하지 아니하면 취소한 것으로 본다.

27 미성년자 乙은 친권자 甲의 처분동의가 필요한 자기 소유의 물건을 甲의 동의 없이 丙에게 매도하는 계약을 체결하였다. 이에 관한 설명으로 옳지 않은 것은? (다툼이 있으면 판례에 따름)

제11회

① 丙은 乙이 성년이 된 후에 그에게 1개월 이상의 기간을 정하여 계약의 추인 여부의 확답을 촉구할 수 있다.
② 성년이 된 乙이 ①에서 丙이 정한 기간 내에 확답을 발송하지 아니하면 계약을 추인한 것으로 본다.
③ 丙이 계약 당시에 乙이 미성년자임을 알았더라도 丙은 자신의 의사표시를 철회할 수 있다.
④ 丙이 계약 당시에 乙이 미성년자임을 알지 못한 경우, 丙은 乙에게도 철회의 의사표시를 할 수 있다.
⑤ 乙이 계약 당시에 甲의 동의서를 위조하여 甲의 동의가 있는 것으로 丙을 믿게 한 경우, 甲은 그 계약을 취소할 수 없다.

해설

상대방의 계약 철회는 제한능력자가 추인하기 전까지 선의인 경우에 할 수 있다. 악의인 경우에는 철회할 수 없다.

제16조【제한능력자의 상대방의 철회권과 거절권】① 제한능력자가 맺은 계약은 추인이 있을 때까지 상대방이 그 의사표시를 철회할 수 있다. 다만, 상대방이 계약 당시에 제한능력자임을 알았을 경우에는 그러하지 아니하다.

정답 | 26 ⑤ 27 ③

28 제한능력자 甲이 법정대리인 乙의 동의가 없었음에도 있었던 것처럼 속이고 丙과 X토지에 대하여 매매계약을 체결하였다. 이에 관한 설명으로 옳은 것을 모두 고른 것은? (다툼이 있으면 판례에 따름)

제13회

> ㉠ 속임수를 쓴 甲이 미성년자라면, 乙은 매매계약을 취소할 수 없다.
> ㉡ 甲의 취소권이 배제되기 위해서는 甲이 속임수를 쓴 사실을 丙이 증명해야 한다.
> ㉢ 甲이 자신을 단순히 능력자라고 말하는 것은 취소권을 배제할 수 있는 속임수에 해당되지 않는다.
> ㉣ 속임수를 쓴 甲이 피성년후견인이라면, 甲은 매매계약을 취소할 수 없다.

① ㉣
② ㉠, ㉢
③ ㉢, ㉣
④ ㉠, ㉡, ㉢
⑤ ㉠, ㉡, ㉢, ㉣

해설

> 제17조【제한능력자의 속임수】① 제한능력자가 속임수로써 자기를 능력자로 믿게 한 경우에는 그 행위를 취소할 수 없다.
> ② 미성년자나 피한정후견인이 속임수로써 법정대리인의 동의가 있는 것으로 믿게 한 경우에도 제1항과 같다.

㉠ 제한능력자가 법정대리인의 동의가 있는 것으로 믿게 한 경우에 제한능력자 본인은 물론이고, 법정대리인도 제한능력을 이유로 취소할 수 없다.
㉡ 제한능력자의 속임수에 대한 입증책임은 이를 주장하는 상대방에게 있다.
㉢ 속임수의 의미에 대하여 판례는 '적극적인 기망수단'을 쓴 것을 말하고 '성년자로 군대에 갔다 왔다'고 말하거나, '자기가 사장이라고 말한 것'만 가지고는 속임수를 쓴 것이라고 보지 않는다.
[지문분석]
㉣ 피성년후견인은 법정대리인의 동의가 있더라도 유효한 법률행위를 할 수 없기 때문에 乙의 동의가 없었음에도 있었던 것처럼 속이고 매매계약을 체결하였더라도 취소할 수 있다.

Ⅲ 주소

29 주소에 관한 다음 설명 중 옳지 않은 것은?

① 생활의 근거되는 곳을 주소로 한다.
② 주소를 알 수 없으면 거소를 주소로 본다.
③ 주소는 동시에 두 곳 이상 있을 수 없다.
④ 어느 행위에 있어서 가주소를 정한 때에는 그 행위에 관하여는 이를 주소로 본다.
⑤ 국내에 주소가 없는 자에 대해서는 국내에 있는 거소를 주소로 본다.

해설

주소는 동시에 두 곳 이상 있을 수 있다(제18조 제2항).

정답 | 28 ④ 29 ③

Ⅳ 부재와 실종

30 부재자의 재산관리에 관한 설명으로 옳지 않은 것은? (다툼이 있으면 판례에 따름) 제11회

① 법원이 선임한 재산관리인은 법원의 허가 없이 재산의 보존행위를 할 수 없다.
② 법원은 그 선임한 재산관리인으로 하여금 재산의 관리 및 반환에 관하여 상당한 담보를 제공하게 할 수 있다.
③ 법원이 선임한 재산관리인은 관리할 재산목록을 작성하여야 한다.
④ 법원은 그 선임한 재산관리인에 대하여 부재자의 재산으로 상당한 보수를 지급할 수 있다.
⑤ 법원이 선임한 부재자의 재산관리인은 그 부재자의 사망이 확인된 후라도 그에 대한 선임결정이 취소되지 않는 한 그 관리인으로서의 권한이 소멸되지 않는다.

해설

① 법원이 선임한 재산관리인이 보존행위나 이용·개량행위를 하는 경우에는 법원의 허가가 필요 없다.

> **제25조【관리인의 권한】** 법원이 선임한 재산관리인이 제118조에 규정한 권한을 넘는 행위를 함에는 법원의 허가를 얻어야 한다. 부재자의 생사가 분명하지 아니한 경우에 부재자가 정한 재산관리인이 권한을 넘는 행위를 할 때에도 같다.
>
> **제118조【대리권의 범위】** 권한을 정하지 아니한 대리인은 다음 각 호의 행위만을 할 수 있다.
> 1. 보존행위
> 2. 대리의 목적인 물건이나 권리의 성질을 변하지 아니하는 범위에서 그 이용 또는 개량하는 행위

[지문분석]

② **제26조【관리인의 담보제공, 보수】** ① 법원은 그 선임한 재산관리인으로 하여금 재산의 관리 및 반환에 관하여 상당한 담보를 제공하게 할 수 있다.
② 법원은 그 선임한 재산관리인에 대하여 부재자의 재산으로 상당한 보수를 지급할 수 있다.

③ **제24조【관리인의 직무】** ① 법원이 선임한 재산관리인은 관리할 재산목록을 작성하여야 한다.

④ **제26조【관리인의 담보제공, 보수】** ② 법원은 그 선임한 재산관리인에 대하여 부재자의 재산으로 상당한 보수를 지급할 수 있다.

⑤ 사망한 것으로 간주된 자가 그 이전에 생사불명의 부재자로서 그 재산관리에 관하여 **법원으로부터 재산관리인이 선임되어 있었다면 재산관리인은 그 부재자의 사망을 확인했다고 하더라도 선임결정이 취소되지 아니하는 한 계속하여 권한을 행사할 수 있다** 할 것이므로 재산관리인에 대한 선임결정이 취소되기 전에 재산관리인의 처분행위에 기하여 경료된 등기는 법원의 처분허가 등 모든 절차를 거쳐 적법하게 경료된 것으로 추정된다(대판 1991.11.26, 91다11810).

31 법원이 선임한 부재자의 재산관리인이 법원의 허가 없이 할 수 없는 행위는?

① 부재자 재산에 대한 차임청구
② 부재자의 부동산을 매각하거나 저당권을 설정하는 행위
③ 기한이 도래한 채무의 변제
④ 부패하기 쉬운 물건의 매각
⑤ 무이자의 금전대여를 이자부로 하는 행위

해설

부재자의 재산관리인은 재산의 관리행위(보존행위, 물건이나 권리의 성질을 변하지 아니하는 범위에서 그 이용 또는 개량하는 행위)는 자유롭게 할 수 있으나, 처분행위를 하고자 할 때에는 가정법원의 허가를 받아야 한다(제25조, 제118조).
② 부재자의 부동산을 매각하거나 저당권을 설정하는 행위는 처분행위이다.

32 법원에 의하여 부재자 甲의 재산관리인으로 선임된 乙에 관한 설명으로 옳지 않은 것은? (다툼이 있으면 판례에 따름)   제13회

① 乙은 관리할 甲의 재산목록을 작성하여야 한다.
② 법원은 甲의 재산으로 乙에게 상당한 보수를 지급할 수 있다.
③ 乙은 법원의 허가가 없으면 부동산 소유권이전등기말소절차의 이행을 청구할 수 없다.
④ 법원은 甲 소유 부동산에 대한 乙의 처분행위를 사후 추인의 방법으로 허가할 수 있다.
⑤ 乙이 甲의 사망을 확인했더라도, 부재자 재산관리인으로서의 선임결정이 취소되지 않으면, 乙은 계속하여 그 권한을 행사할 수 있다.

해설

부동산 소유권이전등기말소절차의 이행 청구는 보존행위로서 재산관리인이 법원의 허가가 없이 단독으로 할 수 있다.

정답 | 30 ① 31 ② 32 ③

33 부재에 관한 설명으로 옳지 않은 것은?

제9회

① 부재자가 정한 재산관리인의 권한이 부재자의 부재 중에 소멸한 때에는 법원은 이해관계인이나 검사의 청구에 의하여 재산관리에 관하여 필요한 처분을 명하여야 한다.
② 부재자가 재산관리인을 정한 경우 부재자의 생사가 분명하지 아니하게 되어 이해관계인이 청구를 하더라도 법원은 그 재산관리인을 개임할 수 없다.
③ 부재자의 생사가 분명하지 아니한 경우 부재자가 정한 재산관리인이 권한을 넘는 행위를 할 때에는 법원의 허가를 얻어야 한다.
④ 법원이 선임한 재산관리인은 관리할 재산목록을 작성하여야 한다.
⑤ 법원이 선임한 재산관리인에 대하여 법원은 부재자의 재산으로 상당한 보수를 지급할 수 있다.

해설

> 제23조【관리인의 개임】부재자가 재산관리인을 정한 경우에 부재자의 생사가 분명하지 아니한 때에는 법원은 재산관리인, 이해관계인 또는 검사의 청구에 의하여 재산관리인을 개임할 수 있다.

34 부재와 실종에 관한 설명으로 옳은 것은? (다툼이 있으면 판례에 따름) 제5회

① 실종선고를 받은 사람은 사망한 것으로 추정되므로 반증을 들어 실종선고의 효과를 다툴 수 있다.
② 부재자 재산관리인의 권한초과행위에 대한 법원의 허가 결정은 기왕의 법률행위를 추인하는 방법으로는 할 수 없다.
③ 법원이 선임한 재산관리인은 재산의 보존행위를 하는 경우에 법원의 허가를 얻어야 한다.
④ 부재자 재산관리인으로서 권한초과행위의 허가를 받고 그 선임결정이 취소되기 전에 그 권한에 의하여 이루어진 행위는 부재자에 대한 실종기간이 만료된 뒤에 이루어졌다고 하더라도 유효하다.
⑤ 실종선고 확정 전 실종자를 당사자로 하여 선고된 판결은 효력이 없다.

해설

④ 부재자 재산관리인으로서 권한초과행위의 허가를 받고 그 선임결정이 취소되기 전에 위 권한에 의하여 이루어진 행위는 부재자에 대한 실종선고기간이 만료된 뒤에 이루어졌다고 하더라도 유효하다(대판 1981.7.28, 80다2668).

[지문분석]
① 민법 제28조는 "실종선고를 받은 자는 민법 제27조 제1항 소정의 생사불명기간이 만료된 때에 사망한 것으로 본다"고 규정하고 있으므로 실종선고가 취소되지 않는 한 반증을 들어 실종선고의 효과를 다툴 수는 없다(대판 1995.2.17, 94다52751).
② 법원의 재산관리인의 초과행위 결정의 효력은 그 허가받은 재산에 대한 장래의 처분행위뿐만 아니라 기왕의 처분행위를 추인하는 행위로도 할 수 있다(대판 1982.12.14, 80다1872·1873).
③ 보존행위를 하는 경우에는 법원의 허가를 얻을 필요가 없다.
⑤ 실종선고의 효력이 발생하기 전에는 실종기간이 만료된 실종자라 하여도 소송상 당사자능력을 상실하는 것은 아니므로 실종선고 확정 전에는 실종기간이 만료된 실종자를 상대로 하여 제기된 소도 적법하고 실종자를 당사자로 하여 선고된 판결도 유효하며 그 판결이 확정되면 기판력도 발생한다(대판 1992.7.14, 92다2455).

정답 | 33 ② 34 ④

35 부재와 실종에 관한 설명으로 옳지 않은 것은? (다툼이 있으면 판례에 따름) 제10회

① 부재자로부터 재산처분권을 위임받은 재산관리인은 그 재산을 처분함에 있어 법원의 허가를 받지 않아도 된다.
② 법원이 선임한 부재자 재산관리인의 권한초과행위에 대한 법원의 허가 결정은 기왕의 법률행위를 추인하는 방법으로는 할 수 없다.
③ 법원은 법원이 선임한 부재자 재산관리인으로 하여금 부재자의 재산관리 및 반환에 관하여 상당한 담보를 제공하게 할 수 있다.
④ 실종선고를 받은 자는 실종기간이 만료된 때에 사망한 것으로 본다.
⑤ 부재자의 제1순위 상속인이 있는 경우, 제2순위 상속인은 특별한 사정이 없는 한 부재자에 관한 실종선고를 청구할 수 있는 이해관계인이 아니다.

해설

② 법원의 재산관리인의 초과행위허가의 결정은 그 허가받은 재산에 대한 장래의 처분행위를 위한 경우뿐만 아니라 기왕의 처분행위를 추인하는 행위로도 할 수 있다(대판 1982.9.14, 80다3063).

[지문분석]
① 부재자가 스스로 위임한 재산관리인이 있는 경우에는, 그 재산관리인의 권한은 그 위임의 내용에 따라 결정될 것이며 그 위임관리인에게 재산처분권까지 위임된 경우에는 그 재산관리인이 그 재산을 처분함에 있어 법원의 허가를 요하는 것은 아니라 할 것이니, 이 사건에 있어 위 소외인이 법원의 허가를 얻음이 없이 이 사건 부동산을 처분하였다 하여도 무효라고는 볼 수 없는 것이다(대판 1973.7.24, 72다2136).
③ 제26조【관리인의 담보제공, 보수】① 법원은 그 선임한 재산관리인으로 하여금 재산의 관리 및 반환에 관하여 상당한 담보를 제공하게 할 수 있다.
④ 제28조【실종선고의 효과】실종선고를 받은 자는 전조의 기간이 만료한 때에 사망한 것으로 본다.
⑤ 부재자에 대하여 실종선고를 청구할 수 있는 이해관계인은 그 실종선고로 인하여 일정한 권리를 얻고 의무를 면하는 등의 신분상 또는 재산상의 이해관계를 갖는 자에 한한다고 할 것인바, 청구인은 호적에 사건본인 청구외 1의 손자인 생자로서 위 청구외 1의 종손자인데, 위 청구외 1이 사망할 경우 제1순위의 상속인이 따로 있어 청구인은 제2순위의 상속인에 불과하므로, 청구인은 특별한 사정이 없는 한 위 청구외 1에 관하여 실종선고를 청구할 수 있는 신분상 또는 경제상의 이해관계를 가진 자라고 할 수 없다(대결 1992.4.14, 92스4).

36 부재자제도에 관한 설명으로 옳지 않은 것은? (다툼이 있으면 판례에 의함)
① 생존이 확실한 자도 부재자가 될 수 있다.
② 법원은 법원이 선임한 재산관리인에 대하여 부재자의 재산으로 보수를 지급할 수 있다.
③ 부재자가 재산관리인을 정한 경우에 부재자의 생사가 분명하지 아니한 때에는 법원은 직권으로 재산관리에 필요한 처분을 명하여야 한다.
④ 재산관리인이 부재자로부터 위임받아 재산처분권을 갖는 경우 그 재산을 처분함에 있어서 법원의 허가를 받을 필요가 없다.
⑤ 재산관리인에 대한 선임결정이 취소되기 전에 재산관리인의 처분행위에 기하여 경료된 등기는 법원의 처분허가 등 모든 절차를 거쳐 적법하게 경료된 것으로 추정된다.

해설

부재자가 재산관리인을 정한 경우에 부재자의 생사가 분명하지 아니한 때에는 법원은 재산관리인, 이해관계인 또는 검사의 청구에 의하여 재산관리인을 개임할 수 있다(제23조).

정답 | 35 ② 36 ③

37 X부동산을 소유한 甲은 재산관리인을 선임하지 않고 장기간 해외출장을 떠났다. 다음 설명 중 옳은 것은? (다툼이 있는 경우에는 판례에 의함)
제1회

① 법원은 직권으로 X부동산의 관리에 필요한 처분을 명하여야 한다.
② 甲의 채권자의 청구에 의하여 법원이 선임한 재산관리인은 甲의 임의대리인이다.
③ 법원이 선임한 재산관리인은 원칙적으로 법원의 허가 없이 X부동산을 처분할 수 있다.
④ 甲의 재산관리인이 甲을 위해 법원의 허가 없이 X부동산을 처분하였다면, 그 후 법원의 허가를 얻더라도 그 처분은 효력이 없다.
⑤ 甲이 사망한 경우, 재산관리인이 그 사실을 확인하였더라도 법원에 의하여 재산관리인 선임 결정이 취소되지 않는 한, 재산관리인은 계속하여 X부동산을 관리할 수 있다.

해설

⑤ 법원에 의하여 일단 부재자의 재산관리인 선임결정이 있었던 이상, 가령 부재자가 그 이전에 사망하였음이 위 결정 후에 확실하여졌다 하더라도 법에 정하여진 절차에 의하여 결정이 취소되지 않는 한 선임된 부재자재산관리인의 권한이 당연히 소멸되지 않는다. 위 결정이 취소된 경우에도 그 취소의 효력은 장래에 향하여서만 생기는 것이며 그간의 그 부재자 재산관리인의 적법한 권한행사의 효과는 이미 사망한 그 부재자의 재산상속인에게 미친다(대판 1970.1.27, 69다719).

[지문분석]
① 법원은 이해관계인이나 검사의 청구에 의하여 재산관리에 관하여 필요한 처분을 명하여야 한다. 직권으로 할 수 없다.
② 법원이 선임한 재산관리인은 법정대리인이다.
③ 처분행위는 법원의 허가를 얻어야 한다.
④ 기왕의 행위를 추인하는 것으로 법원의 허가를 받을 수도 있다.

38 부재와 실종에 관한 설명으로 옳지 않은 것은? (다툼이 있으면 판례에 따름)   제4회

① 법원이 선임한 재산관리인은 관리할 재산목록을 작성하여야 한다.
② 특별실종의 경우 실종선고를 받은 자는 실종선고일부터 1년의 기간이 만료한 때에 사망한 것으로 본다.
③ 실종자의 범죄 또는 실종자에 대한 범죄의 성부 등은 실종선고와 관계없이 결정된다.
④ 실종선고가 확정되면 선고 자체가 취소되지 않는 한 실종자의 생존 기타 반증을 들어 선고의 효과를 다툴 수 없다.
⑤ 부재자가 스스로 재산관리인을 둔 경우 그 재산관리인은 부재자의 임의대리인이다.

해설

특별실종의 경우 실종선고를 받은 자는 실종선고일부터가 아니라 위난이 종료 후 1년의 기간이 만료한 때에 사망한 것으로 본다.

39 실종선고에 관한 설명으로 옳지 않은 것은? (다툼이 있으면 판례에 따름)   제11회

① 부재자의 제1순위 상속인이 따로 있는 경우, 제2순위 상속인은 특별한 사정이 없는 한 부재자에 대하여 실종선고를 청구할 수 있는 이해관계인이 아니다.
② 실종선고가 취소되지 않았더라도 반증을 들어 실종선고의 효과를 다툴 수 있다.
③ 실종선고의 요건이 충족되면 법원은 이해관계인이나 검사의 청구에 의하여 실종선고를 하여야 한다.
④ 실종선고를 받은 자는 특별한 사정이 없는 한 실종기간이 만료한 때에 사망한 것으로 본다.
⑤ 실종선고가 취소된 때 실종선고를 직접원인으로 재산을 취득한 자가 선의인 경우에는 그 받은 이익이 현존하는 한도에서 반환할 의무가 있다.

해설

실종선고를 받은 자는 사망한 것으로 간주되므로, 사망한 것으로 추정되는 경우와 달리, 선고가 취소되지 않는 한 생존 기타의 반증을 들어서 선고의 효과를 다투지 못하며, 이 효과를 뒤집으려면 실종선고를 취소하여야 한다.

정답 | 37 ⑤ 38 ② 39 ②

40 실종선고에 관한 설명 중 옳지 않은 것은?

① 실종선고를 청구할 수 있는 자에는 법률상 이해관계를 가진 자는 포함되나 단순히 사실상 이해관계를 가지는 자는 포함되지 않는다.
② 실종선고가 있어도 선거권 등 공법상의 권리는 소멸하지 않는다.
③ 실종선고가 취소된 경우에 실종선고를 직접원인으로 재산을 취득한 자는 선·악의를 불문하고 이익이 현존하는 한도에서 반환할 의무를 진다.
④ 실종선고의 취소는 실종선고를 받은 본인도 청구할 수 있다.
⑤ 실종선고가 확정되기 전에는 실종기간이 만료된 실종자라도 소송상 당사자능력을 상실하지 않는다.

해설

실종선고를 직접원인으로 하여 재산을 취득한 자(상속인, 수유자, 생명보험수익자 등)는 그가 선의인 경우에는 그 받은 이익이 현존하는 한도에서 반환할 의무를 지고, 그가 악의인 경우에는 그 받은 이익에 이자를 붙여 반환하고 그 밖에 손해가 있으면 그 손해도 배상하여야 한다(제29조 제2항). 즉, 선의·악의에 따라 반환범위가 달라진다.

41 甲이 탄 비행기가 2006년 6월 7일 추락하여, 2010년 4월 12일 법원에 甲의 실종선고가 청구되었고, 2011년 2월 13일 실종선고가 내려졌다. 다음 설명 중 옳은 것은? (다툼이 있는 경우에는 판례에 의함)

제1회

① 甲은 2011년 2월 13일에 사망한 것으로 본다.
② 甲에게 선순위의 상속인이 있는 경우 특별한 사정이 없는 한 후순위의 상속인은 甲의 실종선고를 청구할 수 없다.
③ 실종선고는 甲의 사법상의 법률관계뿐만 아니라 공법상의 법률관계에도 효과를 미친다.
④ 甲이 살아 돌아온 사실만으로 甲에 대한 실종선고는 그 효력을 상실한다.
⑤ 甲의 실종선고가 취소되면 실종선고를 직접원인으로 하여 재산을 취득한 자가 악의인 경우에는 그 받은 이익이 현존하는 한도에서 반환할 의무가 있다.

해설

② 후순위 상속인은 이해관계인이 아니므로 청구할 수 없다.
[지문분석]
① 특별실종기간(1년) 만료일인 2007년 6월 7일 24시에 사망한 것으로 본다.
③ 실종선고는 甲의 사법상의 법률관계에만 효과를 미친다.
④ 실종선고가 취소되지 않는 한 살아 돌아온 사실만으로 실종선고의 효력이 상실되는 것은 아니다.
⑤ 실종선고의 취소가 있을 때에 실종의 선고를 직접원인으로 하여 재산을 취득한 자가 선의인 경우에는 그 받은 이익이 현존하는 한도에서 반환할 의무가 있고 악의인 경우에는 그 받은 이익에 이자를 붙여서 반환하고 손해가 있으면 이를 배상하여야 한다(제29조 제2항).

정답 | 40 ③   41 ②

제2절 | 법인

I 법인의 설립

01 민법상 사단법인 설립 시 정관의 필요적 기재사항이 아닌 것은? 제5회

① 목적
② 명칭
③ 사무소의 소재지
④ 자산에 관한 규정
⑤ 이사자격의 득실에 관한 규정

해설

이사자격의 득실이 아니라 이사 임면에 관한 규정이다.

제40조 【사단법인의 정관】 사단법인의 설립자는 다음 각 호의 사항을 기재한 정관을 작성하여 기명날인하여야 한다.
1. 목적
2. 명칭
3. 사무소의 소재지
4. 자산에 관한 규정
5. 이사의 임면에 관한 규정
6. 사원자격의 득실에 관한 규정
7. 존립시기나 해산사유를 정하는 때에는 그 시기 또는 사유

02 법인에 관한 설명으로 옳지 않은 것은? 제9회

① 영리 아닌 사업을 목적으로 하는 재단은 주무관청의 허가를 얻어 이를 법인으로 할 수 있다.
② 법인은 그 주된 사무소의 소재지에서 설립등기를 함으로써 성립한다.
③ 법인은 법률의 규정에 좇아 정관으로 정한 목적의 범위 내에서 권리와 의무의 주체가 된다.
④ 재단법인의 존립시기는 정관의 필요적 기재사항이다.
⑤ 재단법인의 설립자가 그 명칭만 정하지 아니하고 사망한 때에는 이해관계인 또는 검사의 청구에 의하여 법원이 이를 정한다.

해설

사단법인의 정관기재사항 중 사원자격의 득실변경에 관한 규정과 존립시기나 해산사유는 재단법인의 정관의 필요적 기재사항이 아니다.

> 제40조【사단법인의 정관】사단법인의 설립자는 다음 각 호의 사항을 기재한 정관을 작성하여 기명날인하여야 한다.
> 1. 목적
> 2. 명칭
> 3. 사무소의 소재지
> 4. 자산에 관한 규정
> 5. 이사의 임면에 관한 규정
> 6. 사원자격의 득실에 관한 규정
> 7. 존립시기나 해산사유를 정하는 때에는 그 시기 또는 사유
>
> 제43조【재단법인의 정관】재단법인의 설립자는 일정한 재산을 출연하고 제40조 제1호 내지 제5호의 사항을 기재한 정관을 작성하여 기명날인하여야 한다.

03 민법상 법인에 관한 설명으로 옳지 않은 것은?

① 법인의 불법행위가 성립하는 경우 법인과 함께 대표자 개인도 자기의 손해배상책임을 면하지 못한다.
② 상사회사설립의 조건에 따라 영리를 목적으로 하는 재단법인을 설립할 수 있다.
③ 법인의 권리능력은 법률의 규정에 따라 정관으로 정한 목적범위 내로 제한된다.
④ 이사의 결원으로 법인에게 손해가 발생될 염려가 있는 때에는 이해관계인이나 검사의 청구에 의해 법원은 특별대리인이 아니라 임시이사를 선임해야 한다.
⑤ 청산법인은 청산의 목적 범위 내에서만 권리가 있고 의무를 부담한다.

해설

재단법인은 항상 비영리법인이다.

정답 | 01 ⑤ 02 ④ 03 ②

04 민법상 법인에 관한 설명으로 옳은 것은? 제4회 개정법 수정

① 사교 등 비영리를 목적으로 하는 사단은 주무관청의 허가 없이 신고만으로 법인을 설립할 수 있다.
② 이사가 없는 경우에 이로 인하여 손해가 생길 염려 있는 경우, 법원은 이해관계인의 청구에 의하여 특별대리인을 선임하여야 한다.
③ 법인이 주사무소를 이전한 경우에는 종전 소재지 또는 새 소재지에서 3주일 내에 새 소재지와 이전 연월일을 등기하여야 한다.
④ 이사의 대표권에 대한 제한은 이를 정관에 기재하지 아니하여도 그 효력이 있다.
⑤ 법인은 정관 또는 총회의 결의로 감사를 두어야 한다.

해설

③ 제51조【사무소 이전의 등기】① 법인이 주사무소를 이전한 경우에는 종전 소재지 또는 새 소재지에서 3주일 내에 새 소재지와 이전 연월일을 등기하여야 한다.
② 법인이 분사무소를 이전한 경우에는 주사무소 소재지에서 3주일 내에 새 소재지와 이전 연월일을 등기하여야 한다.

[지문분석]
① 주무관청의 허가를 얻어야 법인을 설립할 수 있다.
② 제63조【임시이사의 선임】이사가 없거나 결원이 있는 경우에 이로 인하여 손해가 생길 염려 있는 때에는 법원은 이해관계인이나 검사의 청구에 의하여 임시이사를 선임하여야 한다.
④ 이사의 대표권에 대한 제한은 이를 정관에 기재하지 아니하면 그 효력이 없다.
⑤ 제66조【감사】법인은 정관 또는 총회의 결의로 감사를 둘 수 있다(임의적 사항).

Ⅱ 법인의 능력

05 민법상 법인의 권리능력과 불법행위능력에 관한 설명으로 옳지 않은 것은? (다툼이 있으면 판례에 따름)

제4회

① 법인은 법률의 규정에 좇아 정관으로 정한 목적의 범위 내에서 권리와 의무의 주체가 된다.
② 법인의 피용자가 사무집행에 관하여 불법행위를 한 경우, 법인은 민법 제756조의 책임을 부담한다.
③ 법인의 목적범위 외의 행위로 인하여 타인에게 손해를 가한 때에는 그 사항의 의결에 찬성하거나 그 의결을 집행한 사원, 이사 및 기타 대표자가 연대하여 배상하여야 한다.
④ 법인의 대표자의 행위가 직무에 관한 행위에 해당하지 아니함을 피해자가 중대한 과실로 인하여 알지 못한 경우에도 법인에게 불법행위책임을 물을 수 있다.
⑤ 민법 제35조 제1항의 법인의 대표자에는 그 명칭이나 직위 여하 또는 대표자로 등기되었는지 여부를 불문하고 당해 법인을 실질적으로 운영하면서 법인을 사실상 대표하여 법인의 사무를 집행하는 사람을 포함한다고 해석함이 상당하다.

해설

법인의 대표자의 행위가 직무에 관한 행위에 해당하지 아니함을 피해자 자신이 알았거나 또는 중대한 과실로 인하여 알지 못한 경우에는 법인에게 손해배상책임을 물을 수 없다(대판 2004.3.26, 2003다34045).

정답 | 04 ③   05 ④

06 민법상 법인의 불법행위능력에 관한 설명으로 옳은 것은? (다툼이 있으면 판례에 따름)

제11회

① 법인의 대표자는 법인을 사실상 대표하는지 여부와 관계없이 대표자로 등기되었는지 여부만을 기준으로 판단하여야 한다.
② 법인의 대표자가 부정한 대표행위를 한 경우에 그 행위가 직무범위 내에 있더라도 법인의 불법행위가 성립될 여지가 없다.
③ 행위의 외형상 법인의 대표자의 직무행위라고 인정되더라도 법령의 규정에 위배된 것이라면 직무에 관한 행위에 해당하지 않는다.
④ 법인의 대표자의 행위로 법인의 불법행위책임이 성립하는 경우, 특별한 사정이 없는 한 법인만이 피해자에게 불법행위책임을 진다.
⑤ 법인의 대표자의 행위가 직무행위에 해당하지 아니함을 피해자 자신이 경과실로 알지 못한 경우에는 법인에게 손해배상책임을 물을 수 있다.

해설

⑤ 법인의 대표자의 행위가 직무에 관한 행위에 해당하지 아니함을 피해자 자신이 **알았거나 또는 중대한 과실로 인하여 알지 못한 경우에는 법인에 손해배상책임을 물을 수 없다**(대판 2004.3.26, 2003다34045). 따라서 경과실인 경우에는 법인에게 손해배상책임을 물을 수 있다.

[지문분석]

① 민법 제35조 제1항은 "법인은 이사 기타 대표자가 그 직무에 관하여 타인에게 가한 손해를 배상할 책임이 있다"라고 정한다. 여기서 **'법인의 대표자'에는 그 명칭이나 직위 여하, 또는 대표자로 등기되었는지 여부를 불문하고 당해 법인을 실질적으로 운영하면서 법인을 사실상 대표하여 법인의 사무를 집행하는 사람을 포함**한다고 해석함이 상당하다(대판 2011.4.28, 2008다15438).
②③ 그 직무에 관한 것이라는 의미는 행위의 외형상 법인의 대표자의 직무행위라고 인정할 수 있는 것이라면 설사 그것이 대표자 개인의 사리를 도모하기 위한 것이었거나 혹은 법령의 규정에 위배된 것이었다 하더라도 위의 직무에 관한 행위에 해당한다고 보아야 한다(대판 2004.2.27, 2003다15280).
④ 법인의 불법행위가 성립하면, 법인은 피해자에 대하여 그 손해를 배상하여야 한다. 법인의 배상책임이 인정된다고 하더라도 대표기관이 자기의 손해배상책임을 면하지 못한다. 따라서 피해자는 법인 또는 대표기관 개인에 대해 손해배상을 청구할 수 있고, 이 양자의 채무는 '부진정연대채무'로 해석된다.

07 민법 제35조(법인의 불법행위능력)에 관한 설명으로 옳은 것은? (다툼이 있으면 판례에 따름)

제7회

① 민법 제35조 소정의 '이사 기타 대표자'에는 대표권 없는 이사가 포함된다.
② 법인의 불법행위가 성립하는 경우, 대표자의 행위가 피해자에 대한 불법행위를 구성한다면 그 대표자도 피해자에 대하여 손해배상책임을 면하지 못한다.
③ 법인의 불법행위가 성립하여 법인이 피해자에게 배상한 경우, 법인은 대표자 개인에 대하여 구상권을 행사할 수 없다.
④ 법인의 대표자의 행위가 직무에 관한 행위에 해당하지 아니함을 피해자가 경과실로 알지 못한 경우 법인의 불법행위책임은 성립하지 않는다.
⑤ 법인의 대표자의 행위가 법령의 규정에 위배된 것이라면 외관상, 객관적으로 직무에 관한 행위라고 인정되더라도 민법 제35조 제1항의 직무에 관한 행위에 해당하지 않는다.

해설

② 제35조 【법인의 불법행위능력】 ① 법인은 이사 기타 대표자가 그 직무에 관하여 타인에게 가한 손해를 배상할 책임이 있다. 이사 기타 대표자는 이로 인하여 자기의 손해배상책임을 면하지 못한다.

[지문분석]
① 대표권 없는 이사는 민법 제35조 소정의 '이사 기타 대표자'가 아니다.
③ 법인의 불법행위가 성립하면, 법인은 피해자에 대하여 그 손해를 배상하여야 한다. 법인의 배상책임이 인정된다고 하더라도 대표기관이 자기의 손해배상책임을 면하지 못한다. 따라서 피해자는 법인 또는 대표기관 개인에 대해 손해배상을 청구할 수 있고, 이 양자의 채무는 '부진정연대채무'로 해석된다. 법인이 피해자에게 손해를 배상한 경우에는 법인은 대표기관 개인에게 구상권을 행사할 수 있다(제65조, 제61조).
④ 법인의 대표자의 행위가 직무에 관한 행위에 해당하지 아니함을 피해자 자신이 알았거나 또는 중대한 과실로 인하여 알지 못한 경우에는 법인에게 손해배상책임을 물을 수 없다(대판 2004.3.26, 2003다34045).
⑤ 그 직무에 관한 것이라는 의미는 행위의 외형상 법인의 대표자의 직무행위라고 인정할 수 있는 것이라면 설사 그것이 대표자 개인의 사리를 도모하기 위한 것이었거나 혹은 법령의 규정에 위배된 것이었다 하더라도 위의 직무에 관한 행위에 해당한다고 보아야 한다(대판 2004.2.27, 2003다15280).

정답 | 06 ⑤ 07 ②

08 법인의 불법행위책임에 관한 설명 중 옳지 않은 것은? (다툼이 있는 경우 판례에 의함)

① 행위의 외형상 대표기관의 직무행위라고 인정할 수 있더라도 법령의 규정에 위배된 것이라면 직무에 관한 행위에 해당되지 않는다.
② 법인의 대표기관인 특별대리인, 청산인 등의 직무에 관한 행위로 타인에게 손해가 발생하여야 한다.
③ 법인의 불법행위가 성립하는 경우에도 대표기관 개인은 자신의 손해배상책임을 면하지 못한다.
④ 피해자는 법인 또는 대표기관 개인에게 선택적으로 손해배상을 청구할 수 있고, 양자의 채무는 부진정연대채무이다.
⑤ 법인이 피해자에게 손해를 배상한 경우에는 대표기관 개인에게 구상할 수 있다.

해설

행위의 외형상 법인의 대표자의 직무행위라고 인정할 수 있는 것이라면 설사 그것이 대표자 개인의 사리를 도모하기 위한 것이었거나 혹은 법령의 규정에 위배된 것이었다 하더라도 직무에 관한 행위에 해당한다고 보아야 한다.

09 법인의 불법행위능력(민법 제35조)에 관한 설명으로 옳지 않은 것은? (다툼이 있으면 판례에 따름)

제3회

① 법인을 실질적으로 운영하면서 법인을 사실상 대표하여 법인의 사무를 집행하는 자가 대표자로 등기되어 있지 않은 경우, 그가 그 직무에 관하여 타인에게 손해를 가하더라도 법인의 불법행위가 성립하지 않는다.
② 대표권이 없는 이사는 법인의 기관이기는 하지만 대표기관은 아니기 때문에 그 이사의 행위로 인하여 법인의 불법행위가 성립하지 않는다.
③ 대표자의 행위가 대표자 개인의 사리를 도모하기 위한 것이었다 하더라도 외관상, 객관적으로 직무에 관한 행위라고 인정할 수 있는 것이라면, 특별한 사정이 없는 한 그 직무에 관한 행위에 해당한다.
④ 대표자의 행위가 직무에 관한 행위에 해당하지 아니함을 피해자 자신이 알았거나 또는 중대한 과실로 인하여 알지 못한 경우에는 법인에게 손해배상책임을 물을 수 없다.
⑤ 법인의 목적범위 외의 행위로 타인에게 손해를 가한 경우, 그 사항의 의결에 찬성하거나 그 의결을 집행한 사원, 이사 및 기타 대표자가 연대하여 배상책임을 진다.

해설

민법 제35조 제1항은 "법인은 이사 기타 대표자가 그 직무에 관하여 타인에게 가한 손해를 배상할 책임이 있다"라고 정한다. 여기서 '법인의 대표자'에는 그 명칭이나 직위 여하, 또는 대표자로 등기되었는지 여부를 불문하고 당해 법인을 실질적으로 운영하면서 법인을 사실상 대표하여 법인의 사무를 집행하는 사람을 포함한다고 해석함이 상당하다(대판 2011.4.28, 2008다15438).

10 민법 제35조(법인의 불법행위능력)에 관한 설명으로 옳지 않은 것은? (다툼이 있는 경우에는 판례에 의함)

제1회

① 법인을 실질적으로 운영하면서 법인을 사실상 대표하여 법인 사무를 집행하는 사람도 법인의 대표자에 포함된다.
② 대표권 없는 이사의 행위에 대해서는 법인의 불법행위가 성립하지 않는다.
③ 대표기관의 행위가 외형상 법인의 직무에 관한 행위로 인정될 수 있더라도, 그것이 개인의 사리를 도모하기 위한 것이라면 직무에 관한 행위에 해당하지 않는다.
④ 대표기관이 강행규정을 위반한 계약을 체결하여 그 상대방이 손해를 입은 경우에도 직무관련성이 인정되면 법인의 불법행위책임이 인정된다.
⑤ 법인이 대표자의 선임·감독에 주의를 다하였음을 증명하더라도 법인의 불법행위책임으로부터 면책되지 않는다.

해설

행위의 외형상 법인의 대표자의 직무행위라고 인정할 수 있는 것이라면 설사 그것이 대표자 개인의 사리를 도모하기 위한 것이었거나 혹은 법령의 규정에 위배된 것이었다 하더라도 위의 직무에 관한 행위에 해당한다(대판 1969.8.26, 68다2320).

정답 | 08 ① 09 ① 10 ③

11 사단법인 甲의 대표자 乙이 직무에 관한 불법행위로 丙에게 손해를 가하였다. 甲의 불법행위능력(민법 제35조)에 관한 설명으로 옳지 않은 것은? (다툼이 있으면 판례에 따름)

제9회

① 甲의 불법행위가 성립하여 甲이 丙에게 손해를 배상하면 甲은 乙에게 구상할 수 있다.
② 乙이 법인을 실질적으로 운영하면서 사실상 대표하여 사무를 집행하였더라도 대표자로 등기되지 않았다면 민법 제35조에서 정한 '대표자'에 해당하지 않는다.
③ 甲의 불법행위책임은 그가 乙의 선임·감독에 주의를 다하였음을 이유로 면책되지 않는다.
④ 乙의 행위가 외형상 대표자의 직무행위로 인정되는 경우라면 그것이 乙 개인의 이익만을 도모하기 위한 것이라도 직무에 관한 행위에 해당한다.
⑤ 乙이 청산인인 경우에도 甲의 불법행위책임이 성립할 수 있다.

해설

② 민법 제35조 제1항은 "법인은 이사 기타 대표자가 그 직무에 관하여 타인에게 가한 손해를 배상할 책임이 있다"라고 정한다. 여기서 '법인의 대표자'에는 그 명칭이나 직위 여하, 또는 대표자로 등기되었는지 여부를 불문하고 당해 법인을 실질적으로 운영하면서 법인을 사실상 대표하여 법인의 사무를 집행하는 사람을 포함한다고 해석함이 상당하다(대판 2011.4.28, 2008다15438).

[지문분석]
① 법인이 피해자에게 손해를 배상한 경우에는 법인은 대표기관 개인에게 구상권을 행사할 수 있다(제65조, 제61조).
③ 법인의 피해자에 대한 책임은 무과실책임이다.
④ 대표기관의 행위가 직무에 관한 행위에 해당하는지 여부는 행위의 외형상 판단한다(외형이론). 그 직무에 관한 것이라는 의미는 행위의 외형상 법인의 대표자의 직무행위라고 인정할 수 있는 것이라면 설사 그것이 대표자 개인의 사리를 도모하기 위한 것이었거나 혹은 법령의 규정에 위배된 것이었다 하더라도 위의 직무에 관한 행위에 해당한다고 보아야 한다(대판 2004.2.27, 2003다15280).
⑤ 청산인도 청산법인의 대표자이므로 민법 제35조의 법인의 불법행위책임이 인정된다.

12 민법 제35조(법인의 불법행위능력)에 관한 설명으로 옳지 않은 것은? (다툼이 있는 경우에는 판례에 의함)

제2회

① "법인의 대표자"에는 법인을 실질적으로 운영하면서 법인을 사실상 대표하여 법인의 사무를 집행하는 사람을 포함한다.
② "직무에 관하여"는 행위의 외형상 대표자의 직무행위로 인정할 수 있는 행위이면 된다.
③ 법인의 불법행위가 성립하게 되면 가해행위를 한 대표자는 손해배상책임을 면한다.
④ 비법인사단의 대표자의 행위가 직무에 관한 행위에 해당하지 아니함을 피해자가 알았거나 중대한 과실로 인하여 알지 못한 때에는 비법인사단에 손해배상책임을 물을 수 없다.
⑤ 법인의 목적범위 외의 행위로 인하여 타인에게 손해를 가한 때에는 그 사항의 의결에 찬성하거나 그 의결을 집행한 사원, 이사 및 기타 대표자가 연대하여 배상하여야 한다.

해설

법인은 이사 기타 대표자가 그 직무에 관하여 타인에게 가한 손해를 배상할 책임이 있다. 이사 기타 대표자는 이로 인하여 자기의 손해배상책임을 면하지 못한다(제35조 제1항).

정답 | 11 ② 12 ③

13 민법 제35조(법인의 불법행위능력)에 관한 설명으로 옳은 것은?

① 대표권이 없는 이사가 직무행위로 타인에게 손해를 가한 경우 법인은 불법행위책임을 진다.
② 법인의 불법행위책임이 성립하는 경우 가해행위를 한 대표기관은 손해배상책임을 면한다.
③ 외형상 대표자의 직무행위로 인정되더라도 법령에 위반한 행위는 직무에 관한 행위가 아니다.
④ 대표자의 행위가 직무행위에 해당하지 않음을 피해자가 중대한 과실로 알지 못한 경우에는 법인에게 손해배상책임을 물을 수 없다.
⑤ 법인의 불법행위책임에는 과실상계의 법리가 적용되지 않는다.

해설

④ 법인의 대표자의 행위가 직무에 관한 행위에 해당하지 아니함을 피해자 자신이 알았거나 또는 중대한 과실로 인하여 알지 못한 경우에는 법인에게 손해배상책임을 물을 수 없다(대판 2004.3.26, 2003다34045).

[지문분석]
① 민법 제35조에서 말하는 '이사 기타 대표자'는 법인의 대표기관을 의미하는 것이고 대표권이 없는 이사는 법인의 기관이기는 하지만 대표기관은 아니기 때문에 그들의 행위로 인하여 법인의 불법행위가 성립하지 않는다(대판 2005.12.23, 2003다30159).

> 제35조【법인의 불법행위능력】① 법인은 이사 기타 대표자가 그 직무에 관하여 타인에게 가한 손해를 배상할 책임이 있다. 이사 기타 대표자는 이로 인하여 자기의 손해배상책임을 면하지 못한다.
> ② 법인의 목적범위 외의 행위로 인하여 타인에게 손해를 가한 때에는 그 사항의 의결에 찬성하거나 그 의결을 집행한 사원, 이사 및 기타 대표자가 연대하여 배상하여야 한다.

② 법인의 불법행위책임이 성립하는 경우 가해행위를 한 대표기관은 손해배상책임을 면하지 못한다.
③ 위의 외형상 법인의 대표자의 직무행위라고 인정할 수 있는 것이라면 설사 그것이 대표자 개인의 사리를 도모하기 위한 것이었거나 혹은 법령의 규정에 위배된 것이었다 하더라도 위의 직무에 관한 행위에 해당한다(대판 1969.8.26, 68다2320).
⑤ 법인에 대한 손해배상책임 원인이 대표기관의 고의적인 불법행위라고 하더라도, 피해자에게 그 불법행위 내지 손해발생에 과실이 있다면 법원은 과실상계의 법리에 좇아 손해배상의 책임 및 그 금액을 정함에 있어 이를 참작하여야 한다(대판 1987.12.8, 86다카1170).

14 법인의 불법행위책임에 관한 설명으로 옳지 않은 것은? (다툼이 있으면 판례에 따름) 제5회

① 대표권이 없는 이사의 행위로 인하여는 법인의 불법행위가 성립하지 않는다.
② 외형상 법인의 대표자의 직무행위라고 인정할 수 있는 것이라면 그것이 법령규정에 위반한 행위라도 직무에 관한 행위에 해당한다.
③ 법인의 대표자의 행위가 직무에 관한 행위에 해당하지 아니함을 피해자가 중대한 과실로 인하여 알지 못한 경우에 법인은 손해배상책임을 부담하지 않는다.
④ 이사의 대표권에 대한 제한은 정관에 기재하여야 효력이 발생하고, 등기하면 제3자에게 대항할 수 있다.
⑤ 법인의 권리능력을 벗어나는 행위의 효과는 법인에게 귀속되지 않기 때문에 이로 인하여 상대방이 손해를 입었더라도 그 행위를 집행한 대표기관은 책임을 부담하지 않는다.

해설

행위를 집행한 대표기관은 책임을 부담한다.

제35조【법인의 불법행위능력】① 법인은 이사 기타 대표자가 그 직무에 관하여 타인에게 가한 손해를 배상할 책임이 있다. 이사 기타 대표자는 이로 인하여 자기의 손해배상책임을 면하지 못한다.
② 법인의 목적범위 외의 행위로 인하여 타인에게 손해를 가한 때에는 그 사항의 의결에 찬성하거나 그 의결을 집행한 사원, 이사 및 기타 대표자가 연대하여 배상하여야 한다.

정답 | 13 ④ 14 ⑤

Ⅲ 법인의 기관

15 민법상 법인의 기관에 관한 설명으로 옳은 것은? (다툼이 있으면 판례에 따름) 제3회

① 사단법인의 이사와 감사는 필수기관이다.
② 이사가 없거나 결원이 있는 경우에 이로 인하여 손해가 생길 염려가 있는 때에는 법원은 이해관계인이나 검사의 청구에 의하여 직무대행자를 선임하여야 한다.
③ 사단법인의 사원의 지위는 양도 또는 상속할 수 없다는 민법의 규정은 강행규정이므로, 정관으로 이에 반하는 규정을 둘 수 없다.
④ 법인과 이사의 이익이 상반하는 사항에 관하여는 임시이사를 선임하여야 한다.
⑤ 사원총회에서 결의할 수 있는 것은 정관에 다른 규정이 없는 한 총회를 소집할 때 미리 통지한 사항에 한정된다.

해설

⑤ 제72조【총회의 결의사항】총회는 전조의 규정에 의하여 통지한 사항에 관하여서만 결의할 수 있다. 그러나 정관에 다른 규정이 있는 때에는 그 규정에 의한다.

[지문분석]
① 사단법인의 이사는 필수기관이고 감사는 임의기관이다.
② 이사가 없거나 결원이 있는 경우에 이로 인하여 손해가 생길 염려가 있는 때에는 법원은 이해관계인이나 검사의 청구에 의하여 임시이사를 선임하여야 한다.
③ 사단법인의 사원의 지위는 양도 또는 상속할 수 없다는 민법의 규정은 임의규정이다.
④ 제64조【특별대리인의 선임】법인과 이사의 이익이 상반하는 사항에 관하여는 이사는 대표권이 없다. 이 경우에는 전조의 규정에 의하여 특별대리인을 선임하여야 한다.

16 법인의 대표권에 관한 설명으로 옳지 않은 것은?

① 대표권의 행사를 포괄적으로 타인에게 위임할 수 있다.
② 대표권의 범위는 법인의 일체의 사무에 미치는 것이 원칙이다.
③ 이사가 수인인 경우 원칙적으로 각자 법인을 대표한다.
④ 대표권의 제한은 등기하지 않으면 제3자에게 대항할 수 없다.
⑤ 이사의 성명, 주소는 등기사항이다.

해설

① 이사는 대리인을 선임할 수 있으나 포괄적 위임은 할 수 없다.
[지문분석]
② 이사는 법인의 모든 사항에 관하여 대표권을 가지는 것이 원칙이다.
③ 이사는 법인의 사무에 관하여 각자 법인을 대표한다(제59조 제1항).
④ 이사의 대표권에 대한 제한은 등기하지 아니하면 제3자에게 대항하지 못한다(제60조).
⑤ 이사의 성명·주소는 등기사항이며(제49조 제2항), 이를 등기하지 않으면 제3자에게 대항할 수 없다(제54조 제1항).

17 민법상 사단법인의 기관에 관한 설명으로 옳지 않은 것은? (다툼이 있으면 판례에 따름)

제6회

① 이사의 임면에 관한 사항은 정관의 임의적 기재사항이다.
② 사단법인의 이사는 매년 1회 이상 통상총회를 소집하여야 한다.
③ 이사가 수인인 경우, 정관에 다른 규정이 없으면 법인의 사무집행은 이사의 과반수로써 결정한다.
④ 감사는 필요기관이 아니다.
⑤ 사원총회의 의결사항은 정관에 다른 규정이 없으면, 총회를 소집할 때 미리 통지된 사항에 한한다.

해설

이사의 임면에 관한 사항은 정관의 필요적 기재사항이다(목·명·사·자·이·사·존!).

제40조【사단법인의 정관】 사단법인의 설립자는 다음 각 호의 사항을 기재한 정관을 작성하여 기명날인하여야 한다.
1. 목적
2. 명칭
3. 사무소의 소재지
4. 자산에 관한 규정
5. 이사의 임면에 관한 규정
6. 사원자격의 득실에 관한 규정
7. 존립시기나 해산사유를 정하는 때에는 그 시기 또는 사유

정답 | 15 ⑤   16 ①   17 ①

18 민법상 법인의 기관에 관한 설명으로 옳지 않은 것은? (다툼이 있으면 판례에 따름) 제7회

① 민법상 이사의 임기를 제한하는 규정은 없다.
② 사원총회의 결의는 민법 또는 정관에 다른 규정이 없으면 사원 과반수의 출석과 출석사원의 결의권의 과반수로써 한다.
③ 이사는 정관 또는 총회의 결의로 금지하지 아니한 사항에 한하여 타인으로 하여금 특정한 행위를 대리하게 할 수 있다.
④ 임시이사 선임의 요건인 '이사가 없거나 결원이 있는 경우'란 이사가 전혀 없거나 정관에서 정한 인원수에 부족이 있는 경우를 말한다.
⑤ 정관에 이사의 해임사유에 관한 규정이 있는 경우에는 이사의 중대한 의무위반이 있어도 법인은 정관에서 정하지 아니한 사유로 이사를 해임할 수 없다.

해설

> 법인이 정관에 이사의 해임사유 및 절차 등을 따로 정한 경우 그 규정은 법인과 이사와의 관계를 명확히 함은 물론 이사의 신분을 보장하는 의미도 아울러 가지고 있어 이를 단순히 주의적 규정으로 볼 수는 없다. 따라서 법인의 정관에 이사의 해임사유에 관한 규정이 있는 경우 법인으로서는 이사의 중대한 의무위반 또는 정상적인 사무집행 불능 등의 특별한 사정이 없는 이상, 정관에서 정하지 아니한 사유로 이사를 해임할 수 없다(대판 2013.11.28, 2011다41741).

19 민법상 사단법인에 관한 설명으로 옳지 않은 것은? 제8회

① 이사는 원칙적으로 법인의 제반 업무처리를 대리인에게 포괄적으로 위임할 수 없다.
② 정관의 규범적 의미와 다른 해석이 사원총회의 결의에 의해 표명되었더라도 이는 법원을 구속하는 효력이 없다.
③ 이사의 임면에 관한 사항은 정관의 임의적 기재사항이다.
④ 이사회의 결의사항에 이해관계가 있는 이사는 의결권이 없다.
⑤ 민법상 청산절차에 관한 규정에 반하는 잔여재산 처분행위는 특단의 사정이 없는 한 무효이다.

해설

> 이사의 임면에 관한 사항은 정관의 필요적 기재사항이다.
>
> **제40조【사단법인의 정관】** 사단법인의 설립자는 다음 각호의 사항을 기재한 정관을 작성하여 기명날인하여야 한다.
> 1. 목적
> 2. 명칭
> 3. 사무소의 소재지

4. 자산에 관한 규정
5. 이사의 임면에 관한 규정
6. 사원자격의 득실에 관한 규정
7. 존립시기나 해산사유를 정하는 때에는 그 시기 또는 사유

20 법인에 관한 설명으로 옳은 것을 모두 고른 것은?

제9회

㉠ 임시이사는 법인과 이사의 이익이 상반하는 사항에 관하여 선임되는 법인의 기관이다.
㉡ 법인의 이사가 여러 명인 경우에는 정관에 다른 규정이 없으면 법인의 사무집행은 이사의 과반수로써 결정한다.
㉢ 법인의 대표에 관하여는 대리에 관한 규정을 준용한다.
㉣ 이사는 정관 또는 총회의 결의로 금지하지 아니한 사항에 한하여 타인으로 하여금 특정한 행위를 대리하게 할 수 있다.

① ㉠, ㉡
② ㉢, ㉣
③ ㉠, ㉡, ㉢
④ ㉡, ㉢, ㉣
⑤ ㉠, ㉡, ㉢, ㉣

해설

㉡ 제58조【이사의 사무집행】① 이사는 법인의 사무를 집행한다.
② 이사가 수인인 경우에는 정관에 다른 규정이 없으면 법인의 사무집행은 이사의 과반수로써 결정한다.

㉢ 제59조【이사의 대표권】① 이사는 법인의 사무에 관하여 각자 법인을 대표한다. 그러나 정관에 규정한 취지에 위반할 수 없고 특히 사단법인은 총회의 의결에 의하여야 한다.
② 법인의 대표에 관하여는 대리에 관한 규정을 준용한다.

㉣ 제62조【이사의 대리인 선임】이사는 정관 또는 총회의 결의로 금지하지 아니한 사항에 한하여 타인으로 하여금 특정한 행위를 대리하게 할 수 있다.

[지문분석]
㉠ 법인과 이사의 이익이 상반하는 사항에 관하여 선임되는 법인의 기관은 특별대리인이다.

제63조【임시이사의 선임】이사가 없거나 결원이 있는 경우에 이로 인하여 손해가 생길 염려 있는 때에는 법원은 이해관계인이나 검사의 청구에 의하여 임시이사를 선임하여야 한다.
제64조【특별대리인의 선임】법인과 이사의 이익이 상반하는 사항에 관하여는 이사는 대표권이 없다. 이 경우에는 전조의 규정에 의하여 특별대리인을 선임하여야 한다.

정답 | 18 ⑤ 19 ③ 20 ④

21 법인의 이사에 관한 설명으로 옳은 것은?

제1회

① 법인이 설립허가의 취소로 해산하는 경우 원칙적으로 이사는 청산인이 될 수 없다.
② 이사가 여러 명인 경우, 법인의 사무에 관하여 공동으로 법인을 대표하는 것이 원칙이다.
③ 이사는 정관 또는 총회의 결의로 금지하지 아니한 사항에 한하여 타인으로 하여금 특정한 행위를 대리하게 할 수 있다.
④ 이사의 대표권에 대한 제한은 정관의 기재만으로도 선의의 제3자에게 대항할 수 있다.
⑤ 법인과 이사의 이익이 상반하는 사항에 대해서는 법원이 이해관계인이나 검사의 청구에 의하여 임시이사를 선임하여야 한다.

해설

③ 제62조【이사의 대리인 선임】이사는 정관 또는 총회의 결의로 금지하지 아니한 사항에 한하여 타인으로 하여금 특정한 행위를 대리하게 할 수 있다.

[지문분석]

① 제82조【청산인】법인이 해산한 때에는 파산의 경우를 제하고는 이사가 청산인이 된다. 그러나 정관 또는 총회의 결의로 달리 정한 바가 있으면 그에 의한다.

② 제59조【이사의 대표권】① 이사는 법인의 사무에 관하여 각자 법인을 대표한다.

④ 제60조【이사의 대표권에 대한 제한의 대항요건】이사의 대표권에 대한 제한은 등기하지 아니하면 제삼자에게 대항하지 못한다.

⑤ 제64조【특별대리인의 선임】법인과 이사의 이익이 상반하는 사항에 관하여는 이사는 대표권이 없다. 이 경우에는 전조의 규정에 의하여 특별대리인을 선임하여야 한다.

22 민법상 법인의 대표권에 관한 설명으로 옳지 않은 것은? (다툼이 있으면 판례에 따름)

제6회

① 이사의 대표권 제한에 관한 정관의 규정이 등기되어 있지 않으면, 법인은 그 규정으로 악의의 제3자에게도 대항할 수 없다.
② 법인과 이사의 이익상반행위로 특별대리인을 선임하는 경우, 법원은 이해관계인이나 검사의 청구에 의하여 선임하여야 한다.
③ 민법 규정에 의하여 선임된 직무대행자가 그 권한을 정한 규정에 위반하여 법인의 통상사무 범위를 벗어난 행위를 한 경우, 법인은 선의의 제3자에 대하여 책임을 진다.
④ 대표자의 행위가 직무에 관한 행위에 해당하지 아니함을 피해자가 중과실로 알지 못한 경우에도, 피해자는 법인에게 손해배상책임을 물을 수 있다.
⑤ 법인의 대표에 관하여는 대리에 관한 규정을 준용한다.

해설

법인의 대표사의 행위가 직무에 관한 행위에 해당하지 아니함을 **피해자 자신이 알았거나 또는 중대한 과실로 인하여 알지 못한 경우에는 법인에게 손해배상책임을 물을 수 없다**고 할 것이고, 여기서 중대한 과실이라 함은 거래의 상대방이 조금만 주의를 기울였더라면 대표자의 행위가 그 직무권한 내에서 적법하게 행하여진 것이 아니라는 사정을 알 수 있었음에도 만연히 이를 직무권한 내의 행위라고 믿음으로써 일반인에게 요구되는 주의의무에 현저히 위반하는 것으로 거의 고의에 가까운 정도의 주의를 결여하고, 공평의 관점에서 상대방을 구태여 보호할 필요가 없다고 봄이 상당하다고 인정되는 상태를 말한다(대판 2004.3.26, 2003다34045).

정답 | 21 ③ 22 ④

23 민법상 법인의 이사에 관한 설명으로 옳지 않은 것은? (다툼이 있으면 판례에 따름) 제12회

① 이사가 여러 명인 경우 정관에 다른 정함이 없으면 법인의 사무집행은 이사의 과반수로써 결정한다.
② 이사의 결원으로 법인에게 손해가 생길 염려가 있는 경우, 법원은 이해관계인이나 검사의 청구에 의하여 임시이사를 선임하여야 한다.
③ 이사는 정관 또는 총회의 결의로 금지하지 아니한 사항에 한하여 타인으로 하여금 특정한 행위를 대리하게 할 수 있다.
④ 법인의 정관에 이사의 해임사유에 관한 규정이 있는 경우, 법인은 특별한 사정이 없는 한 정관에서 정하지 아니한 사유로 이사를 해임할 수 없다.
⑤ 이사의 사임은 특별한 사정이 없는 한 주무관청의 승인이 있어야 그 효력이 발생한다.

해설

법인과 이사의 법률관계는 신뢰를 기초로 한 위임 유사의 관계이므로, 이사는 민법 제689조 제1항이 규정한 바에 따라 언제든지 사임할 수 있고, 법인의 이사를 사임하는 행위는 상대방 있는 단독행위이므로 그 의사표시가 상대방에게 도달함과 동시에 그 효력을 발생하고, 그 의사표시가 효력을 발생한 후에는 마음대로 이를 철회할 수 없음이 원칙이다(대판 2008.9.25, 2007다17109). 따라서 주무관청의 승인이 있어야 하는 것은 아니다.

24 법인의 이사에 관한 설명으로 옳지 않은 것은? (다툼이 있는 경우에는 판례에 의함) 제2회

① 이사의 임면에 관한 사항은 정관의 필요적 기재사항이다.
② 이사의 대표권의 제한은 이를 등기하지 않으면 악의의 제3자에게도 대항할 수 없다.
③ 이사가 그의 권한으로 선임한 대리인은 법인의 기관이다.
④ 특별한 사정이 없으면, 법인과 이사의 이익이 상반하는 사항에 관하여는 그 이사는 대표권이 없다.
⑤ 이사의 직무대행자는 원칙적으로 법인의 통상사무에 속하는 행위만을 할 수 있다.

해설

이사는 정관 또는 총회의 결의로 금지하지 아니한 사항에 한하여 타인으로 하여금 특정한 행위를 대리하게 할 수 있다(제62조). 이때의 대리인은 이사의 대리인일 뿐이지 법인의 대표기관은 아니다.

25
사단법인 A의 대표이사 甲이 A를 대표하여 乙과 매매계약을 체결하였다. 이에 관한 설명으로 옳은 것을 모두 고른 것은? (다툼이 있으면 판례에 따름)   제12회

> ㉠ 매매계약을 체결하는 것이 甲과 A의 이익이 상반하는 사항인 경우, 甲은 A를 대표할 권한이 없다.
> ㉡ 甲이 A를 위하여 매수인 乙로부터 매매대금을 수령한 경우에 A의 채무불이행을 이유로 乙이 매매계약을 유효하게 해제하면, 특별한 사정이 없는 한 해제로 인한 원상회복의무는 甲이 부담한다.
> ㉢ 만약 A가 정관에 甲의 매매계약체결에 관한 대표권을 제한하는 규정을 두었지만 이를 등기하지 않은 경우, A는 이러한 사실을 알았던 乙에게 그 대표권 제한사실로써 대항할 수 있다.

① ㉠
② ㉢
③ ㉠, ㉡
④ ㉡, ㉢
⑤ ㉠, ㉡, ㉢

해설

㉠ 법인과 이사의 이익이 상반하는 사항에 관하여는 이사는 대표권이 없으며, 이 경우에는 이해관계인 또는 검사의 청구에 의하여 법원이 선임하는 특별대리인이 법인을 대표한다(제64조).

[지문분석]
㉡ 법인의 대표에 관하여는 대리에 관한 규정을 준용한다. 따라서 원상회복의무는 사단법인 A가 부담한다.
㉢ 이사의 대표권의 제한을 정관에 기재하여 유효한 경우에도 이를 등기하지 아니하면 제3자에게 대항할 수 없다(제60조).

정답 | 23 ⑤ 24 ③ 25 ①

26 민법상 법인에 관한 설명으로 옳지 않은 것은? (다툼이 있으면 판례에 따름) 제12회

① 재단법인은 법률의 규정에 의함이 아니면 성립하지 못한다.
② 재단법인의 설립자가 정관에 필요적 기재사항 중 이사임면의 방법만 정하지 않고 사망한 경우, 이해관계인 또는 검사의 청구에 의하여 법원이 이를 정한다.
③ 재단법인의 목적을 달성할 수 없는 경우, 설립자나 이사는 주무관청의 허가를 얻어 설립의 취지를 참작하여 그 목적에 관한 정관규정을 변경할 수 있다.
④ 사단법인의 감사는 법인의 재산상황에 관하여 부정한 것이 있음을 발견한 경우, 이를 총회에 보고하기 위해 필요하더라도 임시총회를 소집할 권한은 없다.
⑤ 법인에 대한 청산종결등기가 경료되었더라도 청산사무가 종결되지 않는 한, 법인은 그 범위 내에서는 청산법인으로 존속한다.

해설

> 제67조【감사의 직무】 감사의 직무는 다음과 같다.
> 1. 법인의 재산상황을 감사하는 일
> 2. 이사의 업무집행의 상황을 감사하는 일
> 3. 재산상황 또는 업무집행에 관하여 부정, 불비한 것이 있음을 발견한 때에는 이를 총회 또는 주무관청에 보고하는 일
> 4. 전호의 보고를 하기 위하여 필요 있는 때에는 총회를 소집하는 일

27 민법상 법인에 관한 설명으로 옳은 것은? (다툼이 있으면 판례에 따름) 제10회

① 재단법인의 기본재산을 새롭게 편입하는 행위는 주무관청의 허가를 받지 않아도 유효하다.
② 재단법인의 감사는 민법상 필수기관이다.
③ 사단법인의 사원권은 정관에 정함이 있는 경우 상속될 수 있다.
④ 사단법인이 정관에 이사의 대표권에 관한 제한을 규정한 경우에는 이를 등기하지 않더라도 악의의 제3자에게 대항할 수 있다.
⑤ 이사 전원의 의결에 의하여 잔여재산을 처분하도록 한 사단법인의 정관 규정은 성질상 등기하여야만 제3자에게 대항할 수 있는 청산인의 대표권에 관한 제한으로 보아야 한다.

해설

③ "사단법인의 사원의 지위는 양도 또는 상속할 수 없다"고 한 민법 제56조의 규정은 강행규정은 아니라고 할 것이므로, 정관에 의하여 이를 인정하고 있을 때에는 양도·상속이 허용된다(대판 1992.4.14, 91다26850).

[지문분석]
① 재단법인의 기본재산에 관한 사항은 정관의 기재사항으로서 기본재산의 변경은 정관의 변경을 초래하기 때문에 주무장관의 허가를 받아야 하고, 따라서 기존의 기본재산을 처분하는 행위는 물론 새로이 기본재산으로 편입하는 행위도 주무장관의 허가가 있어야 유효한 것이다(대판 1991.5.28, 90다8558).
② 법인의 감사는 임의기관이다(제66조).
④ 이사의 대표권은 제한할 수 있으나 이사의 대표권에 대한 제한은 이를 정관에 기재하지 아니하면 그 효력이 없다(제41조). 이사의 대표권의 제한을 정관에 기재하여 유효한 경우에도 이를 등기하지 아니하면 제3자에게 대항할 수 없다(제60조). 이때 제3자의 선·악을 불문한다(대판 1992.2.14, 91다24564).
⑤ 민법상의 청산절차에 관한 규정은 모두 제3자의 이해관계에 중대한 영향을 미치기 때문에 이른바 강행규정이라고 해석되므로 이에 반하는 잔여재산의 처분행위는 특단의 사정이 없는 한 무효라고 보아야 한다. 이사 전원의 의결에 의하여 잔여재산을 처분하도록 한 정관 규정은 성질상 등기하여야만 제3자에게 대항할 수 있는 청산인의 대표권에 관한 제한이라고 볼 수 없다(대판 1995.2.10, 94다13473).

정답 | 26 ④ 27 ③

Ⅳ 정관변경

28 민법상 법인의 정관에 관한 설명으로 옳은 것을 모두 고른 것은? (다툼이 있으면 판례에 따름)

제7회

> ㉠ 정관의 변경사항이 등기사항인 경우에는 등기하여야 정관변경의 효력이 생긴다.
> ㉡ 재단법인의 기본재산에 관한 저당권 설정행위는 특별한 사정이 없는 한 정관의 기재사항을 변경하여야 하는 경우에 해당하지 않는다.
> ㉢ 사단법인의 정관을 변경하기 위해서는 정관에 다른 규정이 없는 한 사원총회에서 총사원 3분의 2 이상의 동의가 있어야 한다.

① ㉢
② ㉠, ㉡
③ ㉠, ㉢
④ ㉡, ㉢
⑤ ㉠, ㉡, ㉢

해설

㉡ 민법상 재단법인의 기본재산에 관한 저당권 설정행위는 특별한 사정이 없는 한 정관의 기재사항을 변경하여야 하는 경우에 해당하지 않으므로, 그에 관하여는 주무관청의 허가를 얻을 필요가 없다(대결 2018.7.20, 2017마1565).

㉢ **제42조【사단법인의 정관의 변경】** ① 사단법인의 정관은 총사원 3분의 2 이상의 동의가 있는 때에 한하여 이를 변경할 수 있다. 그러나 정수에 관하여 정관에 다른 규정이 있는 때에는 그 규정에 의한다.

[지문분석]
㉠ 정관의 변경은 주무관청의 허가를 얻어야 그 효력이 있다(제42조 제2항). 등기는 대항요건이다.

29 법인의 정관에 관한 설명으로 옳지 않은 것은? (다툼이 있으면 판례에 따름)   제4회

① 법인의 존립시기나 해산사유는 재단법인 정관의 필요적 기재사항이다.
② 사단법인의 정관의 변경은 주무관청의 허가를 얻지 아니하면 그 효력이 없다.
③ 재단법인의 설립자가 그 명칭, 사무소 소재지 또는 이사임면의 방법을 정하지 아니하고 사망한 때에는 이해관계인 또는 검사의 청구에 의하여 법원이 이를 정한다.
④ 사단법인의 정관은 정수에 관하여 정관에 다른 규정이 없는 한 총사원 3분의 2 이상의 동의가 있는 때에 한하여 이를 변경할 수 있다.
⑤ 재단법인의 목적을 달성할 수 없는 때에는 설립자나 이사는 주무관청의 허가를 얻어 설립의 취지를 참작하여 그 목적 기타 정관의 규정을 변경할 수 있다.

해설

사단법인의 필수적 기재사항 중 사원자격의 득실에 관한 규정과 존립시기나 해산사유를 정하는 때 그 시기 또는 사유는 재단법인에서는 필수적 기재사항이 아니다.

> 제40조【사단법인의 정관】 사단법인의 설립자는 다음 각 호의 사항을 기재한 정관을 작성하여 기명날인하여야 한다.
> 1. 목적
> 2. 명칭
> 3. 사무소의 소재지
> 4. 자산에 관한 규정
> 5. 이사의 임면에 관한 규정
> 6. 사원자격의 득실에 관한 규정
> 7. 존립시기나 해산사유를 정하는 때에는 그 시기 또는 사유
> 제43조【재단법인의 정관】 재단법인의 설립자는 일정한 재산을 출연하고 제40조 제1호 내지 제5호의 사항을 기재한 정관을 작성하여 기명날인하여야 한다.

정답 | 28 ④　29 ①

30 재단법인의 정관의 변경과 보충에 관한 다음의 설명 중 옳지 않은 것은?

① 재단법인의 정관은 그 변경방법을 정관에 정한 때에 한하여 변경할 수 있다.
② 정관에 변경방법이 정하여진 바 없더라도, 재단법인의 목적달성 또는 그 재산의 보전을 위하여 적당한 때에는 명칭 또는 사무소의 소재지를 변경할 수 있다.
③ 재단법인의 설립자가 이사임면의 방법을 정하지 아니하고 사망한 때에는 이해관계인 또는 검사의 청구에 의하여 법원이 이를 정한다.
④ 재단법인의 목적은 본질적인 것이므로, 목적에 관한 정관의 규정은 변경할 수 없고, 목적을 달성할 수 없는 때에는 해산하여야 한다.
⑤ 정관의 변경은 주무관청의 허가를 얻지 아니하면 그 효력이 없다.

해설

④ 재단법인의 목적을 달성할 수 없는 때에는 설립자나 이사는 주무관청의 허가를 얻어 설립의 취지를 참작하여 그 목적 기타 정관의 규정을 변경할 수 있다(제46조).

[지문분석]
① 재단법인의 정관은 그 변경방법을 정관에 정한 때에 한하여 변경할 수 있다(제45조 제1항).
② 재단법인이 목적달성 또는 그 재산의 보전을 위하여 적당한 때에는 명칭 또는 사무소의 소재지를 변경할 수 있다(제45조 제2항).
③ 재단법인의 설립자가 그 명칭, 사무소 소재지 또는 이사임면의 방법을 정하지 아니하고 사망한 때에는 이해관계인 또는 검사의 청구에 의하여 법원이 이를 정한다(제44조).
⑤ 제42조 제2항, 제45조 제3항

31 민법상 법인의 정관에 관한 설명으로 옳은 것은? (다툼이 있으면 판례에 따름) 제13회

① 사단법인의 정관은 자치법규가 아니라 계약이다.
② 재단법인의 정관은 특별한 사정이 없는 한, 그 변경방법을 정관에 정한 때에 한하여 변경할 수 있다.
③ 이사의 대표권에 대한 제한은 이를 정관에 기재하지 않더라도 등기하면 효력이 있다.
④ 사단법인의 정관 변경을 법원의 허가를 얻지 않으면 효력이 없다.
⑤ 재단법인의 존립시기나 해산사유는 정관의 필요적 기재사항이다.

해설

② 재단법인의 정관은 그 변경방법을 정관에 정한 때에 한하여 변경할 수 있다(제45조 제1항).

[지문분석]
① 사단법인의 정관은 이를 작성한 사원뿐만 아니라 그 후에 가입한 사원이나 사단법인의 기관 등도 구속하는 점에 비추어 보면 그 법적 성질은 계약이 아니라 자치법규로 보는 것이 타당하다(대판 2000.11.24, 99다12437).
③ 이사의 대표권에 대한 제한은 등기하지 아니하면 제3자에게 대항하지 못한다(제60조).
④ 사단법인의 정관의 변경은 법원이 아니라 주무관청의 허가를 얻지 아니하면 그 효력이 없다(제42조 제2항).
⑤ 법인의 존립시기나 해산사유는 사단법인의 필요적 기재사항이지 재단법인의 필요적 기재사항은 아니다.

정답 | 30 ④ 31 ②

Ⅴ 법인의 소멸

32 다음 중 재단법인의 해산사유가 아닌 것은?

① 법인의 목적의 달성 ② 총회의 결의
③ 존립기간의 만료 ④ 설립허가의 취소
⑤ 파산

해설

총회의 결의에 의한 임의해산은 사단법인에만 인정되는 해산사유(제77조 제2항)이다.

제77조 【해산사유】 ① 법인은 존립기간의 만료, 법인의 목적의 달성 또는 달성의 불능 기타 정관에 정한 해산사유의 발생, 파산 또는 설립허가의 취소로 해산한다.
② 사단법인은 사원이 없게 되거나 총회의 결의로도 해산한다.

33 민법상 법인의 소멸에 관한 설명으로 옳지 않은 것은? (다툼이 있으면 판례에 따름) 제3회

① 법인이 목적 이외의 사업을 하거나 설립허가의 조건에 위반하거나 기타 공익을 해하는 행위를 한 경우, 주무관청은 법인의 설립허가를 취소할 수 있다.
② 청산이 종결한 때에는 청산인은 3주간 내에 이를 등기하고 주무관청에 신고하여야 한다.
③ 청산 중의 법인은 채권신고기간이 경과하더라도 변제기에 이르지 않은 채권에 대해서는 변제할 수 없다.
④ 청산절차에 관한 규정은 모두 제3자의 이해관계에 중대한 영향을 미치는 것으로서 강행규정이다.
⑤ 법인에 대한 청산종결등기가 마쳐졌더라도 청산사무가 종결되지 않는 한 그 범위 내에서 청산법인으로 존속한다.

해설

청산 중의 법인은 변제기에 이르지 아니한 채권에 대하여도 변제할 수 있다(제91조 제1항).

34 민법상 법인의 해산과 청산에 관한 설명으로 옳지 않은 것은? (다툼이 있으면 판례에 따름)

제10회

① 해산한 법인은 청산의 목적범위 내에서만 권리가 있고 의무를 부담한다.
② 사단법인 총회의 해산결의는 정관에 다른 규정이 없는 한 총사원의 4분의 3 이상의 동의가 필요하다.
③ 민법상 청산절차에 관한 규정에 반하는 잔여재산의 처분행위는 특별한 사정이 없는 한 무효이다.
④ 청산 중의 법인은 변제기에 이르지 아니한 채권에 대해서도 변제할 수 있다.
⑤ 법인의 청산인은 채권신고기간 내에는 채권자에 대하여 변제하지 못하므로 법인은 그 기간 동안의 지연손해배상의무를 면한다.

해설

⑤ 제90조 【채권신고기간 내의 변제금지】 청산인은 제88조 제1항의 채권신고기간 내에는 채권자에 대하여 변제하지 못한다. 그러나 법인은 채권자에 대한 지연손해배상의 의무를 면하지 못한다.

[지문분석]
① 제81조 【청산법인】 해산한 법인은 청산의 목적범위 내에서만 권리가 있고 의무를 부담한다.
② 제78조 【사단법인의 해산결의】 사단법인은 총사원 4분의 3 이상의 동의가 없으면 해산을 결의하지 못한다. 그러나 정관에 다른 규정이 있는 때에는 그 규정에 의한다.
③ 민법상의 청산절차에 관한 규정은 모두 제3자의 이해관계에 중대한 영향을 미치기 때문에 이른바 강행규정이라고 해석되므로 이에 반하는 잔여재산의 처분행위는 특단의 사정이 없는 한 무효라고 보아야 한다. 이사전원의 의결에 의하여 잔여재산을 처분하도록 한 정관 규정은 성질상 등기하여야만 제3자에게 대항할 수 있는 청산인의 대표권에 관한 제한이라고 볼 수 없다(대판 1995.2.10, 94다13473).
④ 제91조 【채권변제의 특례】 ① 청산 중의 법인은 변제기에 이르지 아니한 채권에 대하여도 변제할 수 있다.

정답 | 32 ② 33 ③ 34 ⑤

35 민법상 법인의 소멸에 관한 설명으로 옳지 않은 것은? (다툼이 있으면 판례에 따름) 제7회

① 사단법인은 사원총회의 결의로도 해산할 수 있다.
② 법원은 법인의 해산 및 청산을 검사, 감독한다.
③ 법인에 대한 청산종결등기가 경료되었다면 청산사무가 종결되지 않았더라도 그 법인은 소멸한다.
④ 법인이 채무를 완제하지 못하게 된 때에는 이사는 지체 없이 파산신청을 하여야 한다.
⑤ 청산인은 청산법인의 능력 범위 내에서 대내적으로 청산사무를 집행하고 대외적으로 청산법인을 대표한다.

해설

> 청산종결등기가 경료된 경우에도 청산사무가 종료되었다 할 수 없는 경우에는 청산법인으로 존속한다(대판 1980.4.8, 79다2036).

36 민법상 법인의 소멸에 관한 설명으로 옳지 않은 것은? (다툼이 있으면 판례에 따름) 제13회

① 사단법인은 사원이 없게 되거나 총회의 결의로도 해산한다.
② 청산종결등기가 마쳐진 경우에도 청산사무가 종료되지 않았다면 청산법인으로 존속한다.
③ 청산인은 채권자에 대하여 채권신고를 최고해야 하고, 알고 있는 채권자는 청산에서 제외할 수 있다.
④ 법인이 파산이 아닌 사유로 해산한 경우 정관 또는 총회의 결의로 달리 정한 바가 없으면, 이사가 청산인이 된다.
⑤ 민법상의 청산절차에 관한 규정은 강행규정이므로 이에 반하는 잔여재산의 처분행위는 특별한 사정이 없는 한 무효이다.

해설

> 제89조 【채권신고의 최고】 청산인은 알고 있는 채권자에게 대하여는 각각 그 채권신고를 최고하여야 한다. 알고 있는 채권자는 청산으로부터 제외하지 못한다.

37 법인에 관한 설명으로 옳지 않은 것은? (다툼이 있는 경우에는 판례에 의함) 제2회

① 영리법인은 모두 사단법인이다.
② 감사는 법인의 임의기관이다.
③ 특별한 사정이 없으면, 사단법인의 사원의 지위는 양도 또는 상속할 수 없다.
④ 특별한 사정이 없으면, 사단법인의 해산결의는 총사원 4분의 3 이상의 동의로 한다.
⑤ 법인의 해산과 청산은 청산인이 감독한다.

해설

> 제95조 【해산, 청산의 검사, 감독】 법인의 해산 및 청산은 법원이 검사, 감독한다.

정답 | 35 ③ 36 ③ 37 ⑤

Ⅵ 권리능력 없는 사단과 재단

38 민법상 비법인사단에 관한 설명으로 옳은 것은? (다툼이 있으면 판례에 따름) 제11회

① 비법인사단에는 대표권 제한의 등기에 관한 규정이 적용되지 않는다.
② 비법인사단이 총유물에 관한 매매계약을 체결하는 행위는 총유물의 처분행위가 아니다.
③ 교회가 의결권을 가진 교인 2/3 이상의 찬성으로 소속 교단을 탈퇴한 경우, 종전 교회의 재산은 탈퇴한 교회 소속 교인들의 총유로 귀속되지 않는다.
④ 비법인사단의 구성원은 지분권에 기하여 총유물의 보존행위를 할 수 있다.
⑤ 비법인사단이 타인 간의 금전채무를 보증하는 행위는 총유물의 관리·처분행위로 볼 수 있다.

해설

① 비법인사단의 경우에는 대표자의 대표권 제한에 관하여 등기할 방법이 없어 민법 제60조의 규정을 준용할 수 없고, 비법인사단의 대표자가 정관에서 사원총회의 결의를 거쳐야 하도록 규정한 대외적 거래행위에 관하여 이를 거치지 아니한 경우라도, 이와 같은 사원총회 결의사항은 비법인사단의 내부적 의사결정에 불과하다 할 것이므로, 그 거래 상대방이 그와 같은 대표권 제한 사실을 알았거나 알 수 있었을 경우가 아니라면 그 거래행위는 유효하다고 봄이 상당하고, 이 경우 거래의 상대방이 대표권 제한 사실을 알았거나 알 수 있었음은 이를 주장하는 비법인사단 측이 주장·입증하여야 한다(대판 2003.7.22, 2002다64780).

[지문분석]
② 비법인사단이 총유물에 관한 **매매계약을 체결하는 행위는 총유물 그 자체의 처분이 따르는 채무부담행위로서 총유물의 처분행위에 해당**하나, 그 매매계약에 의하여 부담하고 있는 채무의 존재를 인식하고 있다는 뜻을 표시하는 데 불과한 소멸시효 중단사유로서의 승인은 총유물 그 자체의 관리·처분이 따르는 행위가 아니어서 총유물의 관리·처분행위라고 볼 수 없다(대판 2009.11.26, 2009다64383).
③ 소속 교단에서의 탈퇴 내지 소속 교단의 변경은 사단법인 정관변경에 준하여 의결권을 가진 교인 2/3 이상의 찬성에 의한 결의를 필요로 하고, 그 결의요건을 갖추어 소속 교단을 탈퇴하거나 다른 교단으로 변경한 경우에 종전 교회의 실체는 이와 같이 교단을 탈퇴한 교회로서 존속하고 종전 교회 재산은 위 탈퇴한 교회 소속 교인들의 총유로 귀속된다(대판 2006.4.20, 2004다37775 전합).
④ 총유는 공유나 합유처럼 지분권이 인정되지 않으므로 비법인사단의 구성원은 총유물의 보존행위를 할 수 없다. 민법 제276조 제1항은 "총유물의 관리 및 처분은 사원총회의 결의에 의한다.", 같은 조 제2항은 "각 사원은 정관 기타의 규약에 좇아 총유물을 사용·수익할 수 있다."라고 규정하고 있을 뿐 공유나 합유의 경우처럼 보존행위는 그 구성원 각자가 할 수 있다는 민법 제265조 단서 또는 민법 제272조 단서와 같은 규정을 두고 있지 아니한 바, 이는 법인 아닌 사단의 소유형태인 총유가 공유나 합유에 비하여 단체성이 강하고 구성원 개인들의 총유재산에 대한 지분권이 인정되지 아니하는 데에서 나온 당연한 귀결이라고 할 것이다(대판 2005.9.15, 2004다44971 전합).
⑤ 비법인사단이 타인 간의 **금전채무를 보증하는 행위**는 총유물 그 자체의 관리·처분이 따르지 아니하는 단순한 채무부담행위에 불과하여 이를 **총유물의 관리·처분행위라고 볼 수는 없다**(대판 2007.4.19, 2004다60072·60089 전합).

39 민법상 사단법인에 관한 규정 중 비법인사단에 유추적용할 수 없는 것은? (다툼이 있으면 판례에 따름)

제13회

① 임시이사의 선임에 관한 제63조
② 법인의 권리능력에 관한 제34조
③ 법인의 해산에 따른 청산인을 정하는 제82조
④ 이사의 대표권에 대한 제한의 대항요건을 규정한 제60조
⑤ 대표자의 불법행위에 대한 법인의 책임을 규정한 제35조 제1항

해설

비법인사단의 경우에는 대표자의 대표권 제한에 관하여 등기할 방법이 없어 민법 제60조의 규정을 준용할 수 없고, 비법인사단의 대표자가 정관에서 사원총회의 결의를 거쳐야 하도록 규정한 대외적 거래행위에 관하여 이를 거치지 아니한 경우라도, 이와 같은 사원총회 결의사항은 비법인사단의 내부적 의사결정에 불과하다 할 것이므로, 그 거래 상대방이 그와 같은 대표권 제한 사실을 알았거나 알 수 있었을 경우가 아니라면 그 거래행위는 유효하다고 봄이 상당하고, 이 경우 거래의 상대방이 대표권 제한 사실을 알았거나 알 수 있었음은 이를 주장하는 비법인사단측이 주장·입증하여야 한다(대판 2003.7.22, 2002다64780).

정답 | 38 ① 39 ④

40 비법인사단에 관한 설명으로 옳지 않은 것을 모두 고른 것은? (다툼이 있으면 판례에 따름)

제5회

> ㉠ 비법인사단의 대표자가 직무에 관하여 타인에게 손해를 가한 경우에 비법인사단은 불법행위책임을 부담한다.
> ㉡ 비법인사단에 이사의 결원이 생긴 경우에는 임시이사 선임에 관한 민법 규정이 유추적용되지 않는다.
> ㉢ 비법인사단에는 대표권 제한 등기에 관한 규정이 적용되지 않는다.
> ㉣ 비법인사단이 타인 간의 금전채무를 보증하는 행위는 총유물의 관리·처분행위라고 볼 수 있다.
> ㉤ 비법인사단이 성립되기 이전에 설립 주체인 개인이 취득한 권리의무는 설립 후의 비법인사단에 귀속될 수 있다.

① ㉠, ㉡, ㉣
② ㉠, ㉢, ㉤
③ ㉡, ㉢, ㉣
④ ㉡, ㉢, ㉤
⑤ ㉡, ㉣, ㉤

해설

㉡ 민법 제63조는 법인의 조직과 활동에 관한 것으로서 법인격을 전제로 하는 조항이 아니고, 법인 아닌 사단이나 재단의 경우에도 이사가 없거나 결원이 생길 수 있으며, 통상의 절차에 따른 새로운 이사의 선임이 극히 곤란하고 종전 이사의 긴급처리권도 인정되지 아니하는 경우에는 사단이나 재단 또는 타인에게 손해가 생길 염려가 있을 수 있으므로, 민법 제63조는 법인 아닌 사단이나 재단에도 유추적용할 수 있다(대결 2009.11.19, 2008마699 전합).

㉣ 민법 제275조, 제276조 제1항에서 말하는 총유물의 관리 및 처분이라 함은 총유물 그 자체에 관한 이용·개량행위나 법률적·사실적 처분행위를 의미하는 것이므로, **비법인사단이 타인 간의 금전채무를 보증하는 행위는 총유물 그 자체의 관리·처분이 따르지 아니하는 단순한 채무부담행위에 불과하여 이를 총유물의 관리·처분행위라고 볼 수는 없다.** 따라서 비법인사단인 재건축조합의 조합장이 채무보증계약을 체결하면서 조합규약에서 정한 조합 임원회의 결의를 거치지 아니하였다거나 조합원총회 결의를 거치지 않았다고 하더라도 그것만으로 바로 그 보증계약이 무효라고 할 수는 없다(대판 2007.4.19, 2004다60072·60089 전합).

㉤ 교회가 그 실체를 갖추어 법인 아닌 사단으로 성립한 경우에 교회의 대표자가 교회를 위하여 취득한 권리의무는 교회에 귀속되나, 교회가 아직 실체를 갖추지 못하여 **법인 아닌 사단으로 성립하기 전에 설립의 주체인 개인이 취득한 권리의무는 그것이 앞으로 성립할 교회를 위한 것이라 하더라도 바로 법인 아닌 사단인 교회에 귀속될 수는 없고,** 또한 설립 중의 회사의 개념과 법적 성격에 비추어, 법인 아닌 사단인 교회가 성립하기 전의 단계에서 설립 중의 회사의 법리를 유추적용할 수는 없다(대판 2008.2.28, 2007다37394·37400).

41 권리능력 없는 사단에 관한 설명으로 옳지 않은 것은? (다툼이 있으면 판례에 따름)

① 권리능력 없는 사단도 소송당사자능력이 있다.
② 대표자가 있는 사단의 부동산은 부동산등기법에 따라 그 사단 명의로 등기할 수 있다.
③ 이미 성립한 종중은 종중규약을 작성하면서 일부 종원의 자격을 임의로 제한하거나 확장할 수 있다.
④ 교회의 성질은 권리능력 없는 사단이며, 그 재산귀속형태는 총유이다.
⑤ 권리능력 없는 재단은 법인이 아니지만 법인에 관한 민법의 규정이 유추적용될 수 있다.

해설

종중은 공동선조의 분묘수호와 봉제사 및 종원 상호 간의 친목도모를 목적으로 하는 자연적 종족집단으로서 그 후손은 당연히 그 종원이 되고 별도의 결의나 약정에 의하여 일부 종원의 자격을 제한하거나 박탈할 수는 없다 할 것이므로 비록 종중의 규약상 종원명부에 등록된 자만이 종원이 될 수 있다고 규정되어 있다 하더라도 이를 근거로 삼아 종원명부에 미등재된 자의 종원자격을 부정할 수는 없다(대판 1991.11.8, 91다25383).

42 민법상 비법인사단에 관한 설명으로 옳지 않은 것은? (다툼이 있으면 판례에 따름) 제6회

① 비법인사단의 사원이 집합체로서 물건을 소유할 때에는 총유로 한다.
② 대표자는 비법인사단의 제반 업무처리를 대리인에게 포괄적으로 위임할 수 없다.
③ 대표자 또는 관리인이 있는 비법인사단은 그 사단에 속하는 부동산에 관하여 등기능력을 가진다.
④ 비법인사단 소유의 재산에 대한 대표자의 처분행위가 사원총회의 결의를 거치지 않아 무효가 되더라도, 상대방이 선의인 경우에는 그 처분행위에 대하여 민법 제126조의 표현대리 법리가 준용된다.
⑤ 비법인사단의 대표자가 직무에 관하여 타인에게 손해를 가한 경우, 그 사단은 민법 제35조 제1항의 유추적용에 의하여 그 손해를 배상할 책임이 있다.

해설

비법인사단인 교회의 대표자는 총유물인 교회 재산의 처분에 관하여 교인총회의 결의를 거치지 아니하고는 이를 대표하여 행할 권한이 없다. 그리고 교회의 대표자가 권한 없이 행한 교회 재산의 처분행위에 대하여는 민법 제126조의 표현대리에 관한 규정이 준용되지 아니한다(대판 2009.2.12, 2006다23312).

정답 | 40 ⑤ 41 ③ 42 ④

43 권리능력 없는 사단에 관한 설명으로 옳지 않은 것은? (다툼이 있는 경우에는 판례에 의함)

제1회

① 권리능력 없는 사단도 그 명의로 등기할 수 있다.
② 권리능력 없는 사단의 사원은 총유물에 대한 지분권을 갖지 못한다.
③ 권리능력 없는 사단의 사원의 지위는 달리 정함이 없는 한 양도할 수 없다.
④ 달리 정함이 없는 한 권리능력 없는 사단의 대표자가 총회의 결의 없이 행한 총유물의 처분에 대해서는 권한을 넘은 표현대리에 관한 제126조의 규정이 준용된다.
⑤ 권리능력 없는 사단에 대하여는 사단법인에 관한 민법 규정 가운데서 법인격을 전제로 하는 것을 제외하고는 이를 유추적용한다.

해설

주택조합이 주체가 되어 신축 완공한 건물로서 일반에게 분양되는 부분은 조합원 전원의 총유에 속하며, 총유물의 관리 및 처분에 관하여 주택조합의 정관이나 규약에 정한 바가 있으면 이에 따라야 하고, 그에 관한 정관이나 규약이 없으면 조합원 총회의 결의에 의하여야 할 것이며, 그와 같은 절차를 거치지 않은 행위는 무효라고 할 것이다. 비법인사단인 피고 주택조합의 대표자가 **조합총회의 결의를 거쳐야 하는 조합원 총유에 속하는 재산의 처분에 관하여는 조합원 총회의 결의를 거치지 아니하고는 이를 대리하여 결정할 권한이 없다 할 것**이어서 피고 주택조합의 대표자가 행한 총유물인 이 사건 건물의 처분행위에 관하여는 민법 제126조의 표현대리에 관한 규정이 준용될 여지가 없다 할 것이다(대판 2003.7.11, 2001다73626).

44 민법상 비법인사단에 관한 설명으로 옳지 않은 것은?

제8회

① 이사가 없거나 결원이 있는 경우 임시이사의 선임에 관한 민법 제63조 규정은 비법인사단에도 유추적용될 수 있다.
② 비법인사단의 사원이 집합체로서 물건을 소유할 때에는 총유로 한다.
③ 비법인사단이 타인 간의 금전채무를 보증하는 행위는 총유물의 관리처분행위로 볼 수 없다.
④ 비법인사단에서 사원의 지위는 규약이나 관행에 의하여 양도 또는 상속될 수 없다.
⑤ 비법인사단의 대표자가 직무에 관하여 타인에게 손해를 가한 경우, 민법 제35조 제1항의 유추적용에 의해 비법인사단은 그 손해를 배상할 책임이 있다.

해설

사단법인의 사원의 지위는 양도 또는 상속할 수 없다고 규정한 민법 제56조의 규정은 강행규정이라고 할 수 없으므로, 비법인사단에서도 사원의 지위는 규약이나 관행에 의하여 양도 또는 상속될 수 있다(대판 1997.9.26, 95다6205).

45 甲법인의 대표이사 乙은 대표자로서의 모든 권한을 丙에게 포괄적으로 위임하여 丙이 실질적으로 甲법인의 사실상 대표자로서 그 사무를 집행하고 있다. 이에 관한 설명으로 옳은 것을 모두 고른 것은? (다툼이 있으면 판례에 따름) 제10회

> ㉠ 甲의 사무에 관한 丙의 대행행위는 원칙적으로 甲에게 효력이 미치지 않는다.
> ㉡ 丙이 외관상 직무행위로 인하여 丁에게 손해를 입힌 경우, 甲은 특별한 사정이 없는 한 丁에 대하여 법인의 불법행위책임에 관한 민법 제35조의 손해배상책임을 진다.
> ㉢ 만약 甲이 비법인사단이라면 乙은 甲의 사무 중 정관에서 대리를 금지한 사항의 처리에 대해서도 丙에게 포괄적으로 위임할 수 있다.

① ㉠
② ㉡
③ ㉠, ㉡
④ ㉠, ㉢
⑤ ㉡, ㉢

해설

> 제62조 【이사의 대리인 선임】 이사는 정관 또는 총회의 결의로 금지하지 아니한 사항에 한하여 타인으로 하여금 특정한 행위를 대리하게 할 수 있다.

㉠ 이사는 정관 또는 총회의 결의로 금지하지 아니한 사항에 한하여 타인으로 하여금 특정한 행위를 대리하게 할 수 있어도 포괄적으로 대리하게 할 수는 없다(제62조). 따라서 丙의 대행행위는 원칙적으로 甲에게 효력이 없다.

㉡ 법인을 실질적으로 운영하면서 사실상 대표하는 자의 행위에 대하여 법인은 불법행위책임에 관한 민법 제35조의 손해배상책임을 진다. 민법 제35조 제1항은 "법인은 이사 기타 대표자가 그 직무에 관하여 타인에게 가한 손해를 배상할 책임이 있다"라고 정한다. 여기서 '법인의 대표자'에는 그 명칭이나 직위 여하, 또는 대표자로 등기되었는지 여부를 불문하고 당해 법인을 실질적으로 운영하면서 법인을 사실상 대표하여 법인의 사무를 집행하는 사람을 포함한다고 해석함이 상당하다(대판 2011.4.28, 2008다15438).

[지문분석]

㉢ 비법인사단에 대하여는 사단법인에 관한 민법 규정 가운데 법인격을 전제로 하는 것을 제외하고는 이를 유추적용하여야 하는데, 민법 제62조에 비추어 보면 비법인사단의 대표자는 정관 또는 총회의 결의로 금지하지 아니한 사항에 한하여 타인으로 하여금 특정한 행위를 대리하게 할 수 있을 뿐 비법인사단의 제반 업무처리를 포괄적으로 위임할 수는 없으므로 비법인사단 대표자가 행한 타인에 대한 업무의 포괄적 위임과 그에 따른 포괄적 수임인의 대행행위는 민법 제62조를 위반한 것이어서 비법인사단에 대하여 그 효력이 미치지 않는다(대판 2011.4.28, 2008다15438).

해커스행정사
adm.Hackers.com

제 4 장

권리의 객체 – 물건

제4장 권리의 객체 – 물건

01 물건에 관한 설명으로 옳은 것은? (다툼이 있으면 판례에 따름) 제10회

① 주물의 소유자의 상용에 공여되고 있더라도 주물 자체의 효용과 관계가 없는 물건은 종물이 아니다.
② 원본채권이 양도되면 특별한 사정이 없는 한 이미 변제기에 도달한 이자채권도 당연히 함께 양도된다.
③ 주물을 처분할 때 종물을 제외하거나 종물만을 별도로 처분하는 특약은 무효이다.
④ 피상속인이 유언으로 자신의 유골의 매장장소를 지정한 경우, 제사주재자는 피상속인의 의사에 따를 법률적 의무를 부담한다.
⑤ '종물은 주물의 처분에 따른다'고 규정한 민법 제100조 제2항의 '처분'에는 공법상 처분은 포함되지 않는다.

해설

① 종물은 주물의 상용에 이바지하는 관계에 있어야 하고, 주물의 상용에 이바지한다 함은 주물 그 자체의 경제적 효용을 다하게 하는 것을 말하는 것으로서 **주물의 소유자나 이용자의 상용에 공여되고 있더라도 주물 그 자체의 효용과 직접 관계가 없는 물건은 종물이 아니라고 할 것인바**, 신 폐수처리시설과 구 폐수처리시설이 그 기능면에 있어서는 전체적으로 결합하여 유기적으로 작용함으로써 하나의 폐수처리장을 형성하고 그 기능을 수행한다 할 것이나, 신 폐수처리시설이 구 폐수처리시설 그 자체의 경제적 효용을 다하게 하는 시설이라고 할 수는 없을 것이므로 신 폐수처리시설이 구 폐수처리시설의 종물이라고 할 수 없다(대판 1997.10.10, 97다3750).

[지문분석]
② 원본채권이 양도되면 이자채권도 이에 따른다. 다만 이미 변제기에 도달한 이자채권은 당연히 함께 양도되지는 않는다(대판 1989.3.28, 88다카12803).
③ 종물은 주물의 처분에 따른다(제100조 제2항). 다만 제100조 제2항은 임의규정이므로 당사자의 특약으로 종물만을 따로 처분할 수 있다(대판 2012.1.26, 2009다76546).
④ 피상속인이 생전행위 또는 유언으로 자신의 유체·유골을 처분하거나 매장장소를 지정한 경우에, 선량한 풍속 기타 사회질서에 반하지 않는 이상 그 의사는 존중되어야 하고 이는 제사주재자로서도 마찬가지이지만, 피상속인의 의사를 존중해야 하는 의무는 도의적인 것에 그치고, 제사주재자가 무조건 이에 구속되어야 하는 법률적 의무까지 부담한다고 볼 수는 없다(대판 2008.11.20, 2007다27670 전합).
⑤ 민법 제100조 제2항의 종물과 주물의 관계에 관한 법리는 물건 상호 간의 관계뿐 아니라 권리 상호 간에도 적용되고, 위 규정에서의 처분은 처분행위에 의한 권리변동뿐 아니라 주물의 권리관계가 압류와 같은 공법상의 처분 등에 의하여 생긴 경우에도 적용되어야 한다(대판 2006.10.26, 2006다29020).

02 물건에 관한 설명으로 옳지 않은 것은? (다툼이 있는 경우에는 판례에 의함) 제1회

① 최소한의 기둥과 지붕 및 주벽이 있는 건물은 토지와는 별개의 독립한 물건으로 인정될 수 있다.
② 입목에 관한 법률에 따라 등기된 입목에는 저당권이 설정될 수 있다.
③ '종물은 주물의 처분에 따른다'는 민법의 규정은 임의규정이다.
④ 전기 기타 관리할 수 있는 자연력은 물건이다.
⑤ 물건의 사용대가로 받는 금전 기타 물건은 천연과실이다.

해설

> 제101조【천연과실, 법정과실】① 물건의 용법에 의하여 수취하는 산출물은 천연과실이다.
> ② 물건의 사용대가로 받는 금전 기타의 물건은 법정과실로 한다.

정답 | 01 ① 02 ⑤

03 주물과 종물에 관한 설명으로 옳은 것은? (다툼이 있으면 판례에 따름) 　제13회

① 주물과 종물은 동일한 소유자에 속한 것으로 법률상 하나의 물건으로 취급된다.
② 주물 소유자의 상용에 공여되고 있는 물건이라도 주물 자체의 효용과 직접 관계가 없다면 종물이 될 수 없다.
③ 주물을 처분할 때 특약으로 종물을 제외할 수 없고 종물만을 별도로 처분할 수도 없다.
④ 주물과 종물의 관계에 관한 법리는 주된 권리와 종된 권리 상호 간에는 적용되지 않는다.
⑤ 종물은 주물의 처분에 따른다는 법률효과는 주물의 권리관계가 공법상 처분에 의하여 생긴 경우에는 적용되지 않는다.

해설

② 어느 건물이 주된 건물의 종물이기 위하여는 주물의 상용에 이바지하는 관계에 있어야 하고 이는 주물 자체의 경제적 효용을 다하게 하는 것을 말하는 것이므로, 주물의 소유자나 이용자의 사용에 공여되고 있더라도 주물 자체의 효용과 관계없는 물건은 종물이 아니다(대판 2007.12.13, 2007도7247).

[지문분석]
① 주물과 종물은 동일한 소유자에 속하지만 종물은 주물의 구성부분이 아니라 주물과는 독립한 물건이어야 한다.
③ 종물은 주물의 처분에 수반된다는 민법 제100조 제2항은 임의규정이므로, 당사자는 주물을 처분할 때에 특약으로 종물을 제외할 수 있고 종물만을 별도로 처분할 수도 있다(대판 2012.1.26, 2009다76546).
④ 주물과 종물의 관계에 관한 법리는 주된 권리와 종된 권리 상호 간에도 적용된다.
⑤ 민법 제100조 제2항의 종물과 주물의 관계에 관한 법리는 물건 상호 간의 관계뿐 아니라 권리 상호 간에도 적용되고, 위 규정에서의 처분은 처분행위에 의한 권리변동뿐 아니라 주물의 권리관계가 압류와 같은 공법상 처분 등에 의하여 생긴 경우에도 적용되어야 한다(대판 2006.10.26, 2006다29020).

04 물건에 관한 설명으로 옳지 않은 것은? (다툼이 있으면 판례에 따름) 　제4회

① 민법상 전기(電氣)는 물건이다.
② 주물이 압류된 경우 압류의 효력은 종물에도 미친다.
③ 종물은 주물의 처분에 따른다는 민법 제100조 제2항의 규정은 권리 상호 간에 적용될 수 없다.
④ 주물을 처분할 때 특약으로 종물을 제외할 수 있고 종물만을 별도로 처분할 수도 있다.
⑤ 법정과실은 수취할 권리의 존속기간일수의 비율로 취득하고, 천연과실은 그 원물로부터 분리하는 때에 이를 수취할 권리자에 속한다.

해설

민법 제100조 제2항에서는 "종물은 주물의 처분에 따른다."고 하고 있는바, 위 **종물과 주물의 관계에 관한 법리는 물건 상호 간의 관계뿐 아니라, 권리 상호 간에도 적용**되고, 위 규정에서의 처분이란 처분행위에 의한 권리변동뿐 아니라 주물의 권리관계가 압류와 같은 공법상의 처분 등에 의하여 생긴 경우에도 적용되어야 한다는 점, 저당권의 효력이 종물에 대하여도 미친다는 민법 제358조 본문 규정은 민법 제100조 제2항과 그 이론적 기초를 같이한다는 점, 집합건물의 소유 및 관리에 관한 법률 제20조 제1항, 제2항에 의하면 구분건물의 대지사용권은 전유부분과 종속적 일체불가분성이 인정되는 점 등에 비추어 볼 때, 구분건물의 전유부분에 대한 소유권보존등기만 경료되고 대지지분에 대한 등기가 경료되기 전에 전유부분만에 대해 내려진 가압류결정의 효력은, 대지사용권의 분리처분이 가능하도록 규약으로 정하였다는 등의 특별한 사정이 없는 한, 종물 내지 종된 권리인 그 대지권에까지 미친다고 보아야 할 것이다(대판 2006.10.26, 2006다29020).

05 물건에 관한 설명으로 옳지 않은 것은? (다툼이 있으면 판례에 따름)

제5회

① 독립된 부동산으로서의 건물이라고 하기 위하여는 최소한의 기둥과 지붕 그리고 주벽이 이루어지면 된다.
② 주물과 종물을 별도로 처분하는 약정은 효력이 없다.
③ 주물과 다른 사람의 소유에 속하는 물건은 종물이 될 수 없다.
④ 법정과실은 수취할 권리의 존속기간일수의 비율로 취득한다.
⑤ 주물과 종물의 관계에 관한 법리는 주된 권리와 종된 권리 상호 간에도 적용된다.

해설

종물은 주물의 처분에 수반된다는 민법 제100조 제2항은 임의규정이므로, 당사자는 주물을 처분할 때에 특약으로 종물을 제외할 수 있고 종물만을 별도로 처분할 수도 있다(대판 2012.1.26, 2009다76546).

정답 | 03 ② 04 ③ 05 ②

06 물건에 관한 다음 설명 중 옳지 않은 것은?

① 부동산 이외의 물건은 동산이다.
② 물건의 사용대가로 받는 금전 기타의 물건은 법정과실이다.
③ 물건의 소유자가 그 물건의 상용에 공하기 위하여 자기소유인 다른 물건을 이에 부속하게 한 때에는 그 부속물은 종물이다.
④ 건물은 토지에 부합한 물건이다.
⑤ 판례에 의하면, 적법한 권원이 없이 타인소유의 토지에 농작물을 재배한 경우 이에 대한 소유권은 경작자에게 속한다.

해설

토지와 건물은 별개의 부동산으로서, 건물은 토지에 부합하지 않는다.

07 물건에 관한 설명으로 옳지 않은 것은? (다툼이 있으면 판례에 따름) 제11회

① 물건이라 함은 유체물 및 전기 기타 관리할 수 있는 자연력을 말한다.
② 주유소의 주유기는 특별한 사정이 없는 한 주유소 건물의 종물이다.
③ 타인의 토지 위에 권원 없이 식재한 수목의 소유권은 특별한 사정이 없는 한 식재한 자에게 속한다.
④ 물건의 용법에 의하여 수취하는 산출물은 천연과실이다.
⑤ 최소한의 기둥과 지붕 및 주벽이 있는 건물은 토지와는 별개의 독립한 물건으로 인정될 수 있다.

해설

타인의 토지상에 권원 없이 식재한 수목의 소유권은 토지소유자에게 귀속되고 권원에 의하여 식재한 경우에는 그 소유권이 식재한 자에게 있다(대판 1980.9.30, 80도1874).

08 민법상 물건에 관한 설명으로 옳은 것은? (다툼이 있으면 판례에 따름) 제3회

① 전기 기타 관리할 수 있는 자연력은 물건이 아니다.
② 주물의 소유자나 이용자의 사용에 공여되고 있으면 주물 그 자체의 효용과 직접 관계가 없는 물건이라도 종물에 해당한다.
③ 입목에 관한 법률에 따른 입목등기를 하지 않은 수목이더라도 명인방법을 갖추면 토지와 독립된 부동산으로서 거래의 객체가 된다.
④ 천연과실은 수취할 권리의 존속기간일수의 비율로 취득한다.
⑤ 당사자는 주물을 처분할 때에 특약으로 종물만을 별도로 처분할 수 없다.

해설

[지문분석]
① 물건이라 함은 유체물 및 전기 기타 관리할 수 있는 자연력을 말한다.
② 주물의 소유자나 이용자의 사용에 공여되고 있더라도 주물 그 자체의 효용과 직접 관계가 없는 물건이라면 종물이 아니다.
④ 법정과실은 수취할 권리의 존속기간일수의 비율로 취득한다.
⑤ 당사자는 주물을 처분할 때에 특약으로 종물만을 별도로 처분할 수 있다.

정답 | 06 ④ 07 ③ 08 ③

09 민법상 물건에 관한 설명으로 옳은 것은? (다툼이 있으면 판례에 따름)   제12회

① 주물의 구성부분도 종물이 될 수 있다.
② 독립한 물건이라도 부동산은 종물이 될 수 없다.
③ 주물에 대한 점유시효취득의 효력은 점유하지 않는 종물에도 미친다.
④ 천연과실은 물건의 사용대가로 받는 금전 기타의 물건을 말한다.
⑤ 당사자는 주물을 처분할 때에 특약으로 종물을 제외할 수 있다.

해설

⑤ 종물은 주물의 처분에 따른다(제100조 제2항). 다만 제100조 제2항은 임의규정이므로 당사자의 특약으로 종물만을 따로 처분할 수 있다(판례).

[지문분석]
①② 종물은 주물의 구성부분이 아니라 주물과는 독립한 물건이어야 한다.
③ 주물만에 대한 점유의 시효취득에 대해서는 점유를 하지 않는 종물에 대해서는 시효취득이 인정되지 않는다.
④ 물건의 용법에 의하여 수취하는 산출물이 천연과실이다(제101조 제1항). 물건의 사용대가로 받는 금전 기타의 물건(집세, 지료)이 법정과실이다(제101조 제2항).

10 원물과 과실에 관한 설명으로 옳지 않은 것은? (다툼이 있으면 판례에 의함)

① 물건의 사용대가로 받는 금전 기타의 물건은 법정과실로 한다.
② 물건의 용법에 의하여 수취하는 산출물은 천연과실이다.
③ 선의의 점유자가 건물을 사용함으로써 얻은 이익은 그 건물의 과실에 준한다.
④ 임금은 법정과실이 아니다.
⑤ 법정과실은 그것이 원물로부터 분리될 때에 이를 수취할 권리자에게 속한다.

해설

천연과실은 그 원물로부터 분리하는 때에 이를 수취할 권리자에게 속한다(제102조 제1항).

11 물건에 관한 설명으로 옳은 것은? (다툼이 있으면 판례에 따름)   제7회

① 주물의 구성부분도 종물이 될 수 있다.
② 천연과실은 수취할 권리의 존속기간일수의 비율로 취득한다.
③ 종물은 주물의 처분에 따른다는 민법 제100조 제2항은 강행규정이다.
④ 주물 그 자체의 효용과 직접 관계가 없는 물건은 주물 소유자의 사용에 공여되고 있더라도 종물이 아니다.
⑤ 건물의 개수는 공부상의 등록에 의하여만 결정된다.

해설

④ 저당권의 효력이 미치는 저당부동산의 종물은 민법 제100조가 규정하는 종물과 같은 의미인바, 어느 건물이 주된 건물의 종물이기 위하여는 주물의 상용에 이바지하는 관계에 있어야 하고 이는 주물 자체의 경제적 효용을 다하게 하는 것을 말하는 것이므로, 주물의 소유자나 이용자의 사용에 공여되고 있더라도 주물 자체의 효용과 관계없는 물건은 종물이 아니다(축사와 축사 출입을 위한 소독시설)(대판 2007.12.13, 2007도7247).

[지문분석]
① 종물은 주물의 구성부분이 아니라 주물과는 독립한 물건이어야 한다.
② 법정과실은 수취할 권리의 존속기간일수의 비율로 취득한다.
③ 종물은 주물의 처분에 수반된다는 민법 제100조 제2항은 임의규정이므로, 당사자는 주물을 처분할 때에 특약으로 종물을 제외할 수 있고 종물만을 별도로 처분할 수도 있다(대판 2012.1.26, 2009다76546).
⑤ 건물의 개수는 건물의 객관적 사정과 소유자의 주관적 사정을 고려하여 결정된다.

12 다음 설명 중 옳지 않은 것은? (다툼이 있는 경우에는 판례에 의함)   제2회

① 주물과 종물은 모두 동일한 소유자에 속하여야 하므로 법률상 하나의 물건으로 취급된다.
② 권원 없이 타인의 토지에 한 그루의 수목을 식재한 사람은 그 소유권을 잃는다.
③ 물건의 소유자만이 아니라 그 물건의 수익권자도 과실을 수취할 수 있는 권리자이다.
④ 주물 소유자의 상용에 공여되는 물건이라도 주물 그 자체의 효용과 직접 관계없는 물건은 종물이 아니다.
⑤ 물건의 사용대가로 받는 금전 기타의 물건은 수취할 권리의 존속기간 일수의 비율로 취득한다.

해설

종물은 주물과 독립한 물건이어야 한다. 법률상 하나의 물건이 아니라 별개의 물건이다.

정답 | 09 ⑤ 10 ⑤ 11 ④ 12 ①

13 물건에 관한 설명으로 옳지 않은 것은? (다툼이 있으면 판례에 따름) 제9회
① 관리할 수 있는 자연력은 동산이다.
② 분묘에 안치되어 있는 선조의 유골은 그 제사주재자에게 승계된다.
③ 금전은 동산이다.
④ 주물을 점유에 의하여 시효취득하여도 종물을 점유하지 않았다면 그 효력은 종물에 미치지 않는다.
⑤ 권리의 과실(果實)은 민법상 과실(果實)이다.

해설
물건으로부터 생기는 수익을 과실이라고 한다. 주식배당금과 같은 권리의 과실은 민법상 과실이 아니다.

14 민법상 물건에 관한 설명으로 옳지 않은 것은? 제8회
① 건물의 개수(個數)를 결정함에 있어서 건축자나 소유자의 의사 등 주관적 사정은 고려되지 않는다.
② 주물 소유자의 상용에 공여되고 있더라도 주물 그 자체의 효용과 직접 관계없는 물건은 종물이 아니다.
③ 당사자는 특약으로 주물과 종물을 별도로 처분할 수 있다.
④ 국립공원의 입장료는 민법상 과실이 아니다.
⑤ 주물의 소유자가 아닌 다른 사람의 소유에 속하는 물건은 종물이 될 수 없다.

해설
① 건물은 일정한 면적, 공간의 이용을 위하여 지상, 지하에 건설된 구조물을 말하는 것으로서, **건물의 개수는 토지와 달리 공부상의 등록에 의하여 결정되는 것이 아니라 사회통념 또는 거래관념에 따라 물리적 구조, 거래 또는 이용의 목적물로서 관찰한 건물의 상태 등 객관적 사정과 건축한 자 또는 소유자의 의사 등 주관적 사정을 참작하여 결정되는 것이고**, 그 경계 또한 사회통념상 독립한 건물로 인정되는 건물 사이의 현실의 경계에 의하여 특정되는 것이므로, 이러한 의미에서 건물의 경계는 공적으로 설정 인증된 것이 아니고 단순히 사적 관계에 있어서의 소유권의 한계선에 불과함을 알 수 있고, 따라서 사적 자치의 영역에 속하는 건물 소유권의 범위를 확정하기 위하여는 소유권확인소송에 의하여야 할 것이고, 공법상 경계를 확정하는 경계확정소송에 의할 수는 없다(대판 1997.7.8, 96다36517).

[지문분석]
② 저당권의 효력이 미치는 저당부동산의 종물은 민법 제100조가 규정하는 종물과 같은 의미인바, 어느 건물이 주된 건물의 종물이기 위하여는 주물의 상용에 이바지하는 관계에 있어야 하고 이는 주물 자체의 경제적 효용을 다하게 하는 것을 말하는 것이므로, 주물의 소유자나 이용자의 사용에 공여되고 있더라도 주물 자체의 효용과 관계없는 물건은 종물이 아니다(대판 2007.12.13, 2007도7247).
③ 종물은 주물의 처분에 수반된다는 민법 제100조 제2항은 임의규정이므로, 당사자는 주물을 처분할 때에 특약으로 종물을 제외할 수 있고 종물만을 별도로 처분할 수도 있다(대판 2012.1.26, 2009다76546).
④ 국립공원의 입장료는 토지의 사용대가라는 민법상 과실이 아니라 수익자 부담의 원칙에 따라 국립공원의 유지·관리비용의 일부를 국립공원 입장객에게 부담시키고자 하는 것이어서 토지의 소유권이나 그에 기한 과실수취권과는 아무런 관련이 없고, 국립공원의 유지·관리비는 원칙적으로 국가가 부담하여야 할 것이지만 형평에 따른 수익자부담의 원칙을 적용하여 국립공원 이용자에게 입장료를 징수하여 국립공원의 유지·관리비의 일부에 충당하는 것도 가능하다고 할 것이며, 징수된 공원입장료 전부가 자연공원법 제33조 제2항에 의하여 국립공원의 관리와 국립공원 안에 있는 문화재의 관리·보수를 위한 비용에만 사용되고 있는 점 등에 비추어 국립공원 내 토지소유자에게 입장료 수입을 분배하지 않고 공원관리청에 전부 귀속되도록 규정한 자연공원법 제33조 제1항이 헌법상의 평등권이나 재산권 보장을 침해하는 규정이라고 볼 수 없다(대판 2001.12.28, 2000다27749).
⑤ 종물은 물건의 소유자가 그 물건의 상용에 공하기 위하여 자기 소유인 다른 물건을 이에 부속하게 한 것을 말하므로(민법 제100조 제1항) 주물과 다른 사람의 소유에 속하는 물건은 종물이 될 수 없다(대판 2008.5.8, 2007다36933·36940).

15 민법상 물건에 관한 설명으로 옳지 않은 것은? (다툼이 있으면 판례에 따름) 제6회

① 국립공원의 입장료는 법정과실이 아니다.
② 입목에 관한 법률에 따라 등기된 입목은 그 토지와 독립하여 거래의 객체가 될 수 없다.
③ 장소, 종류, 수량 등이 특정되어 있는 집합물은 양도담보의 대상이 될 수 있다.
④ 주물의 소유자의 사용에 공여되고 있더라도 주물 그 자체의 효용과 직접 관계가 없는 물건은 종물이 아니다.
⑤ 지하에서 용출되는 온천수는 토지의 구성부분일 뿐 그 토지와 독립된 권리의 객체가 아니다.

해설

입목에 관한 법률에 따른 "입목"이란 토지에 부착된 수목의 집단으로서 그 소유자가 이 법에 따라 소유권보존의 등기를 받은 것을 말하고 입목의 소유자는 토지와 분리하여 입목을 양도하거나 저당권의 목적으로 할 수 있다(입목에 관한 법률 제3조).

해커스행정사
adm.Hackers.com

제 5 장

권리의 변동

제5장 권리의 변동

제1절 | 서설

01 권리의 원시취득에 해당하지 않는 것은? (다툼이 있으면 판례에 의함)

① 시효취득
② 전세권 설정
③ 무주물선점
④ 매장물발견
⑤ 유실물습득

해설

전세권 설정은 승계취득 중 설정적 승계에 속한다.

권리의 발생 (취득)	원시취득	무주물선점(제252조), 유실물습득(제253조), 매장물발견(제254조), 시효취득(제245조), 선의취득(제249조), 첨부(제256조 이하), 신축건물	
	승계취득	이전적 승계	특정승계(매매, 교환 등)
			포괄승계(상속, 포괄유증, 회사합병)
		설정적 승계	
권리의 변경	주체의 변경	이전적 승계	
	내용의 변경	질적 변경	
		양적 변경	
	작용의 변경		
권리의 소멸	절대적 소멸		
	상대적 소멸		

02 권리의 승계취득에 해당하는 것을 모두 고른 것은? (다툼이 있으면 판례에 따름) 제11회

> ㉠ 타인 소유의 부동산에 저당권을 취득한 경우
> ㉡ 신축건물의 소유권 보존등기를 마친 자로부터 그 건물에 대하여 전세권을 취득한 경우
> ㉢ 유실물에 대하여 적법하게 소유권을 취득한 경우
> ㉣ 점유취득시효의 완성에 의해 완전한 부동산 소유권을 취득한 경우

① ㉠, ㉡
② ㉡, ㉢
③ ㉡, ㉣
④ ㉢, ㉣
⑤ ㉠, ㉡, ㉣

해설

승계취득이란 '타인의 권리에 기초하여 특정인이 권리를 승계적으로 취득하는 것'을 말한다. 이에는 '이전적 승계'와 '설정적 승계'가 있다. 무주물선점(제252조), 유실물습득(제253조), 매장물발견(제254조), 시효취득(제245조), 선의취득(제249조), 첨부(제256조 이하) 등에 의한 소유권취득, 신축건물의 소유권취득, 매매계약에 의한 청구권취득 등은 원시취득에 해당한다.
㉠ 설정적 승계
㉡ 설정적 승계
[지문분석]
㉢ 원시취득
㉣ 원시취득

정답 | 01 ② 02 ①

제2절 | 법률행위

01 법률행위에 관한 설명으로 옳지 않은 것은? 제13회

① 법률행위인 계약의 자유는 사적 자치의 주요한 발현 형식이다.
② 계약은 청약과 승낙의 의사표시가 합치하여 성립하는 법률행위이다.
③ 단독행위는 법률행위의 일종으로서 법률효과를 발생시키는 법률요건이다.
④ 법률행위인 유언과 상속은 법률효과의 발생에 의사표시가 필수적이라는 점에서 공통점이 있다.
⑤ 종기가 있는 법률행위는 기한이 도래한 때로부터 그 효력을 잃는다.

해설

상속은 법률요건 중 법률행위가 아니라 법률의 규정이다. 따라서 의사표시를 요소로 하지 않는다.

02 다음 중 행위 그 자체로 법률행위가 아닌 것을 모두 고른 것은? 제3회

┌───┐
│ ㉠ 점유의 취득   ㉡ 유실물의 습득 │
│ ㉢ 매장물의 발견   ㉣ 소유권의 포기 │
│ ㉤ 무주물의 선점   │
└───┘

① ㉠, ㉡
② ㉠, ㉣, ㉤
③ ㉡, ㉢, ㉣
④ ㉢, ㉣, ㉤
⑤ ㉠, ㉡, ㉢, ㉤

해설

㉠, ㉡, ㉢, ㉤ 모두 사실행위이다. 사실행위는 의사표시를 필요로 하지 않고 행위자의 의도와 무관하게 일정한 사실이 발생하면 법률효과가 발생하게 되는 행위를 말한다.
[지문분석]
㉣ 상대방 없는 단독행위이다.

03 다음 중 상대방 없는 단독행위인 것은?

① 유증
② 상계
③ 채무면제
④ 사단법인의 설립행위
⑤ 추인

해설

법률행위 종류(의사표시 기준)		
단독행위 (1개의 의사표시)	상대방 있는	채무면제 · 상계 · 동의 · 철회 · 취소 · 추인 · 해제 · 해지 · 시효이익의 포기 등
	상대방 없는	유언, 유증, 재단법인 설립행위, 소유권의 포기 등
계약(대립되는 2개 의사합치)		매매, 증여 등
합동행위(같은 방향 2개 이상의 의사합치)		사단법인의 설립행위 등

04 단독행위가 아닌 것은? 제13회

① 상계
② 유언
③ 사인증여
④ 소유권의 포기
⑤ 법정해제권의 행사

해설

증여는 당사자 일방이 무상으로 재산을 상대방에 수여하는 의사를 표시하고 상대방이 이를 승낙함으로써 그 효력이 생기는 계약이다. 사인증여는 증여자의 사망으로 인하여 효력이 생길 증여로서 역시 계약이다.

정답 | 01 ④   02 ⑤   03 ①   04 ③

05 준법률행위에 해당하는 것을 모두 고른 것은?

제11회

> ㉠ 채무의 승인
> ㉡ 채권양도의 통지
> ㉢ 매매계약의 해제
> ㉣ 무권대리인의 상대방이 본인에게 하는 무권대리행위의 추인 여부에 대한 확답의 최고

① ㉠, ㉡
② ㉡, ㉢
③ ㉢, ㉣
④ ㉠, ㉡, ㉣
⑤ ㉡, ㉢, ㉣

해설

준법률행위는 행위자의 목적지향 또는 효과의사에 의해 법률효과가 발생하는 것이 아니라, 법이 행위 또는 행위결과에 대해 일정한 법률효과를 부여하는 법률사실이다.
㉠ 채무의 승인, ㉡ 채권양도의 통지는 준법률행위 중 관념의 통지이다.
㉣ 무권대리인의 상대방이 본인에게 하는 무권대리행위의 추인 여부에 대한 확답의 최고는 준법률행위 중 의사의 통지이다.
[지문분석]
㉢ 매매계약의 해제는 상대방 있는 단독행위로서 법률행위이다.

06 법률행위의 목적에 관한 설명 중 옳지 않은 것은?

① 효력규정인 강행법규에 위반하는 법률행위는 무효이다.
② 법률행위의 목적은 법률행위 시에 반드시 확정되어 있을 필요는 없다.
③ 법률행위의 내용이 실현가능한가 여부는 절대적·물리적으로 불가능한 경우만이 아니라 사회생활상 경험칙이나 거래상의 관념에 비추어 볼 때 채권자가 채무자의 이행의 실현을 기대할 수 없는 경우도 포함한다.
④ 법률행위의 목적의 일부가 불능인 때에는 원칙적으로 그 부분만 불능으로 한다.
⑤ 후발적 불능의 경우에는 법률행위 자체는 유효하고, 채무자의 귀책사유 유무에 따라 채무불이행이나 위험부담의 문제가 발생한다.

해설

일부불능에는 원칙적으로 일부무효의 법리(제137조)가 적용되어 원칙적으로 그 전부를 무효로 한다.

07 강행규정에 관한 설명으로 옳지 않은 것은? (다툼이 있으면 판례에 의함)

① 신의칙에 반하는 것은 강행규정에 위배되는 것으로서 법원은 직권으로 판단할 수 있다.
② 강행법규를 위반한 자가 스스로 강행규정에 위반된 계약의 성립을 부정하거나 무효를 주장하는 것이 신의칙에 위반된다고 볼 수는 없다.
③ 강행규정의 위반으로 인한 무효는 선의의 제3자에게 대항할 수 있다.
④ 강행규정의 위반으로 인한 무효는 추인에 의하여 유효로 될 수 있다.
⑤ 강행규정 위반이면서 제103조의 반사회질서행위에 해당하는 경우에는 제746조의 불법원인급여에 해당하므로 이미 급부한 것의 반환을 청구할 수 없다.

해설

강행규정(효력규정) 위반으로 인한 무효는 절대적 무효이므로 선의의 제3자에 대항할 수 있고, 당사자는 원칙적으로 추인할 수도 없다.

정답 | 05 ④ 06 ④ 07 ④

08 강행법규에 위반한 법률행위에 관한 설명으로 옳은 것은?

제8회

① 강행법규에 위반한 자가 스스로 그 약정의 무효를 주장하는 것은 특별한 사정이 없는 한 신의칙에 반한다.
② 형사사건에 대한 의뢰인과 변호사의 성공보수약정은 강행법규위반으로서 무효일 뿐 반사회적 법률행위는 아니다.
③ 부동산을 등기하지 않고 순차적으로 매도하는 중간생략등기합의는 강행법규에 위반하여 무효이다.
④ 개업공인중개사가 중개의뢰인과 직접 거래하는 행위를 금지하는 공인중개사법 규정은 강행규정이 아니라 단속규정이다.
⑤ 강행법규를 위반하여 무효인 계약에 대해서는 그 상대방의 선의, 무과실에 따라 표현대리 법리가 적용된다.

해설

④ 개업공인중개사 등이 중개의뢰인과 직접 거래를 하는 행위를 금지하는 공인중개사법 제33조 제6호의 규정 취지는 개업공인중개사 등이 거래상 알게 된 정보를 자신의 이익을 꾀하는 데 이용하여 중개의뢰인의 이익을 해하는 경우가 있으므로 이를 방지하여 중개의뢰인을 보호하고자 함에 있는바, 위 규정에 위반하여 한 거래행위가 사법상의 효력까지도 부인하지 않으면 안 될 정도로 현저히 반사회성, 반도덕성을 지닌 것이라고 할 수 없을 뿐만 아니라 행위의 사법상의 효력을 부인하여야만 비로소 입법 목적을 달성할 수 있다고 볼 수 없고, 위 규정을 효력규정으로 보아 이에 위반한 거래행위를 일률적으로 무효라고 할 경우 중개의뢰인이 직접 거래임을 알면서도 자신의 이익을 위해 한 거래도 단지 직접 거래라는 이유로 효력이 부인되어 거래의 안전을 해칠 우려가 있으므로, **위 규정은 강행규정이 아니라 단속규정이다**(대판 2017.2.3, 2016다259677).

[지문분석]
① **강행법규를 위반한 자가 스스로 그 약정의 무효를 주장하는 것**이 신의칙에 위배되는 권리의 행사라는 이유로 그 주장을 배척한다면, 이는 오히려 강행법규에 의하여 배제하려는 결과를 실현시키는 셈이 되어 입법 취지를 완전히 몰각하게 되므로 달리 특별한 사정이 없는 한 위와 같은 주장은 **신의칙에 반하는 것이라고 할 수 없다**(대판 2007.11.29, 2005다64552).
② 형사사건에서의 성공보수약정은 수사·재판의 결과를 금전적인 대가와 결부시킴으로써, 기본적 인권의 옹호와 사회정의의 실현을 사명으로 하는 변호사 직무의 공공성을 저해하고, 의뢰인과 일반 국민의 사법제도에 대한 신뢰를 현저히 떨어뜨릴 위험이 있으므로, 선량한 풍속 기타 사회질서에 위배되는 것으로 평가할 수 있다(대판 2015.7.23, 2015다200111 전합).
③ 부동산등기 특별조치법상 조세포탈과 부동산투기 등을 방지하기 위하여 위 법률 제2조 제2항 및 제8조 제1호에서 등기하지 아니하고 제3자에게 전매하는 행위를 일정 목적범위 내에서 형사처벌하도록 되어 있으나 이로써 순차매도한 당사자 사이의 **중간생략등기합의에 관한 사법상 효력까지 무효로 한다는 취지는 아니다**(대판 1993.1.26, 92다39112).
⑤ 증권회사 또는 그 임·직원의 부당권유행위를 금지하는 증권거래법 제52조 제1호는 공정한 증권거래질서의 확보를 위하여 제정된 강행법규로서 이에 위배되는 주식거래에 관한 투자수익보장약정은 무효이고, 투자수익보장이 **강행법규에 위반되어 무효인 이상 증권회사의 지점장에게 그와 같은 약정을 체결할 권한이 수여되었는지 여부에 불구하고 그 약정은 여전히 무효이므로 표현대리의 법리가 준용될 여지가 없다**(대판 1996.8.23, 94다38199).

09 강행규정이 아닌 것은? (다툼이 있으면 판례에 따름)

제7회

① 신의성실의 원칙에 관한 민법 제2조
② 권리능력의 존속기간에 관한 민법 제3조
③ 미성년자의 행위능력에 관한 민법 제5조
④ 사단법인의 사원권의 양도, 상속금지에 관한 민법 제56조
⑤ 법인해산 시 잔여재산의 귀속에 관한 민법 제80조

해설

"사단법인의 사원의 지위는 양도 또는 상속할 수 없다"고 한 민법 제56조의 규정은 강행규정은 아니라고 할 것이므로, 정관에 의하여 이를 인정하고 있을 때에는 양도·상속이 허용된다(대판 1992.4.14, 91다26850).

10 민법상 강행규정을 위반한 법률행위의 효과에 관한 설명으로 옳지 않은 것은? (다툼이 있으면 판례에 따름)

제11회

① 강행규정을 위반한 법률행위는 당사자의 주장이 없더라도 법원이 직권으로 판단할 수 있다.
② 강행규정을 위반하여 확정적 무효가 된 법률행위는 특별한 사정이 없는 한 당사자의 추인에 의해 유효로 할 수 없다.
③ 강행규정에 위반하여 무효인 계약의 상대방이 그 위반사실에 대하여 선의·무과실이더라도 표현대리의 법리가 적용될 여지는 없다.
④ 강행규정에 위반한 약정을 한 자가 스스로 그 약정의 무효를 주장하는 것은 특별한 사정이 없는 한 신의성실 원칙에 반하여 허용될 수 없다.
⑤ 법률의 금지에 위반되는 행위라도 그것이 선량한 풍속 기타 사회질서에 위반하지 않는 경우에는 민법 제746조가 규정하는 불법원인에 해당하지 않는다.

해설

강행법규에 위반한 자가 스스로 그 약정의 무효를 주장하는 것이 신의칙에 위반되는 권리의 행사라는 이유로 그 주장을 배척한다면 이는 오히려 강행법규에 의하여 배제하려는 결과를 실현시키는 셈이 되어 입법 취지를 몰각하게 되므로, 달리 특별한 사정이 없는 한 위와 같은 주장은 신의칙에 반하는 것이라고 할 수 없다(대판 2006.10.12, 2005다75729).

정답 | 08 ④ 09 ④ 10 ④

11 반사회적 법률행위에 관한 설명으로 옳지 않은 것은? (다툼이 있으면 판례에 따름) 제9회

① 형사사건의 변호사 성공보수약정은 반사회적 법률행위이다.
② 아버지 소유의 부동산이 이미 제3자에게 매도되어 제3자로부터 등기독촉을 받고 있는 사정을 잘 알고 있는 아들이 그 아버지로부터 그 부동산을 증여받은 경우, 그 증여는 반사회적 법률행위이다.
③ 살인을 포기할 것을 조건으로 한 증여는 반사회적 법률행위가 아니다.
④ 부부 간에 어떠한 일이 있어도 이혼하지 않겠다는 합의는 반사회적 법률행위이다.
⑤ 수사기관에서 참고인으로 허위 진술하는 대가로 돈을 받기로 한 약정은 반사회적 법률행위이다.

해설

③ 범죄행위를 내용으로 하는 계약뿐만 아니라 범죄를 하지 않을 것을 조건으로 대가적 급부를 제공하는 계약도 반사회적 법률행위이다.

[지문분석]
① 형사사건에 관한 변호사의 성공보수약정은 반사회적 법률행위이다. 다만, 민사소송에서의 변호사의 성공보수약정은 반사회질서의 법률행위가 아니다. 형사사건에서의 성공보수약정은 수사·재판의 결과를 금전적인 대가와 결부시킴으로써, 기본적 인권의 옹호와 사회정의의 실현을 사명으로 하는 변호사 직무의 공공성을 저해하고, 의뢰인과 일반 국민의 사법제도에 대한 신뢰를 현저히 떨어뜨릴 위험이 있으므로, 선량한 풍속 기타 사회질서에 위배되는 것으로 평가할 수 있다(대판 2015.7.23, 2015다200111 전합).
② 어떤 자가 부동산을 타인에게 매도하였음을 알면서 그 자의 배임행위에 적극 가담하여 증여받은 경우에 수증행위도 사회질서에 반하여 무효이다.
④ 어떠한 일이 있어도 이혼하지 아니하겠다는 각서를 써 주었다 하더라도 그와 같은 의사표시는 신분행위의 의사결정을 구속하는 것으로서 공서양속에 위배하여 무효이다(대판 1969.8.19, 69므18).
⑤ 수사기관에서 참고인으로 진술하면서 자신이 잘 알지 못하는 내용에 대하여 허위의 진술을 하는 경우에 그 허위 진술행위가 범죄행위를 구성하지 않는다고 하여도 이러한 행위 자체는 국가사회의 일반적인 도덕관념이나 국가사회의 공공질서이익에 반하는 행위라고 볼 것이니, 그 급부의 상당성 여부를 판단할 필요 없이 허위 진술의 대가로 작성된 각서에 기한 급부의 약정은 민법 제103조 소정의 반사회적 질서행위로 무효이다(대판 2001.4.24, 2000다71999).

12 반사회적 법률행위에 관한 설명으로 옳지 않은 것은? (다툼이 있는 경우에는 판례에 의함)

제1회

① 부동산의 제2매수인이 다른 사람에게 매매목적물이 이미 매도된 것을 알고 매수하였다면, 그것만으로 그 이중매매는 반사회적 법률행위로서 무효가 된다.
② 소송에서 증언을 하여 줄 것을 주된 조건으로 통상적으로 용인될 수 있는 범위를 넘어선 급부를 제공할 것을 약정한 것은 반사회적 법률행위에 해당한다.
③ 표시되거나 상대방에게 알려진 법률행위의 동기가 반사회적인 경우 그 법률행위는 무효이다.
④ 부첩관계인 부부생활의 종료를 해제조건으로 하는 증여계약은 사회질서에 반하므로 무효이다.
⑤ 당사자의 일방이 상대방에게 공무원의 직무에 관한 사항에 관하여 특별한 청탁을 하게 하고 그에 대한 보수로 돈을 지급할 것을 내용으로 한 약정은 사회질서에 반하여 무효이다.

해설

이중매매를 사회질서에 반하는 법률행위에 해당한다고 하여 민법 제103조에 의하여 무효라고 하기 위하여는 제2매수인이 이중매매한 사실을 안 것만으로는 부족하고, 나아가 매도인의 배임행위(또는 배신행위)를 유인, 교사하거나 이에 협력하는 등 적극적으로 가담하여야 한다(대판 1989.11.28, 89다카14295·14301).

정답 | 11 ③　12 ①

13 반사회질서의 법률행위에 관한 설명으로 옳은 것은? (다툼이 있으면 판례에 따름) 제5회

① 대물변제계약이 불공정한 법률행위로서 무효인 경우에도 목적부동산의 소유권을 이전받은 선의의 제3자에 대하여는 무효를 주장할 수 없다.
② 반사회질서의 법률행위라도 당사자가 그 무효임을 알고 추인하면 새로운 법률행위로서 유효하다.
③ 형사사건에 관하여 체결된 성공보수약정은 약정액이 통상적으로 용인될 수 있는 수준을 초과하여도 선량한 풍속 기타 사회질서에 위배되지 않는다.
④ 관련 법령에서 정한 한도를 초과하는 부동산 중개수수료 약정은 전부 무효이다.
⑤ 소송에서 증인이 증언을 조건으로 소송의 일방 당사자로부터 통상적으로 용인될 수 있는 수준을 넘어서는 대가를 제공받기로 하는 약정은 무효이다.

해설

[지문분석]
① 불공정한 법률행위는 절대적 무효이다.
② 반사회질서의 법률행위는 무효행위의 추인이 적용되지 않는다.
③ 형사사건에 관하여 체결된 성공보수약정은 반사회질서의 법률행위이다.
④ 부동산 중개수수료에 관한 위와 같은 규정들은 중개수수료 약정 중 소정의 한도를 초과하는 부분에 대한 사법상의 효력을 제한하는 이른바 강행법규에 해당하고, 따라서 구 부동산중개업법 등 관련 법령에서 정한 한도를 초과하는 부동산 중개수수료 약정은 그 한도를 초과하는 범위 내에서 무효이다(대판 2007.12.20, 2005다32159 전합).

14 반사회질서의 법률행위에 해당하지 않는 것은? (다툼이 있으면 판례에 따름) 제13회

① 매도인의 배임행위에 적극 가담한 이중매매계약
② 도박자금에 제공할 목적으로 한 금전소비대차계약
③ 형사사건의 변호에서 무죄 판결을 받기 위해 성공보수를 약정하는 계약
④ 소송에서 사실대로 증언해 주는 대가로 통상적이지 않은 거액을 받기로 한 약정
⑤ 해외파견 교육연수를 받은 근로자가 일정기간 소속 회사에 근무하기로 한 약정

해설

해외파견된 근로자가 귀국일로부터 일정기간 소속회사에 근무하여야 한다는 사규나 약정은 민법 제103조 또는 제104조에 위반된다고 할 수 없고, 일정기간 근무하지 않으면 해외파견 소요경비를 배상한다는 사규나 약정은 근로계약기간이 아니라 경비반환채무의 면제기간을 정한 것이므로 근로기준법 제21조에 위배하는 것도 아니다(대판 1982.6.22, 82다카90).

---

15 반사회질서의 법률행위에 해당하는 것을 모두 고른 것은? (다툼이 있으면 판례에 따름)

제10회

> ㉠ 수사기관에서 참고인으로 자신이 잘 알지 못하는 내용에 대한 허위 진술의 대가로 작성된 각서에 기한 급부의 약정
> ㉡ 강제집행을 면하기 위해 부동산에 허위의 근저당권설정등기를 경료하는 행위
> ㉢ 전통사찰의 주지직을 거액의 금품을 대가로 양도·양수하기로 하는 약정이 있음을 알고도 이를 묵인한 상태에서 한 종교법인의 주지 임명행위

① ㉠
② ㉢
③ ㉠, ㉡
④ ㉡, ㉢
⑤ ㉠, ㉡, ㉢

해설

㉠ 수사기관에서 참고인으로 진술하면서 자신이 잘 알지 못하는 내용에 대하여 허위의 진술을 하는 경우에 그 허위 진술행위가 범죄행위를 구성하지 않는다고 하여도 이러한 행위 자체는 국가사회의 일반적인 도덕관념이나 국가사회의 공공질서이익에 반하는 행위라고 볼 것이니, 그 급부의 상당성 여부를 판단할 필요 없이 이 사건 각서에 기한 약정을 민법 제103조 소정의 반사회적 질서행위로 보아 무효이다(대판 2001.4.24, 2000다71999).

[지문분석]
㉡ 강제집행을 면할 목적으로 부동산에 허위의 근저당권설정등기를 경료하는 행위는 사회질서에 위반한 사항을 내용으로 하는 법률행위로 볼 수 없다(대판 2004.5.28, 2003다70041).
㉢ 전임, 후임의 주지가 전통사찰의 주지직을 거액의 금품을 대가로 양도, 양수하는 계약은 선량한 풍속 기타 사회질서에 반하는 행위로서 무효라고 보아야 할 것이다. 그러나 종교법인이 위와 같은 약정이 있음을 알고 이를 묵인하거나 혹은 방조한 상태에서 원고를 주지로 임명하였다고 하더라도 그 임명행위 자체가 선량한 풍속 기타 사회질서에 반한다고 할 수는 없다(대판 2001.2.9, 99다38613).

정답 | 13 ⑤ 14 ⑤ 15 ①

16 반사회적 법률행위에 관한 설명으로 옳지 않은 것은?

① 해외파견 근로자의 귀국 후 일정기간 소속회사에 근무토록 한 약정은 특별한 사정이 없는 한 반사회적 법률행위라고 할 수 없다.
② 반사회적 법률행위로서 무효인 계약은 당사자가 무효임을 알고 추인하여도 원칙적으로는 새로운 법률행위로 볼 수 없다.
③ 매매계약의 동기가 반사회적이고 그 동기가 외부에 표시된 경우 그 매매계약은 무효이다.
④ 어느 법률행위가 선량한 풍속 기타 사회질서에 위반하는지는 특별한 사정이 없는 한 그 법률행위 당시를 기준으로 판단한다.
⑤ 수사기관에서 허위진술의 대가를 지급하기로 한 약정은 그 대가가 적정하다면 반사회적 법률행위에 해당하지 않는다.

해설

수사기관에서 참고인으로 진술하면서 자신이 잘 알지 못하는 내용에 대하여 허위의 진술을 하는 경우에 그 허위 진술행위가 범죄행위를 구성하지 않는다고 하여도 이러한 행위 자체는 국가사회의 일반적인 도덕관념이나 국가사회의 공공질서이익에 반하는 행위라고 볼 것이니, 그 급부의 상당성 여부를 판단할 필요 없이 허위진술의 대가로 작성된 각서에 기한 급부의 약정은 민법 제103조 소정의 반사회적 질서행위로 무효이다(대판 2001.4.24, 2000다71999).

17 반사회질서의 법률행위에 관한 설명으로 옳지 않은 것은? (다툼이 있으면 판례에 따름)

① 선량한 풍속 기타 사회질서에 위반한 사항을 내용으로 하는 법률행위는 무효이다.
② 법률행위가 선량한 풍속 기타 사회질서에 위반되는지 여부는 법률행위가 이루어진 때를 기준으로 판단해야 한다.
③ 법률행위의 성립과정에 강박이라는 불법적인 방법이 사용된 경우, 그것만으로는 반사회질서의 법률행위라고 할 수 없다.
④ 다수의 보험계약을 통하여 보험금을 부정취득할 목적으로 체결된 보험계약은 그것만으로는 선량한 풍속 기타 사회질서에 반하지 않는다.
⑤ 양도소득세의 일부를 회피할 목적으로 매매계약서에 실제로 거래한 것보다 낮은 금액을 매매대금으로 기재한 경우, 그것만으로는 그 매매계약이 사회질서에 반하지 않는다.

해설

보험계약자가 다수의 보험계약을 통하여 보험금을 부정취득할 목적으로 보험계약을 체결한 경우, 이러한 목적으로 체결된 보험계약에 의하여 보험금을 지급하게 하는 것은 보험계약을 악용하여 부정한 이득을 얻고자 하는 사행심을 조장함으로써 사회적 상당성을 일탈하게 될 뿐만 아니라, 또한 합리적인 위험의 분산이라는 보험제도의 목적을 해치고 위험발생의 우발성을 파괴하며 다수의 선량한 보험가입자들의 희생을 초래하여 보험제도의 근간을 해치게 되므로, 이와 같은 보험계약은 민법 제103조 소정의 선량한 풍속 기타 사회질서에 반하여 무효이다(대판 2005.7.28, 2005다23858).

18 반사회질서의 법률행위에 해당하지 않는 것은? (다툼이 있으면 판례에 따름) 제12회

① 행정기관에 진정서를 제출하여 상대방을 궁지에 빠뜨린 다음 이를 취하하는 조건으로 거액의 급부를 제공받기로 한 약정
② 보험계약자가 다수의 보험계약을 통하여 보험금을 부정취득할 목적으로 체결한 보험계약
③ 성매매행위를 전제로 한 선불금의 대여행위
④ 반사회질서의 법률행위에 의하여 조성된 재산인 이른바 비자금을 소극적으로 은닉하기 위하여 임치한 행위
⑤ 도박자금에 제공할 목적으로 한 금전대차계약

해설

반사회적 행위에 의하여 조성된 재산인 이른바 비자금을 소극적으로 은닉하기 위하여 임치한 것은 사회질서에 반하는 법률행위로 볼 수 없다(대판 2001.4.10, 2000다49343).

정답 | 16 ⑤   17 ④   18 ④

19 사회질서에 반하는 법률행위에 관한 설명으로 옳은 것은? (다툼이 있으면 판례에 의함)

① 대리인이 사회질서에 반하여 이중매수를 한 경우, 본인이 그러한 사정을 몰랐거나 반사회성을 야기한 것이 아니라면 그 대리행위는 유효하다.
② 전통사찰의 주지직을 거액의 금품을 대가로 양도하기로 하는 약정이 있음을 알고도 이를 묵인 혹은 방조한 상태에서 한 종교법인의 주지임명행위는 사회질서에 반하는 법률행위로 무효이다.
③ 반사회적 행위로 조성된 비자금을 은닉하기 위하여 임치한 행위는 사회질서에 반하는 법률행위이므로 임치인이 그 반환을 청구할 수 없다.
④ 처의 동의를 얻어 다른 여성과 성관계를 포함하는 원조교제계약을 한 경우, 그 계약에 따른 대가(代價)가 적당하다면 그 계약은 유효하다.
⑤ 부첩관계를 해소하기로 하면서 첩(위자료)과 두 딸(양육비)의 장래의 생활대책을 마련해 주기 위해 금전의 지급을 약정하는 것은 사회질서에 반하는 법률행위로 볼 수 없다.

해설

[지문분석]
① 대리인이 본인을 대리하여 매매계약을 체결함에 있어서 매매대상 토지에 관한 저간의 사정을 잘 알고 그 배임행위에 가담하였다면, 대리행위의 하자 유무는 대리인을 표준으로 판단하여야 하므로, 설사 본인이 미리 그러한 사정을 몰랐거나 반사회성을 야기한 것이 아니라고 할지라도 그로 인하여 매매계약이 가지는 사회질서에 반한다는 장애사유가 부정되는 것은 아니다(대판 1998.2.27, 97다45532).
② 민법 제103조 소정의 반사회질서의 법률행위에 해당하지 않는다(대판 2001.2.9, 99다38613).
③ 비자금을 소극적으로 은닉하기 위하여 임치한 것은 사회질서에 반하는 법률행위로 볼 수 없으므로, 불법원인급여가 아니라고 할 것이다(대판 2001.4.10, 2000다49343).
④ 처의 동의 유무를 불문하고 무효이다.

20 선량한 풍속 기타 사회질서에 반하는 법률행위에 해당하지 않는 것은? (다툼이 있으면 판례에 따름)

제11회

① 살인할 것을 조건으로 증여한 경우
② 형사사건에 관하여 보수약정과 별개로 성공보수를 약정한 경우
③ 강제집행을 면할 목적으로 부동산에 허위의 근저당권등기를 마친 경우
④ 수증자가 매도인의 매수인에 대한 배임행위에 적극 가담하여 매매목적 부동산을 증여받은 경우
⑤ 당초부터 오로지 보험사고를 가장하여 보험금을 취득할 목적으로 생명보험계약을 체결한 경우

해설

강제집행을 면할 목적으로 부동산에 허위의 근저당권설정등기를 경료하는 행위는 사회질서에 위반한 사항을 내용으로 하는 법률행위로 볼 수 없다(대판 2004.5.28, 2003다70041).

21 반사회질서의 법률행위에 관한 설명으로 옳지 않은 것은? (다툼이 있으면 판례에 따름)

제4회

① 어느 법률행위가 선량한 풍속 기타 사회질서에 위반되어 무효인지의 여부는 법률행위 시를 기준으로 판단해야 한다.
② 금전소비대차 시 당사자 사이의 경제력 차이로 인하여 사회통념상 허용되는 한도를 초과하여 현저하게 고율의 이자약정이 체결되었다면, 그 허용할 수 있는 한도를 초과하는 부분의 이자약정은 반사회질서의 법률행위로서 무효이다.
③ 부첩관계를 해소하면서 첩의 희생을 위자하고 첩의 장래 생활대책을 마련해 준다는 뜻에서 금원을 지급하기로 한 약정은 공서양속에 반하지 않는다.
④ 의무의 강제에 의하여 얻어지는 채권자의 이익에 비하여 약정된 위약벌이 과도하게 무거운 경우, 그 일부 또는 전부가 공서양속에 반하여 무효로 된다.
⑤ 강제집행을 면할 목적으로 부동산에 허위의 근저당권설정등기를 경료하는 행위는 반사회질서의 법률행위로서 무효이다.

해설

강제집행을 면할 목적으로 부동산에 허위의 근저당권설정등기를 경료하는 행위는 반사회질서의 법률행위가 아닙니다.

정답 | 19 ⑤ 20 ③ 21 ⑤

22 반사회질서의 법률행위에 관한 설명으로 옳은 것은? (다툼이 있으면 판례에 따름) 제6회

① 강제집행을 면할 목적으로 부동산에 허위의 근저당권설정등기를 경료하는 행위는 반사회질서의 법률행위에 해당한다.
② 증인이 증언을 조건으로 소송당사자로부터 통상 용인될 수 있는 수준을 넘는 대가를 받기로 약정하더라도, 증인에게 증언거부권이 있다면 그 약정은 유효하다.
③ 상대방에게 표시되거나 알려진 법률행위의 동기가 사회질서에 반하더라도 반사회질서의 법률행위에 해당될 수 없다.
④ 어떠한 일이 있어도 이혼하지 아니하겠다는 각서를 써 준 경우, 그와 같은 의사표시는 반사회질서의 법률행위가 아니다.
⑤ 법률행위가 사회질서에 반하여 무효인 경우, 그 법률행위를 기초로 하여 권리를 취득한 선의의 제3자에게도 그 무효를 주장할 수 있다.

해설

⑤ 반사회질서행위의 무효는 절대적 무효이므로 선의의 제3자에게도 그 무효를 주장할 수 있다.
[지문분석]
① 강제집행을 면할 목적으로 부동산에 허위의 근저당권설정등기를 경료하는 행위는 민법 제103조의 선량한 풍속 기타 사회질서에 위반한 사항을 내용으로 하는 법률행위로 볼 수 없다(대판 2004.5.28, 2003다70041).
② 소송사건에서 일방 당사자를 위하여 증인으로 출석하여 증언하였거나 증언할 것을 조건으로 어떤 대가를 받을 것을 약정한 경우, 증인은 법률에 의하여 증언거부권이 인정되지 않은 한 진실을 진술할 의무가 있는 것이므로 그 대가의 내용이 통상적으로 용인될 수 있는 수준(예컨대 증인에게 일당과 여비가 지급되기는 하지만 증인이 법원에 출석함으로써 입게 되는 손해에는 미치지 못하는 경우 그러한 손해를 전보해 주는 정도)을 초과하는 경우에는 그와 같은 약정은 금전적 대가가 결부됨으로써 선량한 풍속 기타 사회질서에 반하는 법률행위가 되어 민법 제103조에 따라 효력이 없다(대판 1999.4.13, 98다52483).
③ 표시되거나 상대방에게 알려진 법률행위의 동기가 반사회질서적인 경우에도 반사회질서의 법률행위에 해당될 수 있다(대판 2009.9.10, 2009다37251).
④ 어떠한 일이 있어도 이혼하지 아니하겠다는 각서를 써 주었다 하더라도 그와 같은 의사표시는 신분행위의 의사결정을 구속하는 것으로서 공서양속에 위배하여 무효이다(대판 1969.8.19, 69므18).

23 불공정한 법률행위에 관한 설명으로 옳지 않은 것은? (다툼이 있으면 판례에 따름) 제6회

① 당사자의 궁박, 경솔 또는 무경험으로 인하여 현저하게 공정을 잃은 법률행위는 무효이다.
② 불공정한 법률행위에 해당하는지 여부는 법률행위 당시를 기준으로 판단하여야 한다.
③ 불공정한 법률행위가 성립하기 위한 요건인 궁박, 경솔, 무경험은 그중 일부만 갖추어져도 충분하다.
④ 법률행위가 현저하게 공정을 잃었다고 하여 곧바로 그것이 궁박한 사정으로 인정되는 것은 아니다.
⑤ 급부와 반대급부 사이의 현저한 불균형은 시가와의 차액 또는 시가와의 배율에 따라 일률적으로 판단해야 한다.

해설

급부와 반대급부 사이의 '현저한 불균형'은 단순히 시가와의 차액 또는 시가와의 배율로 판단할 수 있는 것은 아니고 구체적·개별적 사안에 있어서 일반인의 사회통념에 따라 결정하여야 한다. 그 판단에 있어서는 피해 당사자의 궁박·경솔·무경험의 정도가 아울러 고려되어야 하고, 당사자의 주관적 가치가 아닌 거래상의 객관적 가치에 의하여야 한다(대판 2010.7.15, 2009다50308).

정답 | 22 ⑤ 23 ⑤

24 불공정한 법률행위에 관한 설명으로 옳은 것은? (다툼이 있으면 판례에 따름) 제7회

① 증여계약도 불공정한 법률행위가 될 수 있다.
② 급부와 반대급부 사이의 현저한 불균형을 판단함에 있어서 피해 당사자의 궁박, 경솔 또는 무경험의 정도는 고려대상이 아니다.
③ 대리행위의 경우, 경솔과 무경험은 대리인을 기준으로 하여 판단하고 궁박은 본인의 입장에서 판단해야 한다.
④ 피해 당사자가 궁박, 경솔 또는 무경험의 상태에 있었다면 상대방 당사자에게 그와 같은 사정을 알면서 이를 이용하려는 의사가 없어도 불공정한 법률행위가 성립한다.
⑤ 법률행위가 현저하게 공정을 잃은 경우 그것은 당사자의 궁박, 경솔 또는 무경험으로 인한 것으로 추정된다.

해설

[지문분석]
① 불공정한 법률행위에 해당하기 위하여는 급부와 반대급부와의 사이에 현저히 균형을 잃을 것이 요구되므로 **증여와 같이 상대방에 의한 대가적 의미의 재산관계의 출연이 없이 당사자 일방의 급부만 있는 경우에는 급부와 반대급부 사이의 불균형의 문제는 발생하지 않는다**[대판 1993.7.16, 92다41528 · 41535(병합)].
② 급부와 반대급부 사이의 '현저한 불균형'은 단순히 시가와의 차액 또는 시가와의 배율로 판단할 수 있는 것은 아니고 구체적 · 개별적 사안에 있어서 일반인의 사회통념에 따라 결정하여야 한다. 그 판단에 있어서는 **피해 당사자의 궁박 · 경솔 · 무경험의 정도가 아울러 고려되어야 하고**, 당사자의 주관적 가치가 아닌 거래상의 객관적 가치에 의하여야 한다(대판 2010.7.15, 2009다50308).
④ 피해 당사자가 궁박, 경솔 또는 무경험의 상태에 있었다고 하더라도 그 상대방 당사자에게 그와 같은 피해 당사자 측의 사정을 알면서 이를 이용하려는 의사, 즉 **폭리행위의 악의가 없었다거나 또는 객관적으로 급부와 반대급부 사이에 현저한 불균형이 존재하지 아니한다면 불공정 법률행위는 성립하지 않는다**(대판 2008.3.14, 2007다11996).
⑤ 민법 제104조에 의하여 법률행위의 무효를 주장하려면 주장하는 측에서 현저하게 공정을 잃은 그 법률행위가 궁박, 경솔 또는 무경험으로 인하였다는 점과 상대방이 그 사정을 알고 이를 이용하여서 그 법률행위가 이루어지게 되었다는 점을 주장, 입증하여야 할 것이고, **법률행위가 현저하게 공정을 잃었다고 하여 곧 그것이 궁박, 경솔 또는 무경험으로 이루어진 것이라고 추정되는 것이 아니다**(대판 1977.12.13, 76다2179).

25 불공정한 법률행위에 관한 설명으로 옳지 않은 것은? (다툼이 있으면 판례에 의함)

① '궁박'은 경제적 궁박뿐만 아니라 정신적·심리적 궁박상태를 포함한다.
② 피해 당사자가 궁박, 경솔 또는 무경험의 상태에 있었다고 하더라도 그 상대방 당사자에게 그와 같은 피해 당사자 측의 사정을 알면서 이를 이용하려는 의사, 즉 폭리행위의 악의가 없었다면 불공정한 법률행위는 성립하지 않는다.
③ 증여계약과 같이 아무런 대가관계 없이 당사자 일방이 상대방에게 일방적인 급부를 하는 법률행위는 민법 제104조 소정의 불공정한 법률행위에 해당될 수 없다.
④ 대리인에 의하여 법률행위가 이루어진 경우 그 법률행위가 민법 제104조의 불공정한 법률행위에 해당하는지 여부를 판단함에 있어서 경솔과 무경험은 본인을 기준으로 하여 판단하고, 궁박은 대리인의 입장에서 판단하여야 한다.
⑤ 불공정한 법률행위로서 무효인 경우에는 추인에 의하여 무효인 법률행위가 유효로 될 수 없다.

해설

경솔과 무경험은 대리인을 기준으로 하여 판단하고, 궁박은 본인의 입장에서 판단한다.

정답 | 24 ③ 25 ④

26 불공정한 법률행위에 관한 설명으로 옳은 것은? (다툼이 있으면 판례에 따름) 제10회

① 불공정한 법률행위는 원칙적으로 추인에 의해서 유효로 될 수 없다.
② 궁박은 경제적 원인에 기인하는 것을 말하며, 심리적 원인에 기인할 수 없다.
③ 특별한 사정이 없는 한 경솔·궁박은 본인을 기준으로 판단하고, 무경험은 대리인을 기준으로 판단한다.
④ 법률행위가 현저하게 공정성을 잃은 경우, 그 법률행위 당사자의 궁박·경솔·무경험은 추정된다.
⑤ 불공정한 법률행위에는 무효행위의 전환에 관한 민법 제138조는 적용되지 않는다.

해설

① 불공정한 법률행위로서 무효인 경우에는 추인에 의하여 그 무효인 법률행위가 유효로 될 수 없다(대판 1994.6.24, 94다10900). 강행법규 위반행위, 반사회질서 행위·불공정한 법률행위는 추인에 의해 유효해질 수 없다. 무효행위의 추인은 의사표시의 흠결인 비진의표시나 허위표시로 인한 무효의 경우에 주로 인정된다.

[지문분석]
②③ 불공정한 법률행위가 성립하기 위한 요건인 궁박, 경솔, 무경험은 모두 구비되어야 하는 요건이 아니라 그중 일부만 갖추어져도 충분한데, 여기에서 '**궁박**'이라 함은 '급박한 곤궁'을 의미하는 것으로서 경제적 원인에 기인할 수도 있고 정신적 또는 심리적 원인에 기인할 수도 있으며, '**무경험**'이라 함은 일반적인 **생활체험의 부족**을 의미하는 것으로서 어느 특정영역에 있어서의 경험부족이 아니라 거래일반에 대한 경험부족을 뜻하고, 당사자가 궁박 또는 무경험의 상태에 있었는지 여부는 그의 나이와 직업, 교육 및 사회경험의 정도, 재산 상태 및 그가 처한 상황의 절박성의 정도 등 제반 사정을 종합하여 구체적으로 판단하여야 하며, 한편 피해 당사자가 궁박, 경솔 또는 무경험의 상태에 있었다고 하더라도 그 상대방 당사자에게 그와 같은 피해 당사자 측의 사정을 알면서 이를 이용하려는 의사, 즉 폭리행위의 악의가 없었다거나 또는 객관적으로 급부와 반대급부 사이에 현저한 불균형이 존재하지 아니한다면 불공정 법률행위는 성립하지 않는다. 대리인에 의하여 법률행위가 이루어진 경우 그 법률행위가 민법 제104조의 불공정한 법률행위에 해당하는지 여부를 판단함에 있어서 **경솔과 무경험은 대리인을 기준으로 하여 판단하고, 궁박은 본인의 입장**에서 판단하여야 한다(대판 2002.10.22, 2002다38927).
④ 불공정한 법률행위의 법리가 적용되려면 그 주장하는 측에서 궁박, 경솔 또는 무경험으로 인하였음을 증명하여야 되는데 법률행위가 현저하게 공정을 잃었다 하여 곧 그것이 경솔하게 이루어진 것이라고 추정되는 것은 아니다(대판 1969.7.8, 69다594).
⑤ 매매계약이 약정된 매매대금의 과다로 말미암아 민법 제104조에서 정하는 '불공정한 법률행위'에 해당하여 무효인 경우에도 무효행위의 전환에 관한 민법 제138조가 적용될 수 있다(대판 2010.7.15, 2009다50308).

27 불공정한 법률행위(민법 제104조)에 관한 설명으로 옳지 않은 것은? (다툼이 있으면 판례에 따름)

제3회

① 법률행위가 현저하게 공정을 잃은 경우, 그것은 경솔하게 이루어졌거나 궁박한 사정이 있었던 것으로 추정된다.
② 강제경매에서 시가보다 현저하게 낮게 매각된 경우에 불공정한 법률행위가 성립될 수 없다.
③ 불공정한 법률행위가 성립하기 위한 요건인 궁박, 경솔, 무경험은 그중 일부만 갖추어도 된다.
④ 불공정한 법률행위에서 궁박이란 급박한 곤궁을 의미하는 것으로서 정신적 원인에 기인할 수도 있다.
⑤ 대리행위의 경우에 경솔·무경험은 대리인을 기준으로 판단하고, 궁박 상태에 있었는지 여부는 본인을 기준으로 판단하여야 한다.

해설

급부와 반대급부 간의 현저한 불균형(객관적 요건)이 있다 하여 궁박·경솔 또는 무경험(주관적 요건)이 추정되지는 않는다(대판 1977.12.13, 76다2179).

28 불공정한 법률행위에 관한 설명으로 옳지 않은 것은? (다툼이 있는 경우에는 판례에 의함)

제2회

① "궁박"은 "급박한 곤궁"을 의미하지만 이는 반드시 경제적 궁박으로 제한되지 않는다.
② 급부와 반대급부 간에 현저한 불균형이 있으면 궁박·경솔 또는 무경험으로 인한 법률행위로 추정된다.
③ 불공정한 법률행위에 해당하는지 여부는 법률행위 시를 기준으로 판단하여야 한다.
④ 증여와 같이 아무런 대가 없이 의무자가 일방적으로 급부하는 법률행위는 그 공정성 여부를 논의할 수 있는 성질의 법률행위가 되지 아니한다.
⑤ 불공정한 법률행위에 해당하여 무효가 된 때에도 무효행위의 전환이 인정될 수 있다.

해설

급부와 반대급부 간에 현저한 불균형이 있다고 하여 당사자의 궁박·경솔 또는 무경험이 추정되는 것은 아니다.

정답 | 26 ① 27 ① 28 ②

29 불공정한 법률행위에 관한 설명으로 옳은 것은? (다툼이 있으면 판례에 따름) 제13회

① 특별한 사정이 없는 한 경매에도 불공정한 법률행위에 관한 민법 제104조가 적용된다.
② 매매계약이 약정된 대금의 과다로 인해 불공정한 법률행위에 해당하여 무효인 경우, 무효행위의 전환에 관한 민법 제138조는 적용될 여지가 없다.
③ 불공정한 법률행위는 원칙적으로 무효행위의 추인에 의해서 유효로 될 수 없다.
④ 무상 증여계약도 불공정한 법률행위가 될 수 있다.
⑤ 불공정한 법률행위로서 무효인 경우에 선의의 제3자에 대해서는 무효를 주장할 수 없다.

해설

③ 불공정한 법률행위는 원칙적으로 무효행위의 추인에 의해서 유효로 될 수 없다.

[지문분석]
① 당사자의 의사에 의하지 않은 경매에 의한 재산권의 이전에는 민법 제104조는 적용될 여지가 없다(대결 1980.3.21, 80마77).
② 매매계약이 '불공정한 법률행위'에 해당하여 무효인 경우에도 무효행위의 전환에 관한 민법 제138조가 적용될 수 있다. 따라서 당사자 쌍방이 매매계약이 불공정한 행위로 무효임을 알았더라면 대금을 다른 액으로 정하여 매매계약에 합의하였을 것이라고 예외적으로 인정되는 경우에는, 그 대금액을 내용으로 하는 매매계약이 유효하게 성립한다(대판 2010.7.15, 2009다50308).
④ 불공정한 법률행위가 성립하려면 급부와 반대급부 사이에 현저한 불균형이 있어야 하므로 기부행위, 증여계약과 같이 아무런 대가관계 없이 당사자 일방이 상대방에게 일방적인 급부를 하는 법률행위에는 제104조가 적용되지 않는다(대판 2000.2.11, 99다56833).
⑤ 불공정한 법률행위는 절대적 무효이므로 선의의 제3자에게도 대항할 수 있고, 추인에 의해 무효인 법률행위가 유효로 될 수 없다(대판 1994.6.24, 94다10900).

30 법률행위의 목적에 관한 설명으로 옳지 않은 것은? (다툼이 있으면 판례에 따름) 제5회

① 불공정한 법률행위가 성립하기 위하여는 궁박·경솔·무경험의 요건이 모두 충족되어야 한다.
② 무상증여는 불공정한 법률행위가 될 수 없다.
③ 해외파견된 근로자가 귀국일로부터 3년간 회사에 근무하여야 하고, 이를 위반한 경우에는 해외파견에 소요된 경비를 배상하여야 한다는 회사의 사규는 반사회질서의 법률행위에 해당하지 않는다.
④ 공익법인이 주무관청의 허가 없이 기본재산을 처분하는 것은 무효이다.
⑤ 도박자금에 제공할 목적으로 금전의 대차를 한 때에는 그 대차계약은 반사회질서의 법률행위로 무효이다.

해설

불공정한 법률행위가 성립하기 위한 요건인 궁박, 경솔, 무경험은 모두 구비되어야 하는 요건이 아니라 그중 일부만 갖추어져도 충분하다(대판 2010.9.30, 2009다76195·76201).

31 불공정한 법률행위에 관한 설명으로 옳지 않은 것은? (다툼이 있으면 판례에 따름) 제12회

① 특별한 사정이 없는 한 경매에도 불공정한 법률행위에 관한 민법 제104조가 적용된다.
② 불공정한 법률행위에 해당하는지는 법률행위가 이루어진 시점을 기준으로 약속된 급부와 반대급부 사이의 객관적 가치를 비교 평가하여 판단하여야 한다.
③ 불공정한 법률행위가 성립하기 위한 요건인 궁박, 경솔, 무경험은 그중 일부만 갖추어져도 충분하다.
④ 궁박은 급박한 곤궁을 의미하는 것으로서 심리적 원인에 기인할 수도 있다.
⑤ 무경험은 어느 특정영역에 있어서의 경험부족이 아니라 거래일반에 대한 경험부족을 뜻한다.

해설

당사자의 의사에 의하지 않은 경매에 의한 재산권의 이전에는 민법 제104조는 적용될 여지가 없다(대결 1980.3.21, 80마77).

정답 | 29 ③ 30 ① 31 ①

32 법률행위의 해석에 관한 설명으로 옳은 것은? (다툼이 있는 경우에는 판례에 의함) 제2회

① 매매계약서에 "계약사항에 대한 이의가 생겼을 때에는 매도인의 해석에 따른다"는 조항을 둔 경우, 법원은 매도인의 해석에 따라 판결하여야 한다.
② 분양약정에서 당사자들이 분양가격의 결정기준으로 합의하였던 기준들에 따른 분양가격의 결정이 불가능하게 된 경우, 새로운 분양가격에 관한 합의가 없으면 매수인은 위 분양약정에 기하여 바로 소유권이전등기절차의 이행을 청구할 수 없다.
③ 당사자가 합의로 지명한 감정인의 감정의견에 따라 보상금을 지급하기로 약정한 경우에는 당사자의 약정 취지에 반하는 감정이 이루어진 때에도 법원은 감정결과에 따라 판결하여야 한다.
④ 어떠한 의무를 부담하는 내용의 기재가 있는 서면에 "최대 노력하겠습니다"라고 기입한 경우 특별한 사정이 없으면 이는 그러한 의무를 법적으로 부담하는 채무자의 의사표시이다.
⑤ 부동산 매매계약에서 당사자가 모두 甲토지를 계약의 목적물로 삼았으나 그 지번 등에 관하여 착오를 일으켜 계약서에 그 목적물을 乙토지로 표시하였다면 乙토지에 관한 매매계약이 성립한 것으로 보아야 한다.

해설

② 아파트 분양약정의 해석상 당사자 사이에 분양가격의 결정기준으로 합의하였던 기준들에 의하여 분양가격 결정이 불가능하게 되었다면, 당사자 사이에 새로운 분양가격에 관한 합의가 이루어지지 않는 한 그 분양약정에 기하여 당사자 일방이 바로 소유권이전등기절차의 이행을 청구할 수는 없고, 여기에 법원이 개입하여 당사자 사이에 체결된 계약의 해석의 범위를 넘어 판결로써 분양가격을 결정할 수 없다(대판 1995.9.26, 95다18222).

[지문분석]
① 매매계약서에 계약사항에 대한 이의가 생겼을 때에는 매도인의 해석에 따른다는 조항은 법원의 법률행위 해석권을 구속하는 조항이라고 볼 수 없다(대판 1974.9.24, 74다1057).
③ 당사자의 합의에 의하여 지명된 감정인의 감정의견에 따라 보상금을 지급하기로 약정하였다고 하더라도 당사자의 약정 취지에 반하는 감정이 이루어졌다든가 감정의견이 명백히 신빙성이 없다고 판단되는 등 특별한 사정이 있다면 당사자가 감정결과에 따라야 하는 것은 아니다. 이 경우 수소법원으로서는 다른 합리성이 있는 전문적 의견을 보충자료로 삼아 분쟁사안을 판단하여야 한다(대판 2011.11.24, 2011다9426).
④ 어떠한 의무를 부담하는 내용의 기재가 있는 문면에 "최대 노력하겠습니다"라고 기재되어 있는 경우, 특별한 사정이 없는 한 당사자가 위와 같은 문구를 기재한 객관적인 의미는 문면 그 자체로 볼 때 그러한 의무를 법적으로는 부담할 수 없지만 사정이 허락하는 한 그 이행을 사실상 하겠다는 취지로 해석함이 상당하다(대판 1994.3.25, 93다32668).
⑤ 부동산의 매매계약에 있어 쌍방당사자가 모두 특정의 甲토지를 계약의 목적물로 삼았으나 그 목적물의 지번 등에 관하여 착오를 일으켜 계약을 체결함에 있어서는 계약서상 그 목적물을 甲토지와는 별개인 乙토지로 표시하였다 하여도 甲토지에 관하여 이를 매매의 목적물로 한다는 쌍방당사자의 의사합치가 있은 이상 위 매매계약은 甲토지에 관하여 성립한 것으로 보아야 할 것이고 乙토지에 관하여 매매계약이 체결된 것으로 보아서는 안 될 것이며, 만일 乙토지에 관하여 위 매매계약을 원인으로 하여 매수인 명의로 소유권이전등기가 경료되었다면 이는 원인이 없이 경료된 것으로서 무효이다[대판 1993.10.26, 93다2629·2636(병합)].

33 "부동산 매매계약에서 당사자 쌍방이 모두 X토지를 그 목적물로 삼았으나 X토지의 지번에 착오를 일으켜 계약체결 시에 계약서상으로는 그 목적물을 Y토지로 표시한 경우라도, X토지를 매매 목적물로 한다는 당사자 쌍방의 의사합치가 있는 이상 그 매매계약은 X토지에 관하여 성립한 것으로 보아야 한다."고 하는 법률행위의 해석방법은? 제11회

① 문언해석
② 통일적 해석
③ 자연적 해석
④ 규범적 해석
⑤ 보충적 해석

해설

매매계약에 있어 쌍방 당사자가 모두 특정의 X토지를 계약목적물로 삼았으나 그 지번 등에 관해 착오를 일으켜 계약서에 그 목적물을 X토지와는 별개인 Y토지로 표시한 경우 X토지를 매매목적물로 한다는 쌍방 당사자의 의사합치가 있는 이상 위 매매계약은 X토지에 관해 성립한 것으로 보아야 하고 매매계약을 착오를 이유로 취소할 수 없다(대판 1996.8.20, 96다19581·19598). 이는 법률행위의 해석에 있어서 표현의 문자적·언어적 의미에 구속되지 않고 표의자의 실제적인 의사를 추구하는 자연적 해석방법이다.

정답 | 32 ② 33 ③

34 법률행위 해석에 관한 설명으로 옳지 않은 것은?

제8회

① 일반적으로 계약의 당사자가 누구인지는 그 계약에 관여한 당사자의 의사해석의 문제에 해당한다.
② 의사표시의 해석은 당사자가 그 표시행위에 부여한 객관적인 의미를 명백하게 확정하는 것이다.
③ 표의자와 그 상대방이 생각한 의미가 서로 다른 경우, 합리적인 상대방의 시각에서 표의자가 표시한 내용을 어떻게 이해하였는지 고려하여 객관적, 규범적으로 해석하여야 한다.
④ 법률행위의 내용이 처분문서로 작성된 경우 문서에 부여된 객관적 의미와 관계없이 원칙적으로 당사자의 내심적 의사에 구속되어 그 내용을 해석하여야 한다.
⑤ 법률행위의 내용이 처분문서로 작성된 경우 문언의 객관적인 의미가 명확하다면, 특별한 사정이 없는 한 문언대로 의사표시의 존재와 내용을 인정하여야 한다.

해설

처분문서는 그 성립의 진정함이 인정되는 이상 법원은 그 기재 내용을 부인할 만한 분명하고도 수긍할 수 있는 반증이 없는 한 그 **처분문서에 기재되어 있는 문언대로의 의사표시의 존재 및 내용을 인정하여야** 하고, 당사자 사이에 계약의 해석을 둘러싸고 이견이 있어 처분문서에 나타난 당사자의 의사해석이 문제되는 경우에는 문언의 내용, 그와 같은 약정이 이루어진 동기와 경위, 약정에 의하여 달성하려는 목적, 당사자의 진정한 의사 등을 종합적으로 고찰하여 논리와 경험칙에 따라 합리적으로 해석하여야 한다. 의사표시 해석에 있어서 당사자의 진정한 의사를 알 수 없다면, 의사표시의 요소가 되는 것은 표시행위로부터 추단되는 효과의사, 즉 표시상의 효과의사이고 표의자가 가지고 있던 내심적 효과의사가 아니므로, **당사자의 내심의 의사보다는 외부로 표시된 행위에 의하여 추단된 의사를 가지고 해석함이 상당하다**(대판 2002.6.28, 2002다23482).

참고

1. 처분문서란 증명하려는 법률행위가 그 문서 자체에 의하여 이루어지는 문서를 말한다. 예를 들어 매매계약서가 이에 해당한다. 즉, 처분문서(매매계약서)로 증명하려는 매매계약이 그 매매계약서 자체에 의하여 이루어져 있다.
2. 처분문서에 대비되는 것으로 보고문서가 있다. 이는 문서작성자가 보고 들은 내용을 적은 문서를 말한다. 각종 확인서, 영수증 등이 이에 해당한다.
3. 소송에서 처분문서가 보고문서보다 증거력이 더 크다.

35 법률행위의 해석에 관한 설명으로 옳지 않은 것은? (다툼이 있으면 판례에 의함)

① 계약당사자가 누구인지를 확정하는 것은 법률행위의 해석의 문제이다.
② 당사자의 진정한 의사를 알 수 없는 의사표시는, 내심적 효과의사가 아닌 표시행위로부터 추단되는 효과의사에 기초하여 해석하는 것이 원칙이다.
③ 보충적 해석은 계약에서 당사자가 약정하지 않은 사항에 관하여 분쟁이 생기는 경우에 법원에서 제3자의 입장에서 합리적으로 해석하는 방법이다.
④ 사실인 관습은 법률행위해석의 표준이 될 수 있다.
⑤ 의사표시의 해석은 서면에 사용된 문구에 구애받는 것이므로, 당사자가 그 표시행위에 부여한 의미를 논리칙과 경험칙에 따라 객관적으로 해석하는 것은 허용되지 않는다.

해설

법률행위의 해석은 당사자가 그 표시행위에 부여한 객관적인 의미를 명백하게 확정하는 것으로서, 서면에 사용된 문구에 구애받는 것은 아니지만 어디까지나 당사자의 내심적 의사의 여하에 관계없이 그 서면의 기재 내용에 의하여 당사자가 그 표시행위에 부여한 객관적 의미를 합리적으로 해석하여야 하는 것이다(대판 1996.10.25, 96다16049).

정답 | 34 ④ 35 ⑤

제3절 | 의사표시

01 비진의 의사표시(제107조)에 관한 설명으로 옳지 않은 것은? (다툼이 있으면 판례에 의함)

① 의사표시가 존재하여야 한다.
② 표의자의 의사(진의)와 표시가 불일치하여야 한다.
③ 진의란 특정한 내용의 의사표시를 하고자 하는 표의자의 생각을 말하는 것이지 표의자가 진정으로 마음속에서 바라는 사항을 뜻하는 것은 아니다.
④ 표의자가 진의와 표시가 일치하지 않는다는 것을 알고 있어야 하는 것은 아니다.
⑤ 표의자가 의사표시를 하는 이유나 동기는 묻지 않는다.

해설
표의자가 그 불일치를 알고 있어야 한다. 알지 못하는 경우에는 착오(제109조)에 의한 의사표시가 문제된다.

02 진의 아닌 의사표시에 관한 설명으로 옳지 않은 것은? (다툼이 있으면 판례에 따름) 제13회

① 진의 아닌 의사표시는 원칙적으로 표시된 대로 법적 효과가 발생한다.
② 진의 아님을 알았다는 사실은 의사표시의 유효를 주장하는 사람이 증명해야 한다.
③ 진의는 특정 내용의 의사표시를 하고자 하는 표의자의 생각이지 표의자가 진정으로 마음속에서 바라는 사항을 뜻하는 것은 아니다.
④ 표시가 진의와 다름을 표의자가 알고 있다는 점은 착오와 구별된다.
⑤ 표시와 진의의 불일치가 상대방과 합의된 것이라면 통정허위표시이다.

해설
진의 아닌 의사표시는 원칙적으로 유효이므로 상대방의 악의는 무효를 주장하는 사람이 증명하여야 한다.

03 비진의표시에 관한 설명으로 옳은 것은?   제8회

① 비진의표시에서 '진의'는 표의자가 진정으로 마음속에서 바라는 사항을 뜻한다.
② 비진의표시에서 '진의'는 특정한 내용의 의사표시를 하고자 하는 표의자의 생각을 의미하는 것은 아니다.
③ 표의자가 진정 마음에서 바라지는 아니하였더라도 당시의 상황에서는 최선이라고 판단하여 의사표시를 하였다면 비진의표시는 아니다.
④ 표의자가 강박에 의하여 증여를 하기로 하고 그에 따른 증여의 의사표시를 하였더라도, 재산을 강제로 뺏긴다는 본심이 잠재되어 있다면 그 증여는 비진의표시에 해당한다.
⑤ 공무원의 사직의 의사표시와 같은 공법행위에도 비진의표시에 관한 민법의 규정이 적용된다.

해설

③①② 진의 아닌 의사표시에 있어서의 진의란 특정한 내용의 의사표시를 하고자 하는 표의자의 생각을 말하는 것이지 표의자가 진정으로 마음속에서 바라는 사항을 뜻하는 것은 아니므로, 표의자가 의사표시의 내용을 진정으로 마음속에서 바라지는 아니하였다고 하더라도 당시의 상황에서는 그것을 최선이라고 판단하여 그 의사표시를 하였을 경우에는 이를 내심의 효과의사가 결여된 진의 아닌 의사표시라고 할 수 없다(대판 2000.4.25, 99다34475).

[지문분석]
④ 비록 재산을 강제로 뺏긴다는 것이 표의자의 본심으로 잠재되어 있었다 하여도 표의자가 강박에 의하여서나마 증여를 하기로 하고 그에 따른 증여의 의사표시를 한 이상 증여의 내심의 효과의사가 결여된 것이라고 할 수는 없다[대판 1993.7.16, 92다41528·41535(병합)].
⑤ 공무원이 사직의 의사표시를 하여 의원면직처분을 하는 경우 그 사직의 의사표시는 그 법률관계의 특수성에 비추어 외부적·객관적으로 표시된 바를 존중하여야 할 것이므로, 비록 사직원제출자의 내심의 의사가 사직할 뜻이 아니었다고 하더라도 진의 아닌 의사표시에 관한 **민법 제107조**는 그 성질상 사직의 의사표시와 같은 사인의 공법행위에는 준용되지 아니하므로 그 의사가 외부에 표시된 이상 그 의사는 표시된 대로 효력을 발한다(대판 1997.12.12, 97누13962).

정답 | 01 ④ 02 ② 03 ③

04 민법 제107조(진의 아닌 의사표시)에 관한 설명으로 옳지 않은 것은? (다툼이 있는 경우에는 판례에 의함)
제1회

① 대리권남용의 경우에도 유추적용될 수 있다.
② 근로자가 사직서가 수리되지 않으리라고 믿고 제출한 사실을 상대방이 알고 있으면 그 사직서제출행위는 무효로 된다.
③ 진의 아닌 의사표시는 원칙적으로 표시된 대로 법적 효과가 발생한다.
④ 표시가 진의와 다름을 표의자가 알고 있다는 점에서 착오와 구별된다.
⑤ 진의란 표의자가 진정으로 마음속에서 바라는 사항을 말하는 것이지 특정한 내용의 의사표시를 하고자 하는 표의자의 생각을 뜻하는 것은 아니다.

해설

진의 의사표시에 있어서의 진의란 특정한 내용의 의사표시를 하고자 하는 **표의자의 생각**을 말하는 것이지 표의자가 진정으로 마음속에서 바라는 사항을 뜻하는 것은 아니라고 할 것이므로, 비록 재산을 강제로 뺏긴다는 것이 표의자의 본심으로 잠재되어 있었다 하여도 표의자가 강박에 의하여서나마 증여를 하기로 하고 그에 따른 증여의 의사표시를 한 이상 증여의 내심의 효과의사가 결여된 것이라고 할 수는 없다(대판 2002.12.27, 2000다47361).

05 민법상 비진의 의사표시로서 무효가 아닌 것을 모두 고른 것은? (다툼이 있으면 판례에 따름)
제12회

㉠ 공무원이 한 사직의 의사표시
㉡ 학교법인이 사립학교법상의 제한규정 때문에 그 학교의 교직원들의 명의를 빌려서 금융기관으로부터 금원을 차용한 경우에 교직원들의 채무부담 의사표시
㉢ 재산을 강제로 뺏긴다는 것이 표의자의 본심으로 잠재되어 있었으나, 표의자가 강박에 의하여서나마 증여를 하기로 하고 그에 따라 한 증여의 의사표시

① ㉠
② ㉢
③ ㉠, ㉡
④ ㉡, ㉢
⑤ ㉠, ㉡, ㉢

해설

㉠ 공무원이 한 사직의 의사표시와 같은 사인의 공법행위에는 진의 아닌 의사표시에 관한 제107조가 준용되지 아니하므로 그 의사가 외부에 표시된 이상 그 의사는 표시된 대로 효력을 발생한다(대판 1997.12.2, 97누13962).
㉡ 법률상 또는 사실상의 장애로 자기명의로 대출받을 수 없는 자(甲)를 위해 대출금채무자로서의 명의를 빌려준 乙이 자기명의로 대출을 받아 그 자금을 甲이 사용하도록 한 경우 특별한 사정이 없는 한 乙의 의사는 채무부담의 의사가 없는 것이라고 할 수 없으므로 비진의표시에 해당한다고 볼 수 없다(대판 1996.9.10, 96다18182).
㉢ 재산을 강제로 뺏긴다는 것이 표의자의 본심으로 잠재되어 있었다 하여도 표의자가 강박에 의하여서나마 증여를 하기로 하고 그에 따른 증여의 의사표시를 한 이상 증여의 내심의 효과의사가 결여된 것이라고 할 수는 없다(대판 2002.12.27, 2000다47361).

06 통정허위표시(제108조)에 관한 설명으로 옳지 않은 것은? (다툼이 있으면 판례에 의함)

① 통정이란 당사자 일방이 상대방의 진의 아닌 의사표시를 인식하는 것만으로 충분하다.
② 가장행위인 매매가 무효라고 해도 은닉행위인 증여가 증여로서의 요건을 갖추었다면 증여계약은 유효하다.
③ 허위표시로 되려면 표의자 스스로 그의 진의와 표시행위의 의미가 일치하지 않는다는 것을 알고 있어야 한다.
④ 통정허위표시의 무효를 대항할 수 없는 제3자란 허위표시의 당사자 및 포괄승계인 이외의 자로서 허위표시에 의하여 외형상 형성된 법률관계를 토대로 새로운 법률원인으로써 실질적으로 새로운 법률상 이해관계를 갖게 된 자를 말한다.
⑤ 채무자가 채권자취소권의 대상인 사해행위를 한 경우, 이 사해행위가 통정허위표시인 경우에 채권자취소권의 대상이 될 수 있다.

해설

'통정'이란 당사자가 의사와 표시의 불일치를 서로 짜고서 당해 법률행위를 가장행위로 한다는 점에 관한 합의를 의미한다. 표의자가 진의 아닌 의사표시를 하는 것을 상대방이 단순히 알고 있는 것은 통정이 아니다.

정답 | 04 ⑤　05 ⑤　06 ①

07 甲과 乙은 강제집행을 면할 목적으로 서로 통모하여 甲 소유의 X토지를 乙에게 매도하는 내용의 허위 매매계약서를 작성하고, 이에 근거하여 乙 앞으로 소유권이전등기를 마쳤다. 이에 관한 설명으로 옳지 않은 것은? (다툼이 있으면 판례에 따름) 제5회

① 甲은 X토지에 대하여 乙 명의의 소유권이전등기의 말소를 청구할 수 있다.
② 乙의 채권자 丙이 乙 명의의 X토지를 가압류하면서 丙이 甲과 乙 사이의 매매계약이 허위표시임을 알았다면 丙의 가압류는 무효이다.
③ 乙이 사망한 경우 甲은 乙의 단독상속인 丁에게 X토지에 대한 매매계약의 무효를 주장할 수 있다.
④ 乙의 채권자 丙이 乙 명의의 X토지를 가압류한 경우 丙이 보호받기 위해서는 선의이고 무과실이어야 한다.
⑤ 乙 명의의 X토지를 가압류한 丙은 특별한 사정이 없는 한 선의로 추정된다.

해설

④ 통정한 허위표시에 의하여 외형상 형성된 법률관계로 생긴 채권을 가압류한 경우, 그 가압류권자는 허위표시에 기초하여 새로운 법률상 이해관계를 가지게 되므로 민법 제108조 제2항의 제3자에 해당한다고 봄이 상당하고, 또한 민법 제108조 제2항의 제3자는 선의이면 족하고 무과실은 요건이 아니다(대판 2004.5.28, 2003다70041).

[지문분석]
① 허위표시는 무효이므로 甲은 X토지에 대하여 乙 명의의 소유권이전등기의 말소를 청구할 수 있다.
② 허위표시의 무효는 선의의 제3자에게 대항할 수 없는데 丙이 악의이므로 丙의 가압류는 무효이다.
③ 丁은 乙의 포괄승계인이므로 제3자가 아니다. 따라서 丁에게 X토지에 대한 매매계약의 무효를 주장할 수 있다.
⑤ 민법 제108조 제1항에서 상대방과 통정한 허위의 의사표시를 무효로 규정하고, 제2항에서 그 의사표시의 무효는 선의의 제3자에게 대항하지 못한다고 규정하고 있는데, 여기에서 제3자는 특별한 사정이 없는 한 선의로 추정할 것이므로, 제3자가 악의라는 사실에 관한 주장·입증책임은 그 허위표시의 무효를 주장하는 자에게 있다(대판 2006.3.10, 2002다1321).

08 허위표시에 관한 설명으로 옳은 것을 모두 고른 것은? (다툼이 있으면 판례에 따름) 제6회

㉠ 허위표시의 무효로서 대항할 수 없는 제3자의 범위는 허위표시를 기초로 새로운 법률상 이해관계를 맺었는지에 따라 실질적으로 파악해야 한다.
㉡ 가장매도인이 가장매수인으로부터 부동산을 취득한 제3자에게 자신의 소유권을 주장하려면 특별한 사정이 없는 한, 가장매도인은 그 제3자의 악의를 증명하여야 한다.
㉢ 허위표시를 한 자는 그 의사표시가 무효라는 사실을 주장할 수 없다.

① ㉠
② ㉡
③ ㉠, ㉡
④ ㉠, ㉢
⑤ ㉡, ㉢

해설

㉠ 상대방과 통정한 허위의 의사표시는 무효이고 누구든지 그 무효를 주장할 수 있는 것이 원칙이나, 허위표시의 당사자 및 포괄승계인 이외의 자로서 허위표시에 의하여 외형상 형성된 법률관계를 토대로 실질적으로 새로운 법률상 이해관계를 맺은 선의의 제3자에 대하여는 허위표시의 당사자뿐만 아니라 그 누구도 허위표시의 무효를 대항하지 못하고, 따라서 선의의 제3자에 대한 관계에 있어서는 허위표시도 그 표시된 대로 효력이 있다.
㉡ 제3자의 선의는 추정되므로 허위표시의 무효를 주장하는 측에서 제3자가 악의라는 사실을 주장·입증해야 한다(대판 2006.3.10, 2002다1321).

[지문분석]
㉢ 상대방과 통정한 허위의 의사표시는 무효이고 누구든지 그 무효를 주장할 수 있는 것이 원칙이므로 허위표시를 한 자도 그 의사표시가 무효라는 사실을 주장할 수 있다.

정답 | 07 ④ 08 ③

09 甲은 乙과 통정허위표시로 대출약정을 하고, 이를 통해 乙에 대하여 가장채권을 보유하고 있다. 이에 관한 설명으로 옳은 것을 모두 고른 것은? (다툼이 있으면 판례에 따름) 제12회

> ㉠ 丙이 대출약정과 관련한 甲의 계약상 지위를 이전받은 경우, 乙은 丙에게 대출약정이 무효라고 대항할 수 있다.
> ㉡ 甲의 일반채권자 丁이 대출약정이 유효하다고 믿고 가장채권을 가압류한 경우, 위와 같이 믿은 것에 丁에게 과실이 있더라도 乙은 丁에게 대출약정이 무효라고 대항할 수 없다.
> ㉢ 甲에게 파산이 선고된 경우, 파산관재인 戊가 대출약정이 통정허위표시라는 사실을 알았다면 파산채권자 중 일부가 선의라도 乙은 戊에 대하여 대출약정이 무효라고 대항할 수 있다.

① ㉠   ② ㉡
③ ㉠, ㉡   ④ ㉠, ㉢
⑤ ㉡, ㉢

해설

㉠ 구 상호신용금고법 소정의 계약이전은 금융거래에서 발생한 계약상의 지위가 이전되는 사법상의 법률효과를 가져오는 것이므로, 계약이전을 받은 금융기관은 계약이전을 요구받은 금융기관과 대출채무자 사이의 통정허위표시에 따라 형성된 법률관계를 기초로 하여 새로운 법률상 이해관계를 가지게 된 민법 제108조 제2항의 제3자에 해당하지 않는다(대판 2004.1.15, 2002다31537).
㉡ 허위표시의 무효는 선의의 제3자에게 대항하지 못한다(제108조 제2항). 제3자는 선의이기만 하면 되고 무과실은 요건이 아니다(대판 2004.5.28, 2003다70041).

[지문분석]
㉢ 총파산채권자를 기준으로 하여 파산채권자 모두가 악의로 되지 않는 한 파산관재인은 선의의 제3자라고 할 수밖에 없다(대판 2006.11.10, 2004다10299).

10 통정허위표시에 관한 설명으로 옳은 것은? (다툼이 있는 경우에는 판례에 의함) 제2회

① 통정은 상대방과 짜고 함을 의미하지만, 이때 표의자의 상대방이 단순히 진의와 다른 표시가 있다는 사실을 인식하면 충분하다.
② 대리인이 그 권한 안에서 본인의 이름으로 의사표시를 함에 있어서 상대방과 통정하여 진의와 다른 의사를 표시한 경우, 그 의사표시는 본인에게 효력이 생긴다.
③ 허위표시의 당사자가 아닌 사람은 허위표시의 무효로써 허위표시에 기초하여 새로운 법률상 이해관계를 가진 선의의 제3자에게 대항할 수 있다.
④ 상대방과 허위표시로써 성립한 가장채권을 보유한 채권자에 대하여 파산이 선고된 경우 파산관재인은 허위표시의 무효로부터 보호되는 선의의 제3자가 될 수 없다.
⑤ 통정한 허위표시에 의하여 외형상 형성된 법률관계로 생긴 채권을 가압류한 경우, 그 가압류권자는 허위표시에 기초하여 새로운 법률상 이해관계를 가지게 된 제3자에 해당한다.

해설

[지문분석]
① '통정'이란 당사자가 의사와 표시의 불일치를 서로 짜고서 당해 법률행위를 가장행위로 한다는 점에 관한 합의를 의미한다. 표의자가 진의 아닌 의사표시를 하는 것을 상대방이 단순히 알고 있는 것은 통정이 아니다.
② 대리인이 상대방과 통정하여 진의와 다른 의사를 표시한 경우, 그 대리행위는 무효이다.
③ 통정한 허위의 의사표시의 무효는 선의의 제3자에게 대항할 수 없다.
④ 파산관재인은 허위표시의 무효로부터 보호되는 선의의 제3자가 될 수 있다.

11 허위표시에 기초하여 새로운 법률상의 이해관계를 맺은 자(통정허위표시에서의 제3자)에 해당하지 않는 것은? (다툼이 있으면 판례에 따름) 제3회

① 가장매매의 매수인으로부터 목적부동산을 다시 매수하여 소유권이전등기를 마친 자
② 가장매매의 매수인으로부터 매매계약에 의한 소유권이전청구권보전을 위한 가등기를 마친 자
③ 허위표시인 전세권설정계약에 기하여 등기까지 마친 전세권에 대하여 저당권을 취득한 자
④ 허위표시인 근저당권설정계약이 유효하다고 믿고 그 피담보채권에 대하여 가압류한 자
⑤ 채권의 가장양도에서 가장양수인에게 채무를 변제하지 않고 있었던 채무자

해설

민법 제108조 제2항에서 말하는 제3자는 허위표시의 당사자와 그의 포괄승계인 이외의 자 모두를 가리키는 것이 아니고 그 가운데서 허위표시행위를 기초로 하여 새로운 이해관계를 맺은 자를 한정해서 가리키는 것으로 새겨야 할 것이므로 이 사건 퇴직금 채무자인 피고는 원채권자인 소외 甲이 소외 乙에게 퇴직금채권을 양도했다고 하더라도 그 퇴직금을 양수인에게 지급하지 않고 있는 동안에 위 양도계약이 허위표시란 것이 밝혀진 이상 위 허위표시의 선의의 제3자임을 내세워 진정한 퇴직금전부채권자인 원고에게 그 지급을 거절할 수 없다(대판 1983.1.18, 82다594).

12 통정허위표시에 기하여 새롭게 이해관계를 맺은 제3자에 해당하지 않는 사람은? 제8회

① 통정허위표시인 매매계약에 기하여 부동산 소유권을 취득한 양수인으로부터 그 부동산을 양수한 사람
② 통정허위표시인 채권양도계약의 양도인에 대하여 채무를 부담하고 있던 사람
③ 통정허위표시인 저당권 설정행위로 취득된 저당권의 실행으로 그 목적인 부동산을 경매에서 매수한 사람
④ 통정허위표시인 금전소비대차계약에서 대주가 파산한 경우 파산관재인으로 선임된 사람
⑤ 통정허위표시에 의하여 부동산 소유권을 취득한 양수인과 매매계약을 체결하고 소유권이전등기청구권 보전을 위한 가등기를 마친 사람

해설

통정허위표시인 채권양도계약의 양도인에 대하여 채무를 부담하고 있던 사람은 종전부터 채무자인 것으로, 채권의 가장양도로 인하여 새롭게 이해관계를 맺은 자가 아니다.

13 통정허위표시를 기초로 새로운 법률상의 이해관계를 맺은 제3자를 모두 고른 것은? (다툼이 있으면 판례에 따름)

제10회

> ㄱ. 가장매매의 매수인으로부터 그와의 매매계약에 의한 소유권이전청구권보전을 위한 가등기를 마친 자
> ㄴ. 허위의 선급금 반환채무 부담행위에 기하여 그 채무를 보증하고 이행까지 하여 구상권을 취득한 자
> ㄷ. 가장소비대차에 있어 대주의 계약상의 지위를 이전받은 자

① ㄱ
② ㄷ
③ ㄱ, ㄴ
④ ㄱ, ㄷ
⑤ ㄴ, ㄷ

해설

ㄱ. 부동산 가장매매의 매수인으로부터 그 부동산에 저당권을 설정받은 자 또는 가등기를 취득한 자는 제108조 제2항의 제3자에 해당한다.
ㄴ. [주채무자의 채권자에 대한 허위채무에 대하여 보증계약을 체결한 보증인이 보증채무자로서 그 채무를 이행한 경우 통정허위표시에서의 제3자에 해당 여부(적극)] 보증인이 주채무자의 기망행위에 의하여 주채무가 있는 것으로 믿고 주채무자와 보증계약을 체결한 다음 그에 따라 보증채무자로서 그 채무까지 이행한 경우, 그 보증인은 주채무자에 대한 구상권 취득에 관하여 법률상의 이해관계를 가지게 되었고 결국 그 보증인은 주채무자의 채권자에 대한 채무 부담행위라는 허위표시에 기초하여 구상권 취득에 관한 법률상 이해관계를 가지게 되었다고 보아 민법 제108조 제2항 소정의 '제3자'에 해당한다(그러나 보증채무부담행위 그 자체만으로는 제108조 제2항 소정의 '제3자'에 해당하지 않는다)(대판 2000.7.6, 99다51258).

[지문분석]
ㄷ. 허위표시의 당사자로부터 계약상 지위를 이전받은 자는 제108조 제2항 소정의 '제3자'에 해당하지 않는다(대판 2004.1.15, 2002다31537).

정답 | 11 ⑤ 12 ② 13 ③

14 통정허위표시에 관한 설명으로 옳지 않은 것은? (다툼이 있으면 판례에 따름) 제11회

① 채무자의 법률행위가 통정허위표시인 경우에도 채권자취소권의 대상이 될 수 있다.
② 가장 근저당권설정계약이 유효하다고 믿고 그 피담보채권을 가압류한 자는 허위표시의 무효로부터 보호되는 선의의 제3자에 해당한다.
③ 의사표시의 진의와 표시의 불일치에 관하여 상대방과 사이에 합의가 있으면 통정허위표시가 성립한다.
④ 통정허위표시에 따른 법률효과를 침해하는 것처럼 보이는 위법행위가 있는 경우에도 그에 따른 손해배상을 청구할 수 없다.
⑤ 자신의 채권을 보전하기 위해 가장양도인의 가장양수인에 대한 권리를 대위 행사하는 채권자는 허위표시를 기초로 새로운 법률상의 이해관계를 맺은 제3자에 해당한다.

해설

통정허위표시의 무효를 대항할 수 없는 제3자란 허위표시의 당사자 및 포괄승계인 이외의 자로서 허위표시에 의하여 외형상 형성된 법률관계를 토대로 새로운 법률원인으로써 실질적으로 새로운 법률상 이해관계를 갖게 된 자를 말한다(대판 1996.4.26, 94다12074). 가장양도인의 가장양수인에 대한 권리를 대위 행사하는 채권자는 기존부터 있던 채권자이지 허위표시를 기초로 새로이 권리를 취득하는 제3자가 아니다.

15 甲은 채권자 丙으로부터의 강제집행을 면하기 위하여 乙과 짜고 자신의 유일한 재산인 X토지를 乙 명의로 매매를 원인으로 하는 소유권이전등기를 해 주었다. 다음 설명 중 옳지 않은 것은? (다툼이 있는 경우에는 판례에 의함) 제1회

① 甲·乙 간의 매매계약은 허위표시로서 당사자 간에는 언제나 무효이다.
② 丙은 乙을 상대로 매매계약의 취소와 함께 이전등기의 말소를 구하는 소송을 제기할 수 있다.
③ 乙로부터 X토지를 상속받은 자는 매매계약이 허위표시임을 몰랐던 경우에도 그 소유권을 취득할 수 없다.
④ 乙로부터 X토지에 대한 저당권을 설정받은 자가 저당권설정 당시에 매매계약이 허위표시임을 과실로 알지 못했다면 그 저당권자는 선의의 제3자로서 보호받을 수 없다.
⑤ 乙로부터 X토지를 매수하여 소유권이전청구권 보전을 위한 가등기를 마친 자에 대하여 甲이 甲·乙 간의 매매계약이 허위표시임을 이유로 X토지의 소유권을 주장하려면, 甲은 가등기권리자의 악의를 증명하여야 한다.

해설

저당권설정 당시에 매매계약이 허위표시임을 과실로 알지 못했다면 그 저당권자는 과실이 있다 하더라도 선의이므로 보호받을 수 있다. 보호받는 제3자는 선의이면 족하고 무과실은 요건이 아니다.

16 통정허위표시에 관한 설명으로 옳지 않은 것은? (다툼이 있으면 판례에 따름) 제4회

① 통정허위표시는 무효이나, 그 무효로써 선의의 제3자에게 대항하지 못한다.
② 선의의 제3자가 되기 위해서는 선의임에 과실이 없어야 한다.
③ 제3자는 특별한 사정이 없는 한 선의로 추정할 것이므로, 제3자가 악의라는 사실에 관한 주장·입증책임은 그 허위표시의 무효를 주장하는 자에게 있다.
④ 통정허위표시에 의한 매매의 매수인으로부터 매수목적물에 대하여 선의로 저당권을 설정받은 자는 선의의 제3자에 해당된다.
⑤ 통정허위표시로 설정된 전세권에 대하여 선의로 저당권을 취득한 자는 선의의 제3자에 해당된다.

해설

통정허위표시의 보호되는 제3자는 선의이면 족하고 무과실은 요건이 아니다.

정답 | 14 ⑤ 15 ④ 16 ②

17 甲이 乙에게 X부동산을 허위표시로 매도하고 이전등기를 해 주었다. 이에 관한 설명으로 옳지 않은 것은? (다툼이 있으면 판례에 따름)   제9회

① 甲은 乙을 상대로 매매대금의 지급을 청구할 수 없다.
② 甲은 乙을 상대로 X부동산의 반환을 구할 수 있다.
③ 만약 乙과 X부동산에 대해 저당권설정계약을 체결하고 저당권설정등기를 한 丙이 허위표시에 대해 선의인 경우, 甲은 그 저당권등기의 말소를 구할 수 없다.
④ 만약 乙 명의로 등기된 X부동산을 가압류한 丙이 허위표시에 대해 선의이지만 과실이 있는 경우, 甲은 丙에 대하여 가압류의 무효를 주장할 수 없다.
⑤ 만약 X부동산이 乙로부터 丙, 丙으로부터 丁에게 차례로 매도되어 각기 그 명의로 이전등기까지 된 경우, 허위표시에 대해 丙이 악의이면 丁이 선의이더라도 甲은 丁 명의 이전등기의 말소를 구할 수 있다.

해설

통정허위표시는 무효이나 선의 제3자에게 대항할 수 없다. 이때 보호받는 제3자는 선의이면 족하고 무과실은 요건이 아니다. 그리고 여기에서 선의의 제3자가 보호될 수 있는 법률상 이해관계는 가장매매의 매수인을 상대로 하여 직접 매매를 한 경우 외에도 그 매매계약을 바탕으로 하여 다시 매매계약에 의하여 새로이 법률상 이해관계를 가지게 되는 경우도 포함된다. 丙이 악의라도 丁이 선의이면 甲은 丁 명의 이전등기의 말소를 구할 수 없다(대판 2013.2.15, 2012다49292).

18 착오에 의한 의사표시에 관한 내용 중 옳지 않은 것은? (다툼이 있는 경우에는 통설·판례에 의함)

① 착오는 의사와 표시의 불일치를 표의자가 모른다는 점에서 불일치를 알고 있는 진의 아닌 의사표시나 허위표시와는 구별된다.
② 착오를 이유로 의사표시를 취소하는 자(표의자)는 법률행위의 내용에 착오가 있었다는 사실과 함께 그 착오가 의사표시에 결정적인 영향을 미쳤다는 점, 즉 중요부분이라는 점을 증명하여야 한다.
③ 착오를 이유로 의사표시를 취소하지 못하도록 하는 중대한 과실의 유무에 관한 입증책임은 표의자가 중대한 과실이 없음을 입증하여야 한다.
④ 법률행위의 중요부분의 착오라 함은 표의자가 그러한 착오가 없었더라면 그 의사표시를 하지 않으리라고 생각될 정도로 중요한 것이어야 하고, 보통 일반인도 표의자의 처지에 섰더라면 그러한 의사표시를 하지 않았으리라고 생각될 정도로 중요한 것이어야 한다.
⑤ 취소권은 형성권이므로 취소권자는 그 단독의 의사표시에 의하여 취소권을 행사한다.

해설

표의자에게 중대한 과실이 있다는 사실의 입증책임은 상대방 측, 즉 법률행위의 유효를 주장하는 자(취소를 저지하려는 자)가 부담한다.

정답 | 17 ⑤ 18 ③

19 착오의 의사표시에 관한 설명으로 옳지 않은 것은?

제8회

① 동기의 착오를 이유로 취소하려면 당사자 사이에 동기를 의사표시의 내용으로 하는 합의가 필요하다.
② 착오를 이유로 취소하기 위해서는 일반인이 표의자라면 그러한 의사표시를 하지 않았을 정도의 중요부분에 착오가 있어야 한다.
③ 착오를 이유로 취소할 수 없는 중대한 과실은 표의자의 직업 등에 비추어 보통 요구되는 주의를 현저히 결여한 것을 의미한다.
④ 매매계약이 적법하게 해제된 후에도 착오를 이유로 그 매매계약을 취소할 수 있다.
⑤ 상대방의 기망으로 표시상의 착오에 빠진 자의 행위에 대하여 착오취소의 법리가 적용된다.

해설

①② 동기의 착오가 법률행위의 내용의 중요부분의 착오에 해당함을 이유로 표의자가 법률행위를 취소하려면 그 동기를 당해 의사표시의 내용으로 삼을 것을 상대방에게 표시하고 의사표시의 해석상 법률행위의 내용으로 되어 있다고 인정되면 충분하고 당사자들 사이에 별도로 그 동기를 의사표시의 내용으로 삼기로 하는 합의까지 이루어질 필요는 없지만, 그 법률행위의 내용의 착오는 보통 일반인이 표의자의 입장에 섰더라면 그와 같은 의사표시를 하지 아니하였으리라고 여겨질 정도로 그 착오가 중요한 부분에 관한 것이어야 한다(대판 2000.5.12, 2000다12259).

[지문분석]
③ 민법 제109조 제1항 단서에서 규정하고 있는 '중대한 과실'이라 함은 표의자의 직업, 행위의 종류, 목적 등에 비추어 보통 요구되는 주의를 현저히 결여한 것을 말한다(대판 1996.7.26, 94다25964).
④ 매도인이 매수인의 중도금 지급채무 불이행을 이유로 **매매계약을 적법하게 해제한 후라도** 매수인으로서는 상대방이 한 계약해제의 효과로서 발생하는 손해배상책임을 지거나 매매계약에 따른 계약금의 반환을 받을 수 없는 불이익을 면하기 위하여 **착오를 이유로 한 취소권을 행사하여 매매계약 전체를 무효로 돌리게 할 수 있다**(대판 1996.12.6, 95다24982·24999).
⑤ 사기에 의한 의사표시란 타인의 기망행위로 말미암아 착오에 빠지게 된 결과 어떠한 의사표시를 하게 되는 경우이므로 거기에는 의사와 표시의 불일치가 있을 수 없고, 단지 의사의 형성과정, 즉 의사표시의 동기에 착오가 있는 것에 불과하며, 이 점에서 고유한 의미의 착오에 의한 의사표시와 구분되는데, 신원보증서류에 서명날인한다는 착각에 빠진 상태로 연대보증의 서면에 서명날인한 경우, 결국 위와 같은 행위는 강학상 기명날인의 착오(또는 서명의 착오), 즉 어떤 사람이 자신의 의사와 다른 법률효과를 발생시키는 내용의 서면에, 그것을 읽지 않거나 올바르게 이해하지 못한 채 기명날인을 하는 이른바 표시상의 착오에 해당하므로, 비록 위와 같은 착오가 제3자의 기망행위에 의하여 일어난 것이라 하더라도 그에 관하여는 사기에 의한 의사표시에 관한 법리, 특히 상대방이 그러한 제3자의 기망행위 사실을 알았거나 알 수 있었을 경우가 아닌 한 의사표시자가 취소권을 행사할 수 없다는 민법 제110조 제2항의 규정을 적용할 것이 아니라, 착오에 의한 의사표시에 관한 법리만을 적용하여 취소권 행사의 가부를 가려야 한다(대판 2005.5.27, 2004다43824).

20 착오로 인한 의사표시에 관한 설명으로 옳지 않은 것은? (다툼이 있으면 판례에 따름)

제5회

① 의사표시의 동기에 착오가 있더라도 당사자 사이에서 그 동기를 의사표시의 내용으로 삼은 경우에는 의사표시의 내용의 착오가 되어 취소할 수 있다.
② 착오로 인한 의사표시에 있어서 표의자에게 중대한 과실이 있는지의 여부에 관한 증명책임은 표의자에게 있다.
③ 근저당권설정계약에서 채무자의 동일성에 관한 착오는 법률행위 내용의 중요부분에 관한 착오에 해당한다.
④ 대리인에 의한 계약체결의 경우 착오의 유무는 대리인을 표준으로 결정한다.
⑤ 당사자는 합의를 통하여 착오로 인한 의사표시 취소에 관한 민법 제109조 제1항의 적용을 배제할 수 있다.

해설

중대한 과실에 대한 입증책임: 민법 제109조 제1항 단서에서 규정하는 착오한 표의자의 중대한 과실 유무에 관한 주장과 입증책임은 착오자가 아니라 의사표시를 취소하게 하지 않으려는 상대방에게 있다(대판 2005.5.12, 2005다6228).

정답 | 19 ① 20 ②

21 착오로 인한 의사표시에 관한 설명으로 옳지 않은 것은? (다툼이 있으면 판례에 따름)

제7회

① 장래의 미필적 사실의 발생에 대한 기대나 예상이 빗나간 것에 불과한 것은 착오라고 할 수 없다.
② 표의자가 착오로 인하여 경제적인 불이익을 입은 것이 아니라면 이를 법률행위 내용의 중요부분의 착오라고 할 수 없다.
③ 표의자가 경과실로 인하여 착오에 빠져 법률행위를 하고 그 착오를 이유로 법률행위를 취소하는 것은 위법하다고 할 수 없다.
④ 착오로 인한 의사표시 취소에 관한 민법 제109조 제1항의 적용을 당사자의 합의로 배제할 수 있다.
⑤ 의사표시의 착오가 표의자의 중대한 과실로 인한 때에는 상대방이 표의자의 착오를 알고 이용한 경우에도 표의자는 그 의사표시를 취소할 수 없다.

해설

> 제109조 【착오로 인한 의사표시】 ① 의사표시는 법률행위의 내용의 중요부분에 착오가 있는 때에는 취소할 수 있다. 그러나 그 착오가 표의자의 중대한 과실로 인한 때에는 취소하지 못한다.
> ② 전항의 의사표시의 취소는 선의의 제삼자에게 대항하지 못한다.

민법 제109조 제1항 단서는 의사표시의 착오가 표의자의 중대한 과실로 인한 때에는 그 의사표시를 취소하지 못한다고 규정하고 있는데, 위 단서 규정은 표의자의 상대방의 이익을 보호하기 위한 것이므로, 상대방이 표의자의 착오를 알고 이를 이용한 경우에는 착오가 표의자의 중대한 과실로 인한 것이라고 하더라도 표의자는 의사표시를 취소할 수 있다(대판 2014.11.27, 2013다49794).

22 착오에 의한 의사표시에 관한 설명으로 옳지 않은 것은? (다툼이 있으면 판례에 따름)

제11회

① 착오로 인하여 표의자가 경제적 불이익을 입은 것이 아니라면 이를 법률행위 내용의 중요부분의 착오라고 할 수 없다.
② 기망행위로 인하여 법률행위의 내용으로 표시되지 않은 동기에 관하여 착오를 일으킨 경우에도 표의자는 그 법률행위를 사기에 의한 의사표시를 이유로 취소할 수 있다.
③ 대리인에 의한 계약체결의 경우, 특별한 사정이 없는 한 착오의 유무는 대리인을 표준으로 판단하여야 한다.
④ 매도인이 매수인의 채무불이행을 이유로 매매계약을 적법하게 해제한 후라도 매수인은 착오를 이유로 취소권을 행사할 수 있다.
⑤ 착오로 인한 의사표시에 있어서 표의자의 중대한 과실 유무에 관한 증명책임은 그 상대방이 아니라 착오자에게 있다.

해설

⑤ 민법 제109조 제1항 단서에서 규정하는 착오한 표의자의 중대한 과실 유무에 관한 주장과 입증책임은 착오자가 아니라 의사표시를 취소하게 하지 않으려는 상대방에게 있다(대판 2005.5.12, 2005다6228).

[지문분석]
① 가압류등기가 없다고 믿고 보증하였더라도 그 가압류가 원인 무효인 것으로 밝혀진 경우, 가압류의 존재에 관하여 착오가 있었다고 하여 그로 인하여 무슨 경제적 불이익을 입은 것은 아니라고 할 것이므로 착오를 이유로 의사표시를 취소할 수 없다(대판 1998.9.22, 98다23706).
② 기망행위로 인하여 법률행위의 중요부분에 관하여 착오를 일으킨 경우뿐만 아니라 법률행위의 내용으로 표시되지 아니한 의사결정의 동기에 관하여 착오를 일으킨 경우에도 표의자는 그 법률행위를 사기에 의한 의사표시로서 취소할 수 있다(대판 1985.4.9, 85도167).
③ 제116조【대리행위의 하자】① 의사표시의 효력이 의사의 흠결, 사기, 강박 또는 어느 사정을 알았거나 과실로 알지 못한 것으로 인하여 영향을 받을 경우에 그 사실의 유무는 대리인을 표준하여 결정한다.
④ 매도인이 매매계약을 적법하게 해제한 후라도 매수인으로서는 불이익을 면하기 위하여 착오를 이유로 한 취소권을 행사하여 위 매매계약 전체를 무효로 돌리게 할 수 있다(대판 1991.8.27, 91다11308).

정답 | 21 ⑤ 22 ⑤

23 착오로 인한 의사표시에 관한 설명으로 옳은 것은? (다툼이 있으면 판례에 따름) 제12회

① 표의자가 경과실로 인한 착오로 의사표시를 하고 그 착오를 이유로 의사표시를 취소한 경우, 표의자는 그 취소로 인한 손해를 배상할 책임이 있다.
② 착오로 인한 의사표시의 취소에 관한 민법 제109조 제1항은 당사자의 합의로 그 적용을 배제할 수 없다.
③ 매도인이 매수인의 채무불이행을 이유로 매매계약을 적법하게 해제한 후에도 매수인은 착오를 이유로 매매계약을 취소할 수 있다.
④ 매도인의 하자담보책임이 성립하는 경우, 매매계약 내용의 중요부분에 착오가 있더라도 매수인은 착오를 이유로 매매계약을 취소할 수 없다.
⑤ 상대방이 표의자의 착오를 알고 이를 이용한 경우라도 의사표시의 착오가 표의자의 중대한 과실로 인한 것이라면 표의자는 착오를 이유로 의사표시를 취소할 수 없다.

해설

③ 매도인이 매매계약을 적법하게 해제한 후라도 매수인으로서는 불이익을 면하기 위하여 착오를 이유로 한 취소권을 행사하여 위 매매계약 전체를 무효로 돌리게 할 수 있다(대판 1991.8.27, 91다11308).

[지문분석]
① 착오를 이유로 의사표시를 취소하여 상대방이 손해를 입었더라도 착오에 빠진 것 자체가 위법하지는 않으므로 상대방은 불법행위를 이유로 손해배상을 청구할 수 없다(대판 1997.8.22, 97다카13023).
② 제109조는 임의규정이므로 표의자의 취소권을 배제하는 약정은 유효하다. 따라서 그러한 약정이 있는 경우에 표의자는 의사표시를 취소할 수 없다.
④ 매매계약 내용의 중요부분에 착오가 있는 경우 매수인은 매도인의 하자담보책임이 성립하는지와 상관없이 착오를 이유로 매매계약을 취소할 수 있다(대판 2018.9.13, 2015다78703).
⑤ 상대방이 표의자의 착오를 알고 이를 이용한 경우에는 착오가 표의자의 중대한 과실로 인한 것이라고 하더라도 표의자는 의사표시를 취소할 수 있다(대판 2023.4.27, 2017다227264).

24 착오에 관한 설명으로 옳지 않은 것은? (다툼이 있으면 판례에 따름) 제9회

① 법률행위의 내용의 중요부분에 착오가 있으면 취소할 수 있는 것이 원칙이다.
② 1심 판결에서 패소한 자가 항소심 판결 선고 전에 패소를 예상하고 법률행위를 하였으나 이후 항소심에서 승소판결이 선고된 경우 착오를 이유로 그 법률행위를 취소할 수 있다.
③ 의사표시의 착오가 표의자의 중대한 과실로 발생하였으나 상대방이 표의자의 착오를 알고 이용한 경우 표의자는 의사표시를 취소할 수 있다.
④ 착오한 표의자의 중대한 과실 유무에 관한 증명책임은 의사표시를 취소하게 하지 않으려는 상대방에게 있다.
⑤ 착오자의 착오로 인한 취소로 상대방이 손해를 입게 되더라도, 착오자는 불법행위로 인한 손해배상책임을 부담하지 않는다.

해설

② 의사표시에 착오가 있다고 하려면 법률행위를 할 당시에 실제로 없는 사실을 있는 사실 또는 실제로 있는 사실을 없는 것으로 잘못 생각하듯이 표의자의 인식과 대조사실이 어긋나는 경우라야 할 터이므로 판결선고 전에 이미 그 선고결과를 예상하고 법률행위를 하였으나 실제로 선고된 판결이 그 예상과 다르다 하더라도 이 표의자의 심리상태에 인식과 대조사실에 불일치가 있다고는 할 수 없어 착오로 다툴 수는 없다(대판 1972.3.28, 71다2193).

[지문분석]
① 제109조【착오로 인한 의사표시】① 의사표시는 법률행위의 내용의 중요부분에 착오가 있는 때에는 취소할 수 있다. 그러나 그 착오가 표의자의 중대한 과실로 인한 때에는 취소하지 못한다.
② 전항의 의사표시의 취소는 선의의 제삼자에게 대항하지 못한다.
③ 민법 제109조 제1항 단서는 의사표시의 착오가 표의자의 중대한 과실로 인한 때에는 그 의사표시를 취소하지 못한다고 규정하고 있는데, 위 단서 규정은 표의자의 상대방의 이익을 보호하기 위한 것이므로, 상대방이 표의자의 착오를 알고 이를 이용한 경우에는 착오가 표의자의 중대한 과실로 인한 것이라고 하더라도 표의자는 의사표시를 취소할 수 있다(대판 2014.11.27, 2013다49794).
④ 민법 제109조 제1항 단서에서 규정하는 착오한 표의자의 중대한 과실 유무에 관한 주장과 입증책임은 착오자가 아니라 의사표시를 취소하게 하지 않으려는 상대방에게 있다(대판 2005.5.12, 2005다6228).
⑤ 착오를 이유로 의사표시를 취소하여 상대방이 손해를 입었더라도 착오에 빠진 것 자체가 위법하지는 않으므로 상대방은 불법행위를 이유로 손해배상을 청구할 수 없다(대판 1997.8.22, 97다카13023).

정답 | 23 ③   24 ②

25 착오에 관한 설명으로 옳지 않은 것은? (다툼이 있는 경우에는 판례에 의함) 제2회

① 법률행위의 일부분에만 착오가 있고 그 법률행위가 가분적이면 그 나머지 부분이라도 유지하려는 당사자의 가정적 의사가 인정되는 경우 그 일부만의 취소도 가능하다.
② 표의자가 착오로 의사표시를 하였으나 그에게 아무런 경제적 불이익이 발생하지 않은 때에는 중요부분의 착오가 되지 아니한다.
③ 법률행위의 중요부분의 착오는 착오가 없었더라면 표의자뿐만 아니라 일반인도 표의자의 처지에서 그러한 의사표시를 하지 않았을 것이라고 생각될 정도로 중요한 것이어야 한다.
④ 등기명의자가 소유권이전등기의 무효를 주장한 종전 소유자의 공동상속인 중 1인을 단독상속인으로 오인하여 소유권환원에 관하여 합의한 경우, 이는 중요부분의 착오이다.
⑤ 채무자의 채무불이행을 원인으로 적법하게 해제된 매매계약도 착오를 이유로 취소될 수 있다.

해설

등기명의자 甲과 종전 소유자의 상속인으로서 소유권이전등기의 원인무효를 주장하는 乙 사이에 토지 소유권환원의 방법으로 乙 앞으로 소유권이전등기를 경료하여 주기로 하는 합의가 이루어진 경우, 乙이 공동상속인들 중 1인이라면 공유물에 대한 보존행위로서 단독으로 공유물에 관한 원인무효의 등기의 말소를 구하거나 소유권이전등기에 관한 합의를 할 수 있다고 보아야 하므로, 甲이 乙을 단독상속인으로 믿고서 그와 같은 소유권환원의 합의에 이르렀더라도 그와 같은 착오는 합의내용의 중요부분에 해당한다고 볼 수 없다(대판 1996.12.23, 95다35371).

26 민법 제109조(착오로 인한 의사표시)에 관한 설명으로 옳지 않은 것은? (다툼이 있는 경우에는 판례에 의함)

제1회

① 동기의 착오를 이유로 법률행위를 취소하기 위해서는 당사자 사이에 그 동기를 의사표시의 내용으로 삼기로 하는 별도의 합의가 있어야 한다.
② 동기의 착오가 상대방에 의하여 유발된 경우에는 동기의 표시 여부와 관계없이 취소가 인정된다.
③ 매도인이 매수인의 중도금 지급채무 불이행을 이유로 매매계약을 적법하게 해제한 후라도 매수인은 착오를 이유로 그 매매계약을 취소할 수 있다.
④ 착오한 표의자의 중대한 과실 유무에 관한 증명책임은 의사표시를 취소하게 하지 않으려는 상대방에게 있다.
⑤ 착오로 인하여 표의자가 경제적 불이익을 입은 것이 아니라면, 이는 법률행위 내용의 중요부분의 착오가 아니다.

해설

동기의 착오가 법률행위의 내용의 중요부분의 착오에 해당함을 이유로 표의자가 법률행위를 취소하려면 그 동기를 당해 의사표시의 내용으로 삼을 것을 상대방에게 표시하고 의사표시의 해석상 법률행위의 내용으로 되어 있다고 인정되면 충분하고 당사자들 사이에 별도로 그 동기를 의사표시의 내용으로 삼기로 하는 합의까지 이루어질 필요는 없지만, 그 법률행위의 내용의 착오는 보통 일반인이 표의자의 입장에 섰더라면 그와 같은 의사표시를 하지 아니하였으리라고 여겨질 정도로 그 착오가 중요한 부분에 관한 것이어야 한다(대판 2000.5.12, 2000다12259).

정답 | 25 ④ 26 ①

27 착오로 인한 의사표시에 관한 설명으로 옳지 않은 것은? (다툼이 있으면 판례에 따름)

제10회

① 법률행위 내용의 중요부분에 착오가 있는 경우, 그 착오가 표의자의 중과실로 인한 것이 아니라면 특별한 사정이 없는 한 이를 이유로 의사표시를 취소할 수 있다.
② 표의자는 자신에게 중과실이 없음에 대한 주장·증명책임을 부담한다.
③ 착오로 인한 의사표시에 관한 민법 제109조 제1항의 적용은 당사자의 합의로 배제할 수 있다.
④ 착오로 인하여 표의자가 경제적 불이익을 입지 않았다면 이는 법률행위 내용의 중요부분의 착오로 볼 수 없다.
⑤ 표의자가 장래에 있을 어떤 사항의 발생이 미필적임을 알아 그 발생을 예기한 데 지나지 않는 경우, 그 기대가 이루어지지 않은 것을 착오로 볼 수는 없다.

해설

② 민법 제109조 제1항 단서에서 규정하는 착오한 표의자의 중대한 과실 유무에 관한 주장과 입증책임은 착오자가 아니라 의사표시를 취소하게 하지 않으려는 상대방에게 있다(대판 2005.5.12, 2005다6228).

[지문분석]
① 제109조【착오로 인한 의사표시】 ① 의사표시는 법률행위의 내용의 중요부분에 착오가 있는 때에는 취소할 수 있다. 그러나 그 착오가 표의자의 중대한 과실로 인한 때에는 취소하지 못한다.
② 전항의 의사표시의 취소는 선의의 제삼자에게 대항하지 못한다.
③ 당사자의 합의로 착오로 인한 의사표시 취소에 관한 민법 제109조 제1항의 적용을 배제할 수 있다(대판 2016.4.15, 2013다97694).
④ 착오가 법률행위의 내용의 중요부분에 있다고 하기 위하여는 표의자에 의하여 추구된 목적을 고려하여 합리적으로 판단하여 볼 때 표시와 의사의 불일치가 객관적으로 현저하여야 하고, 만일 그 착오로 인하여 표의자가 무슨 경제적인 불이익을 입은 것이 아니라고 한다면 이를 법률행위 내용의 중요부분의 착오라고 할 수 없다(대판 2009.4.23, 2008다96291·96307).
⑤ 표의자가 행위를 할 당시에 장래에 있을 어떤 사항의 발생이 미필적임을 알아 그 발생을 예기(예상 또는 기대)한 데 지나지 않는 경우는, 착오로 다룰 수는 없다(대판 2010.5.27, 2009다94841).

28 사기에 의한 의사표시에 관한 설명으로 옳지 않은 것은? (다툼이 있으면 판례에 따름)

제9회

① 상대방이 기망하였으나 표의자가 기망되지 않고 의사표시를 하였다면 기망을 이유로 그 의사표시를 취소할 수 없다.
② 제3자가 행한 사기로 계약을 체결한 경우 상대방이 그 사실을 알았거나 알 수 있었을 경우에 한하여 그 계약을 취소할 수 있다.
③ 상대방의 대리인이 사기를 행하여 계약을 체결한 경우 그 대리인은 '제3자에 의한 사기'에서의 '제3자'에 해당되지 않는다.
④ 상대방이 사용자책임을 져야 할 관계에 있는 피용자가 사기를 행하여 계약을 체결한 경우 그 피용자는 '제3자에 의한 사기'에서의 '제3자'에 해당한다.
⑤ '제3자에 의한 사기'로 계약을 체결한 피기망자는 그 계약을 취소하지 않은 상태에서 그 제3자에 대하여 불법행위로 인한 손해배상청구를 할 수 없다.

해설

> 제110조【사기, 강박에 의한 의사표시】① 사기나 강박에 의한 의사표시는 취소할 수 있다.
> ② 상대방 있는 의사표시에 관하여 제삼자가 사기나 강박을 행한 경우에는 상대방이 그 사실을 알았거나 알 수 있었을 경우에 한하여 그 의사표시를 취소할 수 있다.
> ③ 전2항의 의사표시의 취소는 선의의 제삼자에게 대항하지 못한다.

제3자의 사기행위로 계약을 체결한 경우, 피해자가 제3자를 상대로 손해배상청구를 하기 위하여 반드시 그 계약을 취소할 필요는 없다(대판 1998.3.10, 97다55829). 즉, 기망행위에 의하여 분양계약을 체결한 표의자는 기망을 이유로 분양계약을 취소하고 분양대금의 반환을 구할 수도 있고, 분양계약의 취소를 원하지 않을 경우 그로 인한 손해배상만을 청구할 수도 있다(대판 2006.10.12, 2004다48515).

정답 | 27 ② 28 ⑤

29 사기에 의한 의사표시에 관한 설명으로 옳지 않은 것은? (다툼이 있으면 판례에 의함)

① 거래관념에 비추어 신의성실의 원칙상 고지의무가 있음에도 고지하지 않은 경우에는 단순한 침묵이나 부작위도 기망행위가 될 수 있다.
② 상대방의 대리인의 사기로 의사표시를 한 경우, 상대방이 그 사실을 알았거나 알 수 있었는지의 여부에 관계없이 표의자는 그 의사표시를 취소할 수 있다.
③ 소송법상 행위 등에도 사기에 의한 의사표시가 적용된다.
④ 상대방이 기망하였으나 표의자가 기망되지 않고 의사표시를 한 경우에는 인과관계가 없으므로 기망을 이유로 취소할 수 없다.
⑤ 기망행위가 불법행위의 요건을 갖춘 때에는 표의자는 의사표시의 취소와 함께 불법행위에 기한 손해배상청구권도 행사할 수 있다.

해설

가족법상 행위, 공법상 행위, 소송법상 행위 등에는 적용되지 않는다. 따라서 사기나 강박에 의한 소송행위는 원칙적으로 취소할 수 없다(대판 1997.10.10, 96다35484).

30 사기에 의한 의사표시에 관한 설명으로 옳지 않은 것은? (다툼이 있으면 판례에 따름)

제13회

① 의사표시의 상대방이 없는 경우라면, 기망행위를 누가 했는지에 상관없이 취소할 수 있다.
② 상대방의 대리인에 의한 사기는 민법 제110조 제2항에서 말하는 제3자의 사기에 해당하지 않는다.
③ 고지의무가 있는 사람이 알리지 않고 일부러 침묵하였다면, 부작위라도 기망행위가 될 수 있다.
④ 기망행위로 착오에 빠지게 된 경우이므로, 의사와 표시의 불일치가 아니라 의사표시의 동기에 착오가 있는 것이다.
⑤ 표의자에게 특정한 의사표시를 하도록 하는 것을 넘어 재산상의 손실을 주려는 기망행위자의 고의가 있어야 한다.

해설

사기에 의한 의사표시는 표의자를 기망하여 착오에 빠지도록 하려는 고의와 표의자로 하여금 그 착오에 기해 의사표시를 하도록 하려는 고의의 2단의 고의가 있어야 한다. 피기망자에게 재산상 손해를 가할 의사까지는 요구되지 않는다.

31 사기에 의한 의사표시에 관한 설명으로 옳지 않은 것은? (다툼이 있으면 판례에 따름)

제10회

① 광고에 있어 다소의 과장은 일반 상거래의 관행과 신의칙에 비추어 시인될 수 있는 한 기망성이 결여된다.
② 부작위에 의한 기망행위에서 고지의무는 조리상 일반원칙에 의해서는 인정될 수 없다.
③ 사기에 의한 의사표시가 인정되기 위해서는 의사표시자에게 재산상의 손실을 주려는 사기자의 고의는 필요하지 않다.
④ 기망행위로 인하여 법률행위의 내용으로 표시되지 않은 동기에 관하여 착오를 일으킨 경우에도 그 법률행위를 사기에 의한 의사표시를 이유로 취소할 수 있다.
⑤ 사기에 의한 의사표시의 취소는 선의의 제3자에게 대항하지 못한다.

해설

② 부동산 거래에 있어 거래 상대방이 일정한 사정에 관한 고지를 받았더라면 그 거래를 하지 않았을 것임이 경험칙상 명백한 경우에는 신의성실의 원칙상 사전에 상대방에게 그와 같은 사정을 고지할 의무가 있으며, 그와 같은 **고지의무의 대상이 되는 것은 직접적인 법령의 규정뿐 아니라 널리 계약상, 관습상 또는 조리상의 일반원칙에 의하여도 인정될 수 있다**(대판 2006.10.12, 2004다48515).

[지문분석]
① 상품의 선전·광고에 있어 **다소의 과장이나 허위가 수반되는 것은 그것이 일반 상거래의 관행과 신의칙에 비추어 시인될 수 있는 한 기망성이 결여**되나, 거래에 있어서 중요한 사항에 관하여 구체적 사실을 신의성실의 의무에 비추어 비난받을 정도의 방법으로 허위로 고지한 경우에는 기망행위에 해당한다(대판 2020.6.25, 2020다215469).
③ 사기에 의한 의사표시는 표의자를 기망하여 (동기의) 착오에 빠지도록 하려는 고의와 표의자로 하여금 그 착오에 기해 의사표시를 하도록 하려는 고의의 2단의 고의가 있어야 한다. 피기망자에게 손해를 가할 의사까지는 요구되지 않는다.
④ 기망행위로 인하여 법률행위의 중요부분에 관하여 착오를 일으킨 경우뿐만 아니라 법률행위의 내용으로 표시되지 아니한 의사결정의 동기에 관하여 착오를 일으킨 경우에도 표의자는 그 법률행위를 사기에 의한 의사표시로서 취소할 수 있다(대판 1985.4.9, 85도167).
⑤ 제110조 제3항

정답 | 29 ③ 30 ⑤ 31 ②

32 사기·강박에 의한 의사표시에 관한 설명으로 옳은 것은? (다툼이 있으면 판례에 따름)

제12회

① 신의칙상 고지의무를 부담하는 자는 고지의무의 대상이 되는 사실을 이미 알고 있는 자에 대해서도 그 사실을 고지하여야 한다.
② 계약이 제3자의 위법한 사기행위로 체결된 경우, 표의자가 제3자를 상대로 사기로 인한 손해배상을 청구하기 위해서는 그 계약을 취소해야 한다.
③ 강박에 의한 의사표시에 대한 취소권의 행사기간은 소멸시효기간이다.
④ 소송행위가 강박에 의하여 이루어진 경우, 특별한 사정이 없는 한 강박을 이유로 소송행위를 취소할 수 있다.
⑤ 상품의 선전·광고에 다소의 과장이나 허위가 수반되는 것은 그것이 일반 상거래의 관행과 신의칙에 비추어 시인될 수 있는 한 기망성이 결여된다.

해설

⑤ 상품의 선전·광고에 있어서 거래의 중요한 사항에 관하여 구체적 사실을 신의성실의 의무에 비추어 비난받을 정도의 방법으로 허위로 고지한 경우에는 기망행위에 해당한다고 할 것이나, 그 선전·광고에 다소의 과장 허위가 수반되는 것은 그것이 일반 상거래의 관행과 신의칙에 비추어 시인될 수 있는 한 기망성이 결여된다(대판 2001.5.29, 99다55601).

[지문분석]
① 상대방이 고지의무의 대상이 되는 사실을 이미 알고 있거나 스스로 이를 확인할 의무가 있는 경우 또는 거래 관행상 상대방이 당연히 알고 있을 것으로 예상되는 경우 등에는 상대방에게 위와 같은 사정을 알리지 아니하였다고 하여 고지의무를 위반하였다고 볼 수 없다(대판 2014.7.24, 2013다97076).
② 제3자의 사기행위로 계약을 체결한 경우, 피해자가 제3자를 상대로 손해배상청구를 하기 위하여 반드시 그 계약을 취소할 필요는 없다(대판 1998.3.10, 97다55829). 즉, 기망행위에 의하여 분양계약을 체결한 표의자는 기망을 이유로 분양계약을 취소하고 분양대금의 반환을 구할 수도 있고, 분양계약의 취소를 원하지 않을 경우 그로 인한 손해배상만을 청구할 수도 있다(대판 2006.10.12, 2004다48515).
③ 취소권의 행사기간은 제척기간이다.
④ 사기나 강박에 의한 소송행위는 원칙적으로 취소할 수 없다(대판 1997.10.10, 96다35484).

33 甲이 乙을 기망하여 乙 소유 토지를 丙에게 시가에 비해 현저히 저렴한 가격으로 처분하도록 유인하였고, 이에 따라 乙은 丙과 그 토지에 대한 매매계약을 체결한 후 소유권이전등기를 마쳐주었다. 乙은 甲의 사기를 이유로 丙과의 매매계약을 취소하고자 한다. 이에 관한 설명으로 옳은 것을 모두 고른 것은? (다툼이 있으면 판례에 따름)   제6회

㉠ 甲의 기망사실을 丙이 알 수 있었던 경우, 乙은 위 계약을 취소할 수 있다.
㉡ 甲의 사기로 불법행위가 성립하더라도, 乙은 위 계약을 취소하지 않는 한 甲에 대하여 불법행위로 인한 손해배상을 청구할 수 없다.
㉢ 선의의 제3자 丁이 丙으로부터 위 토지를 매수하여 소유권이전등기를 마쳤다면, 그 후 乙이 자신과 丙 사이의 매매계약을 취소하여도 이를 근거로 丁 명의의 소유권이전등기의 말소를 청구할 수 없다.

① ㉠
② ㉡
③ ㉠, ㉢
④ ㉡, ㉢
⑤ ㉠, ㉡, ㉢

해설

㉠ 제3자의 사기에 관한 문제이다. 상대방 있는 의사표시에 관하여 제3자가 사기나 강박을 행한 경우에는 상대방이 그 사실을 알았거나 알 수 있었을 경우에 한하여 그 의사표시를 취소할 수 있다.
㉢ 丁이 선의라면 乙은 취소를 가지고 丁에게 대항할 수 없다.

[지문분석]
㉡ 사기로 인하여 계약을 취소할 수도 있고, 취소하지 않고 제750조에 의한 불법행위로 인한 손해배상을 청구할 수도 있다.

정답 | 32 ⑤ 33 ③

34 사기에 의한 의사표시에 관한 설명으로 옳지 않은 것은? (다툼이 있으면 판례에 따름)

제11회

① 사기에 의한 의사표시에는 의사와 표시의 불일치가 있을 수 없고, 단지 의사표시의 동기에 착오가 있는 것에 불과하다.
② 사기의 의사표시로 인해 부동산의 소유권을 취득한 자로부터 그 부동산의 소유권을 새로이 취득한 제3자는 특별한 사정이 없는 한 선의로 추정된다.
③ 교환계약의 당사자가 자기 소유의 목적물의 시가를 묵비하는 것은 특별한 사정이 없는 한 기망행위가 되지 않는다.
④ 상대방의 대리인에 의한 사기는 민법 제110조 제2항 소정의 제3자의 사기에 해당하지 않는다.
⑤ 계약이 제3자의 위법한 사기행위로 체결된 경우, 표의자는 그 계약을 취소하지 않는 한 제3자를 상대로 그로 인해 발생한 손해의 배상을 청구할 수 없다.

해설

제3자의 사기행위로 계약을 체결한 경우, 피해자가 제3자를 상대로 손해배상청구를 하기 위하여 반드시 그 계약을 취소할 필요는 없다(대판 1998.3.10, 97다55829). 즉, 기망행위에 의하여 분양계약을 체결한 표의자는 기망을 이유로 분양계약을 취소하고 분양대금의 반환을 구할 수도 있고, 분양계약의 취소를 원하지 않을 경우 그로 인한 손해배상만을 청구할 수도 있다(대판 2006.10.12, 2004다48515).

35 사기, 강박에 의한 의사표시에 관한 설명으로 옳지 않은 것은? (다툼이 있으면 판례에 따름)

제5회

① 제3자에 의한 사기행위로 계약을 체결한 경우에는 그 계약을 취소해야만 제3자에 대하여 불법행위로 인한 손해배상을 청구할 수 있다.
② 신의성실의 원칙상 고지의무가 있는 자가 소극적으로 진실을 숨기는 것은 기망행위에 해당한다.
③ 강박에 의하여 의사결정을 스스로 할 수 있는 여지가 완전히 박탈된 상태에서 이루어진 법률행위는 무효이다.
④ 상대방 있는 의사표시에 관하여 제3자가 사기를 행한 경우에는 상대방이 그 사실을 알았거나 알 수 있었을 경우에 한하여 그 의사표시를 취소할 수 있다.
⑤ 강박에 의한 의사표시라고 하려면 상대방이 불법으로 어떤 해악을 고지함으로 인하여 공포를 느끼고 의사표시를 한 것이어야 한다.

해설

피고의 사기행위로 인하여 분양계약을 체결하였다고 하더라도 피고의 위 사기행위 자체가 불법행위를 구성하는 이상, 피고로서는 그 불법행위로 인하여 원고가 입은 손해를 배상할 책임을 부담하는 것이므로, 원고가 피고를 상대로 그 손해배상청구를 하기 위하여 반드시 위 분양계약을 취소할 필요는 없다(대판 1998.3.10, 97다55829).

36 사기, 강박에 의한 의사표시에 관한 설명으로 옳은 것을 모두 고른 것은? (다툼이 있으면 판례에 따름) 제7회

㉠ 부작위에 의한 기망행위도 인정될 수 있다.
㉡ 제3자의 사기로 계약을 체결한 경우, 그 계약을 취소하지 않으면 그 제3자에 대하여 손해배상을 청구할 수 없다.
㉢ 부정행위에 대한 고소, 고발은 부정한 이익의 취득을 목적으로 하는 경우에도 위법한 강박행위가 될 수 없다.

① ㉠
② ㉡
③ ㉠, ㉢
④ ㉡, ㉢
⑤ ㉠, ㉡, ㉢

해설

[지문분석]
㉡ 제3자의 사기행위로 인하여 피해자가 주택건설사와 사이에 주택에 관한 분양계약을 체결하였다고 하더라도 제3자의 사기행위 자체가 불법행위를 구성하는 이상, 제3자로서는 그 불법행위로 인하여 피해자가 입은 손해를 배상할 책임을 부담하는 것이므로, 피해자가 제3자를 상대로 손해배상청구를 하기 위하여 반드시 그 분양계약을 취소할 필요는 없다(대판 1998.3.10, 97다55829).
㉢ 일반적으로 부정행위에 대한 고소, 고발은 그것이 부정한 이익을 목적으로 하는 것이 아닌 때에는 정당한 권리행사가 되어 위법하다고 할 수 없으나, 부정한 이익의 취득을 목적으로 하는 경우에는 위법한 강박행위가 되는 경우가 있고 목적이 정당하다 하더라도 행위나 수단 등이 부당한 때에는 위법성이 있는 경우가 있을 수 있다(대판 1992.12.24, 92다25120).

정답 | 34 ⑤ 35 ① 36 ①

37 의사표시에 관한 설명으로 옳은 것은? (다툼이 있으면 판례에 따름) 제3회

① 착오에 의한 의사표시의 취소는 선의의 제3자에게 대항할 수 있다.
② 부동산 매매에서 시가에 관한 착오는 특별한 사정이 없는 한 법률행위의 중요부분에 관한 착오라고 할 수 없다.
③ 채무자의 법률행위가 통정허위표시에 해당되어 무효인 경우에는 채권자취소권의 대상이 되지 않는다.
④ 진의 아닌 의사표시는 상대방이 표의자의 진의 아님을 알았거나 알 수 있었을 경우에 그 효력이 있다.
⑤ 강박이 의사결정의 자유를 완전히 박탈하는 정도에 이르지 않고 이를 제한하는 정도에 그친 경우에 그 의사표시는 무효이다.

해설

② 부동산 매매에 있어서 시가에 관한 착오는 부동산을 매매하려는 의사를 결정함에 있어 동기의 착오에 불과할 뿐 법률행위의 중요부분에 관한 착오라고 할 수 없다(대판 1992.10.23, 92다29337).

[지문분석]
① 착오에 의한 의사표시의 취소는 선의의 제3자에게 대항할 수 없다.
③ 통정에 의한 허위표시행위는 채권자취소권의 대상이 된다(대판 1984.7.24, 84다카68).
④ 진의 아닌 의사표시는 상대방이 표의자의 진의 아님을 알았거나 알 수 있었을 경우에는 무효로 한다.
⑤ 강박에 의한 법률행위가 하자 있는 의사표시로서 취소되는 것에 그치지 않고 나아가 무효로 되기 위하여는, 강박의 정도가 단순한 불법적 해악의 고지로 상대방으로 하여금 공포를 느끼도록 하는 정도가 아니고, 의사표시자로 하여금 의사결정을 스스로 할 수 있는 여지를 완전히 박탈한 상태에서 의사표시가 이루어져 단지 법률행위의 외형만이 만들어진 것에 불과한 정도이어야 한다(대판 2003.5.13, 2002다73708 · 73715).

38 의사표시에 관한 설명으로 옳지 않은 것은? 제10회

① 청약의 의사표시는 그 표시가 상대방에게 도달한 때에 그 효력이 생긴다.
② 의사표시자가 청약의 의사표시를 발송한 후 사망하였다면, 그 의사표시는 처음부터 무효인 것으로 본다.
③ 행위능력을 갖춘 미성년자에게는 특별한 사정이 없는 한 의사표시의 수령능력이 인정된다.
④ 표의자가 과실 없이 상대방을 알지 못하는 경우, 민사소송법 공시송달의 규정에 의하여 의사표시를 송달할 수 있다.
⑤ 의사표시의 상대방이 의사표시를 받은 때에 제한능력자인 경우, 특별한 사정이 없는 한 의사표시자는 그 의사표시로써 대항할 수 없다.

해설

②① 제111조【의사표시의 효력발생시기】① 상대방이 있는 의사표시는 상대방에게 도달한 때에 그 효력이 생긴다.
② 의사표시자가 그 통지를 발송한 후 사망하거나 제한능력자가 되어도 의사표시의 효력에 영향을 미치지 아니한다.

[지문분석]
③ 미성년자라도 행위능력이 있는 경우(권리만을 얻거나 의무만을 면하는 법률행위 등)에는 수령능력이 있다.
④ 제113조【의사표시의 공시송달】표의자가 과실 없이 상대방을 알지 못하거나 상대방의 소재를 알지 못하는 경우에는 의사표시는 민사소송법 공시송달의 규정에 의하여 송달할 수 있다.
⑤ 제112조【제한능력자에 대한 의사표시의 효력】의사표시의 상대방이 의사표시를 받은 때에 제한능력자인 경우에는 의사표시자는 그 의사표시로써 대항할 수 없다. 다만, 그 상대방의 법정대리인이 의사표시가 도달한 사실을 안 후에는 그러하지 아니하다.

39 의사표시의 효력발생시기에 관한 설명 중 옳지 않은 것은? (다툼이 있는 경우 판례에 의함)

① 도달주의의 원칙은 준법률행위에도 유추적용된다.
② 도달주의의 원칙은 당사자의 약정에 의하여 달리 정할 수 없다.
③ 의사표시의 효력발생을 주장하는 표의자가 도달에 대한 증명책임을 진다.
④ 의사표시가 상대방에게 도달한 후에는 그 의사표시를 철회할 수 없다.
⑤ 의사표시자가 그 통지를 발송한 후 사망하거나 제한능력자가 되어도 의사표시의 효력에 영향을 미치지 아니한다.

해설

우리 민법은 제111조에서 "상대방이 있는 의사표시는 상대방에게 도달한 때에 그 효력이 생긴다."고 하여 도달주의를 원칙으로 하고 있다. 이러한 도달주의를 규정한 민법 제111조는 임의규정이다.

정답 | 37 ② 38 ② 39 ②

40 의사표시의 효력발생에 관한 설명으로 옳지 않은 것은? (다툼이 있으면 판례에 따름)

제6회

① 의사표시가 기재된 내용증명우편물이 발송되고 반송되지 아니하면 특별한 사정이 없는 한, 그 무렵에 송달되었다고 볼 수 있다.
② 의사표시의 도달로 인정되려면 사회통념상 상대방이 그 통지를 현실적으로 수령하여 그 내용을 알아야 한다.
③ 의사표시를 받은 상대방이 제한능력자라 하더라도 그의 법정대리인이 그 의사표시가 도달한 사실을 안 후에는 의사표시자는 그 효력을 주장할 수 있다.
④ 의사표시자가 통지를 발송한 후 제한능력자가 되어도 그 의사표시의 효력에 영향을 미치지 아니한다.
⑤ 상대방 있는 의사표시에 관하여 민법은 상대방에게 도달한 때에 그 효력이 생기는 것을 원칙으로 한다.

해설

② 도달이라 함은 사회통념상 상대방이 통지의 내용을 알 수 있는 객관적 상태에 놓여 있는 경우를 가리키는 것으로서, 상대방이 통지를 현실적으로 수령하거나 통지의 내용을 알 것까지는 필요로 하지 않는다.
[지문분석]
① 의사표시가 기재된 내용증명 우편물이 발송되고 반송되지 아니하였다면 특별한 사정이 없는 한 이는 그 무렵에 송달되었다고 본다(대판 1997.2.25, 96다38322).

41 의사표시의 효력발생시기에 관한 설명으로 옳지 않은 것은? (다툼이 있는 경우에는 판례에 의함)

제2회

① 상대방이 있는 의사표시는 상대방에게 도달한 때에 그 효력이 생기는 것이 원칙이다.
② 표의자는 그의 의사표시가 상대방에게 도달하였으나 상대방이 이행에 착수하기 전에는 그 의사표시를 철회할 수 있다.
③ 제한능력자에게 의사를 표시한 사람은 제한능력자의 법정대리인이 의사표시가 도달한 사실을 안 후에는 그 의사표시로써 제한능력자에게 대항할 수 있다.
④ 상대방이 정당한 사유 없이 의사표시의 수령을 거절한 경우에는 그 의사표시는 상대방이 그 내용을 알 수 있는 객관적 상태에 놓여 있는 때에 효력이 생긴다.
⑤ 의사표시의 부도달에 대한 위험은 표의자에게 있다.

해설

② 상대방이 있는 의사표시는 상대방에게 도달한 때에 그 효력이 생긴다. 따라서 도달 후에는 이행의 착수 전이라도 철회할 수 없다.

[지문분석]

③ 제112조【제한능력자에 대한 의사표시의 효력】의사표시의 상대방이 의사표시를 받은 때에 제한능력자인 경우에는 의사표시자는 그 의사표시로써 대항할 수 없다. 다만, 그 상대방의 법정대리인이 의사표시가 도달한 사실을 안 후에는 그러하지 아니하다.

42 의사표시에 관한 설명으로 옳은 것은? _{제4회}

① 의사표시자가 그 통지를 발송한 후 사망하여도 의사표시의 효력에 영향을 미치지 아니한다.
② 진의 아닌 의사표시에서 상대방이 표의자의 진의 아님을 알았거나 알 수 있었을 경우, 표의자는 그 의사표시를 취소할 수 있다.
③ 표의자가 과실로 상대방의 소재를 알지 못하는 경우, 의사표시는 민사소송법 공시송달의 규정에 의하여 송달할 수 있다.
④ 상대방이 있는 의사표시는 상대방이 요지(了知)한 때에 그 효력이 생긴다.
⑤ 상대방 있는 의사표시에 관하여 제3자가 강박을 행한 경우, 상대방이 그 사실을 알았던 경우에 한하여 그 의사표시를 취소할 수 있다.

해설

① 의사표시자가 그 통지를 발송한 후 사망하거나 제한능력자가 되어도 의사표시의 효력에 영향을 미치지 아니한다(제111조 제2항).

[지문분석]

② 의사표시는 표의자가 진의 아님을 알고 한 것이라도 그 효력이 있다. 그러나 상대방이 표의자의 진의 아님을 알았거나 이를 알 수 있었을 경우에는 **무효로 한다**(제107조 제1항).
③ 표의자가 **과실 없이** 상대방을 알지 못하거나 상대방의 소재를 알지 못하는 경우에는 의사표시는 민사소송법 공시송달의 규정에 의하여 송달할 수 있다(제113조).
④ 도달이라 함은 사회통념상 상대방이 통지의 내용을 알 수 있는 객관적 상태에 놓여 있는 경우를 가리키는 것으로서, 상대방이 통지를 현실적으로 수령하거나 통지의 내용을 알 것까지는 필요로 하지 않다(대판 2008.6.12, 2008다19973).
⑤ 상대방 있는 의사표시에 관하여 제3자가 사기나 강박을 행한 경우에는 상대방이 그 사실을 알았거나 알 수 있었을 경우에 한하여 그 의사표시를 취소할 수 있다(제110조 제2항).

정답 | 40 ② 41 ② 42 ①

43 甲은 자기 소유의 부동산을 1억 원에 매도하겠다는 청약을 등기우편으로 乙에게 보냈다. 이에 관한 설명으로 옳지 않은 것은? (다툼이 있으면 판례에 따름)   제7회

① 甲의 청약은 乙에게 도달한 때에 효력이 생긴다.
② 甲이 등기우편을 발송한 후 성년후견개시의 심판을 받은 경우, 乙에게 도달한 甲의 청약은 효력이 발생하지 않는다.
③ 甲의 등기우편은 반송되는 등 특별한 사정이 없는 한 乙에게 배달된 것으로 인정하여야 한다.
④ 甲은 등기우편이 乙에게 도달하기 전에 자신의 청약을 철회할 수 있다.
⑤ 甲의 청약이 효력을 발생하기 위해서 乙이 그 내용을 알 것까지는 요하지 않는다.

해설

② 의사표시자가 그 통지를 발송한 후 사망하거나 제한능력자가 되어도 의사표시의 효력에 영향을 미치지 아니한다(제111조 제2항).

[지문분석]
① 상대방이 있는 의사표시는 상대방에게 도달한 때에 그 효력이 생긴다(제111조 제1항).
③ 우편법 등 관계 규정의 취지에 비추어 볼 때 우편물이 등기취급의 방법으로 발송된 경우 반송되는 등의 특별한 사정이 없는 한 그 무렵 수취인에게 배달되었다고 보아야 한다(대판 1992.3.27, 91누3819).
④ 의사표시가 도달 전이면 철회할 수 있다.
⑤ 도달이라 함은 사회통념상 상대방이 통지의 내용을 알 수 있는 객관적 상태에 놓여 있는 경우를 가리키는 것으로서, **상대방이 통지를 현실적으로 수령하거나 통지의 내용을 알 것까지는 필요로 하지 않는 것이므로**, 상대방이 정당한 사유 없이 통지의 수령을 거절한 경우에는 상대방이 그 통지의 내용을 알 수 있는 객관적 상태에 놓여 있는 때에 의사표시의 효력이 생기는 것으로 보아야 한다(대판 2008.6.12, 2008다19973).

정답 | 43 ②

제4절 | 법률행위의 대리

01 대리가 인정되는 범위에 관한 설명으로 옳지 않은 것은?

① 원칙적으로 의사표시를 요소로 하는 재산상 법률행위에만 허용된다.
② 각종 최고, 거절과 같은 의사의 통지에는 대리가 인정되지 않는다.
③ 무주물선점과 같은 사실행위에는 대리가 인정되지 않는다.
④ 불법행위에는 대리가 인정되지 않는다.
⑤ 법률행위 중에서도 혼인·인지·입양·유언 등과 같은 가족법상의 법률행위에는 성질상 대리가 허용되지 않는다.

해설

준법률행위인 의사의 통지(각종 최고, 거절)와 관념의 통지(각종 통지, 승낙, 승인)에는 대리규정을 유추적용할 수 있다.

02 임의대리에 관한 설명으로 옳지 않은 것은? (다툼이 있으면 판례에 따름) 제9회

① 권한을 정하지 아니한 대리인은 대리의 목적물에 대해 모든 개량행위를 할 수 있다.
② 대리권은 그 권한에 부수하여 필요한 한도에서 상대방의 의사표시를 수령하는 수령대리권을 포함하는 것이 원칙이다.
③ 수권행위는 묵시적인 의사표시로 할 수 있다.
④ 대리권의 존속 중 원인된 법률관계가 종료하기 전에는 본인은 수권행위를 철회할 수 있다.
⑤ 대리인에 대한 성년후견의 개시는 대리권의 소멸사유이다.

해설

① 모든 개량행위가 아니라 대리의 목적인 물건이나 권리의 성질을 변하지 아니하는 범위에서 그 이용 또는 개량하는 행위를 할 수 있다(제118조 제2호).

[지문분석]

④ 제128조【임의대리의 종료】법률행위에 의하여 수여된 대리권은 전조의 경우 외에 그 원인된 법률관계의 종료에 의하여 소멸한다. 법률관계의 종료 전에 본인이 수권행위를 철회한 경우에도 같다.

⑤ 제127조【대리권의 소멸사유】대리권은 다음 각 호의 어느 하나에 해당하는 사유가 있으면 소멸된다.
  1. 본인의 사망
  2. 대리인의 사망, 성년후견의 개시 또는 파산

정답 | 01 ② 02 ①

03 민법에서 정한 임의대리권의 소멸사유에 해당하지 않는 것은? 제6회

① 본인의 사망
② 대리인의 사망
③ 본인의 성년후견 개시
④ 본인과 대리인 사이의 원인된 법률관계의 종료
⑤ 본인과 대리인 사이의 원인된 법률관계의 종료 전 수권행위의 철회

해설

> 제127조【대리권의 소멸사유】대리권은 다음 각 호의 어느 하나에 해당하는 사유가 있으면 소멸된다.
>   1. 본인의 사망
>   2. 대리인의 사망, 성년후견의 개시 또는 파산
> 제128조【임의대리의 종료】법률행위에 의하여 수여된 대리권은 전조의 경우 외에 그 원인된 법률관계의 종료에 의하여 소멸한다. 법률관계의 종료 전에 본인이 수권행위를 철회한 경우에도 같다.

04 대리에 관한 설명으로 옳지 않은 것은? (다툼이 있으면 판례에 따름) 제10회

① 대리인은 행위능력자임을 요하지 아니한다.
② 사실상의 용태에 의하여 대리권의 수여가 추단될 수 있다.
③ 임의대리의 원인된 법률관계가 종료하기 전이라도 본인은 수권행위를 철회할 수 있다.
④ 수권행위에서 권한을 정하지 아니한 대리인은 보존행위만을 할 수 있다.
⑤ 복대리인은 본인의 대리인이다.

해설

> ④ 권한을 정하지 아니한 대리인은 보존행위뿐만 아니라 이용·개량행위도 할 수 있다.
> 제118조【대리권의 범위】권한을 정하지 아니한 대리인은 다음 각 호의 행위만을 할 수 있다.
>   1. 보존행위
>   2. 대리의 목적인 물건이나 권리의 성질을 변하지 아니하는 범위에서 그 이용 또는 개량하는 행위

[지문분석]
① 제117조【대리인의 행위능력】대리인은 행위능력자임을 요하지 아니한다.
② 대리권을 수여하는 수권행위는 불요식의 행위로서 명시적인 의사표시에 의함이 없이 묵시적인 의사표시에 의하여 할 수도 있으며, 어떤 사람이 대리인의 외양을 가지고 행위하는 것을 본인이 알면서도 이의를 하지 아니하고 방임하는 등 사실상의 용태에 의하여 대리권의 수여가 추단되는 경우도 있다(대판 2016.5.26, 2016다203315).
③ 제128조【임의대리의 종료】법률행위에 의하여 수여된 대리권은 전조의 경우 외에 그 원인된 법률관계의 종료에 의하여 소멸한다. 법률관계의 종료 전에 본인이 수권행위를 철회한 경우에도 같다.
⑤ 복대리인은 대리인의 대리인이 아니라 본인의 대리인이다.
제123조【복대리인의 권한】① 복대리인은 그 권한 내에서 본인을 대리한다.

05 대리에 관한 설명으로 옳지 않은 것은? (다툼이 있는 경우에는 판례에 의함) 제1회

① 본인이 대리인에게 자기계약을 허락한 경우에는 그 대리행위는 유효하다.
② 대리에 의한 의사표시의 효력이 의사의 흠결로 영향을 받을 경우에는 그 사실 유무는 대리인을 기준으로 정한다.
③ 대리권의 범위가 불분명한 대리인은 소멸시효의 중단과 같은 보존행위는 할 수 있지만 금전을 이자부로 대여하는 이용행위는 할 수 없다.
④ 유권대리의 주장이 있다고 하여 표현대리의 주장이 당연히 포함되는 것은 아니다.
⑤ 대리인이 여러 명인 경우에는 대리인은 원칙적으로 각자가 본인을 대리한다.

해설
대리권의 범위가 불분명한 대리인은 보존행위뿐만 아니라 이용, 개량행위도 할 수 있다.

06 법률행위의 대리에 관한 설명으로 옳은 것은? (다툼이 있으면 판례에 따름) 제5회

① 권한의 범위가 정해지지 않은 임의대리인은 부패하기 쉬운 농산물을 처분할 수 없다.
② 대리인은 행위능력자이어야 한다.
③ 부동산 입찰절차에서 동일물건에 관하여 이해관계가 다른 2인 이상의 대리인이 된 경우에는 그 대리인이 한 입찰은 무효이다.
④ 예금계약의 체결을 위임받은 자의 대리권에는 당연히 그 예금을 담보로 하여 대출을 받거나 이를 처분할 수 있는 대리권이 포함되어 있다.
⑤ 복대리인은 그 권한 내에서 대리인을 대리한다.

해설

③ 민법 제124조는 "대리인은 본인의 허락이 없으면 본인을 위하여 자기와 법률행위를 하거나 동일한 법률행위에 관하여 당사자 쌍방을 대리하지 못한다."고 규정하고 있으므로 부동산 입찰절차에서 동일물건에 관하여 이해관계가 다른 2인 이상의 대리인이 된 경우에는 그 대리인이 한 입찰은 무효이다(대결 2004.2.13, 2003마44).

[지문분석]
① 부패하기 쉬운 농산물을 처분하는 것은 보존행위로서 할 수 있다.
② 대리인은 행위능력자임을 요하지 않는다.
④ 예금계약의 체결을 위임받은 자가 가지는 대리권에 당연히 그 예금을 담보로 하여 대출을 받거나 이를 처분할 수 있는 대리권이 포함되어 있는 것은 아니다(대판 1995.8.22, 94다59042).
⑤ 복대리인은 그 권한 내에서 본인을 대리한다.

07 임의대리권의 범위에 관한 설명으로 옳지 않은 것은? (다툼이 있으면 판례에 따름) 제10회

① 임의대리권의 범위는 원칙적으로 수권행위에 의하여 정해진다.
② 특별한 사정이 없는 한 통상의 임의대리권은 필요한 한도에서 수령대리권을 포함한다.
③ 매도인으로부터 매매계약체결에 대한 대리권을 수여받은 자는 특별한 사정이 없는 한 그 매매계약에 따른 중도금을 수령할 권한이 있다.
④ 매도인으로부터 매매계약의 체결과 이행에 대해 포괄적인 대리권을 수여받은 자는 특별한 사정이 없는 한 약정된 매매대금의 지급기일을 연기해 줄 권한이 없다.
⑤ 부동산을 매수할 권한을 수여받은 자는 원칙적으로 그 부동산을 처분할 권한이 없다.

해설

④③ 부동산의 소유자로부터 매매계약을 체결할 대리권을 수여받은 대리인은 특별한 다른 사정이 없는 한 그 매매계약에서 약정한 바에 따라 중도금이나 잔금을 수령할 수도 있다고 보아야 하고, 매매계약의 체결과 이행에 관하여 포괄적으로 대리권을 수여받은 대리인은 특별한 다른 사정이 없는 한 상대방에 대하여 약정된 매매대금지급기일을 연기하여 줄 권한도 가진다고 보아야 할 것이다(대판 1992.4.14, 91다43107).

[지문분석]
①② 임의대리에 있어서 대리권의 범위는 수권행위(대리권수여행위)에 의하여 정하여지는 것이므로 어느 행위가 대리권의 범위 내의 행위인지의 여부는 개별적인 수권행위의 내용이나 그 해석에 의하여 판단할 것이나, 일반적으로 말하면 수권행위의 통상의 내용으로서의 임의대리권은 그 권한에 부수하여 필요한 한도에서 상대방의 의사표시를 수령하는 이른바 수령대리권을 포함하는 것으로 보아야 한다(대판 1994.2.8, 93다39379).
⑤ 부동산을 매수할 권한을 수여받은 대리인에게 그 부동산을 처분할 대리권도 있다고 볼 수 없다(대판 1991.2.12, 90다7364).

---

08 당사자 일방으로부터 부동산 매매계약의 체결에 관한 대리권만 수여받은 대리인이 특별한 사정이 없는 한 할 수 있는 행위에 해당하는 것은?

제8회

① 매도인을 대리하여 중도금이나 잔금을 수령하는 행위
② 매도인을 대리하여 약정된 매매대금의 지급기일을 연기해주는 행위
③ 매도인을 대리하여 잔금채권을 담보로 대출을 받는 행위
④ 매수인을 대리하여 매매계약을 해제하는 행위
⑤ 매수인을 대리하여 매매목적 부동산을 처분하는 행위

해설

부동산의 소유자로부터 매매계약을 체결할 대리권을 수여받은 대리인은 특별한 다른 사정이 없는 한 그 매매계약에서 약정한 바에 따라 **중도금이나 잔금을 수령할 수도 있다고 보아야** 하고, 매매계약의 체결과 이행에 관하여 포괄적으로 대리권을 수여받은 대리인은 특별한 다른 사정이 없는 한 상대방에 대하여 약정된 매매대금지급기일을 연기하여 줄 권한도 가진다고 보아야 할 것이다(대판 1992.4.14, 91다43107).

정답 | 06 ③ 07 ④ 08 ①

09 대리에 관한 설명으로 옳지 않은 것은? (다툼이 있는 경우에는 판례에 의함) 〈제2회〉

① 매매계약을 체결할 권한을 수여받은 대리인은 특별한 사정이 없으면, 그 매매계약에 따른 중도금과 잔금을 받을 권한을 갖는다.
② 매매계약의 체결과 이행에 관하여 포괄적인 권한을 수여받은 대리인은 특별한 사정이 없으면, 상대방에 대하여 약정된 매매대금의 지급기일을 연기할 권한을 갖는다.
③ 대여금의 영수권한만을 위임받은 대리인은 그 대여금 채무의 일부를 면제하기 위하여는 특별수권이 필요하다.
④ 특별한 사정이 없으면, 예금계약의 체결을 위임받은 자의 대리권에는 그 예금을 담보로 하여 대출을 받거나 이를 처분할 수 있는 권한이 포함되지 않는다.
⑤ 본인을 위하여 금전소비대차와 그 담보를 위한 담보권설정계약을 체결할 권한을 수여받은 대리인은 특별한 사정이 없으면, 금전소비대차계약과 담보권설정계약이 체결된 후에 이를 해제할 권한을 갖는다.

해설

임의대리권은 그것을 수여하는 본인의 행위, 즉 수권행위에 의하여 발생하는 것이므로 어느 행위가 대리권 범위 내의 행위인지 여부는 개별적인 수권행위의 내용이나 그 해석에 의하여 판단하여야 할 것인바, 통상 사채알선업자가 전주를 위하여 **금전소비대차계약과 그 담보를 위한 담보권설정계약을 체결할 대리권을 수여받은 것으로 인정되는 경우라 하더라도 특별한 사정이 없는 한 일단 금전소비대차계약과 그 담보를 위한 담보권설정계약이 체결된 후에 이를 해제할 권한까지 당연히 가지고 있다고 볼 수는 없다**(대판 1997.9.30, 97다23372).

10 대리권의 제한에 관한 다음의 설명 중 옳지 않은 것은?

① 대리인이 수인인 때에는 원칙적으로 공동대리이다.
② 공동대리를 위반한 대리행위는 무권대리가 된다.
③ 대리인의 자기계약이나 쌍방대리는 절대무효가 아니라 무권대리가 된다.
④ 채무의 이행은 자기계약으로 할 수 있다.
⑤ 본인의 허락이 있는 경우에는 쌍방대리도 무방하다.

해설

대리인이 수인인 경우에는 각자대리가 원칙이다. 다만, 법률의 규정 또는 수권행위에 의하여 대리인 전원이 공동으로만 대리행위를 하도록 정한 경우에는 공동으로만 대리하여야 한다. 공동대리를 위반한 대리행위는 무권대리가 된다.

11 대리에 관한 설명으로 옳지 않은 것은? (다툼이 있으면 판례에 따름)

제7회

① 대리인은 행위능력자임을 요하지 않는다.
② 유언은 대리가 허용되지 않는다.
③ 대리에 있어 본인을 위한 것임을 표시하는 현명은 묵시적으로 할 수는 없다.
④ 임의대리의 경우 그 원인된 법률관계의 종료 전에 본인이 수권행위를 철회할 수 있다.
⑤ 대리인이 수인인 때에는 원칙적으로 각자가 본인을 대리한다.

해설

대리에 있어 본인을 위한 것임을 표시하는 이른바 현명은 반드시 명시적으로만 할 필요는 없고 묵시적으로도 할 수 있는 것이고, 나아가 현명을 하지 아니한 경우라도 여러 사정에 비추어 대리인으로서 행위한 것임을 상대방이 알았거나 알 수 있었을 때에는 민법 제115조 단서의 규정에 의하여 본인에게 효력이 미치는 것이다(대판 2008.5.15, 2007다14759).

정답 | 09 ⑤ 10 ① 11 ③

12 대리행위에 관한 설명으로 옳은 것은? (다툼이 있으면 판례에 따름)

제9회

① 미성년자 甲의 법정대리인 乙이 제3자 丙의 이익만을 위한 대리행위를 하고 그 사정을 상대방 丁이 알고 있었다면, 그 대리행위는 甲에게 효과가 없다.
② 매매위임장을 제시하고 매매계약을 체결하면서 계약서에 대리인의 성명만 기재하는 경우, 특단의 사정이 없는 한 그 계약은 본인에게 효력이 없다.
③ 특정한 법률행위를 위임한 경우에 대리인이 본인의 지시에 좇아 그 행위를 한 때에는 본인은 자기가 안 사정에 관하여 대리인의 부지(不知)를 주장할 수 있다.
④ 하나의 물건에 대해 본인과 대리인이 각각 계약을 체결한 경우, 대리인이 체결한 계약은 무효이다.
⑤ 본인은 임의대리인이 제한능력자라는 이유로 대리행위를 취소할 수 있다.

해설

① 대리인이 외형적·형식적으로는 대리권 범위 안에서 한 대리행위이지만 실질적으로는 본인의 이익에 반하여 대리인 자신 또는 제3자의 이익을 꾀할 목적으로 대리행위를 하는 경우에 대리권남용의 문제가 발생한다. 대리의사가 있고 현명이 있는 한 배임적 대리행위도 본인을 위한 대리행위로서 유효하다. 다만, 대리인의 배임행위를 상대방이 알았거나 알 수 있었을 경우에는 비진의표시에 관한 민법 제107조 제1항 단서를 유추적용하여 그 대리행위는 무효가 되어 본인은 책임을 지지 않는다(대판 2001.1.19, 2000다20694).

[지문분석]
② 매매계약에서 매도인으로 나온 사람이 위와 같은 소유권자로부터 매매에 관한 권한을 위임받은 내용의 위임장을 제시하고 매매계약을 체결하였다면 특단의 사정이 없는 한 그는 소유권자를 대리하여 매매행위를 한 것으로 보아야 할 것이고, 매매계약서의 매도인란에 대리관계의 표시가 없이 그 자신의 이름을 기재하였다고 하여도 이것만으로 그 자신이 매도인으로서 타인물의 매매를 한 것이라고 볼 수는 없는 것이다(대판 1982.5.25, 81다1349, 81다카1209).
③ 특정한 법률행위를 위임한 경우에 대리인이 본인의 지시에 좇아 그 행위를 한 때에는 본인은 자기가 안 사정 또는 과실로 인하여 알지 못한 사정에 관하여 대리인의 부지를 주장하지 못한다(제116조 제2항).
④ 본인과 대리인이 체결한 계약은 각각 모두 유효하다. 이 경우는 이중매매의 법리가 적용된다.
⑤ 대리인은 행위능력자임을 요하지 아니한다(제117조).

13 甲은 친구 乙로부터 丙 소유의 X토지를 매수할 대리권을 수여받아, 乙을 대리하여 丙과 X에 관한 매매계약을 체결하였다. 이에 관한 설명으로 옳지 않은 것은? (다툼이 있으면 판례에 따름)

제12회

① 매매계약 내용의 중요부분에 관하여 乙의 착오가 있는 경우, 甲에게는 착오가 없더라도 乙은 자신의 착오를 이유로 매매계약을 취소할 수 있다.
② 甲의 사기로 丙이 매도의 의사표시를 한 경우, 乙이 그 사실을 몰랐더라도 丙은 사기를 이유로 그 의사표시를 취소할 수 있다.
③ 丙이 이중매매를 하였고 위 매매계약이 제2매매인 경우에 甲이 丙의 배임행위에 적극가담하였다면, 乙이 그 사정을 몰랐더라도 매매계약은 무효이다.
④ 매매계약이 乙에게 불공정한 법률행위에 해당하는지 판단할 때 경솔, 무경험은 乙이 아닌 甲을 기준으로 판단한다.
⑤ 丙의 채무불이행이 있는 경우, 甲은 특별한 사정이 없는 한 채무불이행을 이유로 한 계약해제권을 가지지 않는다.

해설

의사표시의 효력이 의사의 흠결, 사기, 강박 또는 어느 사정을 알았거나 과실로 알지 못한 것으로 인하여 영향을 받을 경우에 그 사실의 유무는 대리인을 표준하여 결정한다. 따라서 대리인 甲에게는 착오가 없으면 취소할 수 없다.

정답 | 12 ① 13 ①

14 복대리에 관한 설명으로 옳은 것은? 제11회

① 복대리인은 대리인의 대리인이다.
② 법정대리인은 언제나 복임권이 있다.
③ 대리인이 파산하여도 복대리권은 소멸하지 않는다.
④ 임의대리인은 본인의 승낙이 있는 때에 한하여 복임권을 갖는다.
⑤ 복대리인이 선임되면 특별한 사정이 없는 한 대리인의 대리권은 소멸한다.

해설

② 법정대리인은 언제나 복임권이 있다.
> 제122조 【법정대리인의 복임권과 그 책임】 법정대리인은 그 책임으로 복대리인을 선임할 수 있다. 그러나 부득이한 사유로 인한 때에는 전조 제1항에 정한 책임만이 있다.

[지문분석]
① 복대리인은 본인의 대리인이다.
③ 대리인의 대리권이 소멸하면 복대리권도 소멸한다. 대리인이 파산하면 대리권이 소멸하므로 복대리권도 소멸한다.
④ 임의대리인은 본인의 승낙이 있거나 부득이한 사유가 있는 경우에 복임권을 갖는다.
⑤ 복대리인이 선임되어도 대리인의 대리권은 소멸하지 않는다.

15 법정대리인이 복대리인을 선임하는 경우에 관한 설명으로 옳은 것은? (다툼이 있으면 판례에 따름) 제6회

① 복대리권은 복임행위가 철회되더라도 소멸되지 않는다.
② 본인의 승낙이 있거나 부득이한 사유가 없으면 복대리인을 선임하지 못한다.
③ 부득이한 사유로 복대리인을 선임한 경우, 본인에 대하여 그 선임·감독에 관한 책임이 있다.
④ 본인의 지명 없이 복대리인을 선임한 경우, 그 불성실함을 알고 본인에 대한 통지나 그 해임을 태만한 때가 아니면 책임이 없다.
⑤ 법정대리인이 대리권 소멸 후에 복대리인을 선임하여 그에게 대리행위를 하게 하였다면 특별한 사정이 없는 한, 민법 제129조의 표현대리가 성립할 수 없다.

해설

③② 법정대리인은 언제든지 복대리인을 선임할 수 있다. 다만 부득이한 사유로 복대리인을 선임한 경우, 본인에 대하여 그 선임·감독에 관한 책임이 있다.

[지문분석]
① 복임행위도 수권행위이므로 복임행위를 철회하면 복대리권은 소멸한다.
④ 임의대리인이 본인의 지명에 의하여 복대리인을 선임한 경우에는 그 부적임 또는 불성실함을 알고 본인에게 대한 통지나 그 해임을 태만한 때가 아니면 책임이 없다. 법정대리인은 언제든지 복대리인을 선임할 수 있으므로 원칙적으로 모든 책임을 진다.
⑤ 대리인이 대리권 소멸 후 직접 상대방과 사이에 대리행위를 하는 경우는 물론 대리인이 대리권 소멸 후 복대리인을 선임하여 복대리인으로 하여금 상대방과 사이에 대리행위를 하도록 한 경우에도, 상대방이 대리권 소멸 사실을 알지 못하여 복대리인에게 적법한 대리권이 있는 것으로 믿었고 그와 같이 믿은 데 과실이 없다면 민법 제129조에 의한 표현대리가 성립할 수 있다(대판 1998.5.29, 97다55317).

16 甲의 임의대리인 乙은 자신의 이름으로 甲의 대리인 丙을 선임하였다. 다음 설명 중 옳은 것은? (다툼이 있는 경우에는 판례에 의함) 제1회

① 乙은 언제나 甲의 대리인을 선임할 수 있는 권한을 가진다.
② 丙이 甲의 지명에 의해 선임된 경우에는 乙은 丙이 부적임자임을 알고 甲에게 통지하지 않았더라도 선임감독의 책임을 지지 않는다.
③ 甲과 丙 사이에는 아무런 권리·의무관계가 없다.
④ 丙의 대리행위가 권한을 넘은 표현대리에 해당하면 甲은 그 상대방에 대하여 본인으로서 책임을 져야 한다.
⑤ 丙이 甲의 지명에 의해 선임된 경우에는 乙의 대리권이 소멸하여도 丙의 대리권은 소멸하지 않는다.

해설

④ 복대리인이 권한을 넘는 표현대리를 한 경우에 본인은 상대방에 대하여 책임을 진다.
[지문분석]
① 제120조【임의대리인의 복임권】대리권이 법률행위에 의하여 부여된 경우에는 대리인은 본인의 승낙이 있거나 부득이한 사유 있는 때가 아니면 복대리인을 선임하지 못한다.
② 임의대리인이 본인의 지명에 의하여 복대리인을 선임한 경우에는 그 부적임 또는 불성실함을 알고 본인에게 대한 통지나 그 해임을 태만한 때가 아니면 책임이 없다(제121조 제2항).
③ 복대리인은 본인이나 제3자에 대하여 대리인과 동일한 권리의무가 있다(제123조 제2항).
⑤ 대리권이 소멸하면 당연히 복대리권도 소멸한다.

정답 | 14 ② 15 ③ 16 ④

17 복대리에 관한 설명으로 옳은 것은?

① 복대리인은 대리인의 대리인이다.
② 법정대리인은 복대리인을 선임하지 못한다.
③ 복대리인의 대리권은 대리인의 대리권의 범위를 넘지 못한다.
④ 임의대리인이 부득이한 사유로 복대리인을 선임한 경우, 본인에 대하여 그 선임감독에 관한 책임이 없다.
⑤ 복대리인이 선임된 후 대리인의 대리권이 소멸하더라도 복대리권은 소멸하지 않는다.

해설

[지문분석]
① 복대리인은 본인의 대리인이다.
② 법정대리인은 언제든지 복대리인을 선임할 수 있다.
④ 임의대리인은 원칙적으로 복대리인을 선임하지 못하나 부득이한 사유로 복대리인을 선임한 경우, 본인에 대하여 그 선임감독에 관한 책임이 있다.

> 제120조【임의대리인의 복임권】대리권이 법률행위에 의하여 부여된 경우에는 대리인은 본인의 승낙이 있거나 부득이한 사유있는 때가 아니면 복대리인을 선임하지 못한다.
> 제121조【임의대리인의 복대리인선임의 책임】① 전조의 규정에 의하여 대리인이 복대리인을 선임한 때에는 본인에게 대하여 그 선임감독에 관한 책임이 있다.
> ② 대리인이 본인의 지명에 의하여 복대리인을 선임한 경우에는 그 부적임 또는 불성실함을 알고 본인에게 대한 통지나 그 해임을 태만한 때가 아니면 책임이 없다.

⑤ 대리권이 소멸하면 복대리권도 소멸한다.

18 대리에 관한 설명으로 옳은 것은?

제4회

① 복대리인은 그 권한 내에서 대리인을 대리한다.
② 임의대리인의 대리권의 범위를 정하지 아니한 경우, 대리인은 보존행위뿐만 아니라 처분행위도 할 수 있다.
③ 대리인은 본인의 허락이 있어도 부동산 매매에 관하여 자기계약을 체결하지 못한다.
④ 임의대리에서 본인은 원인된 법률관계가 존속하고 있으면, 수권행위를 철회하여 임의대리권을 소멸시킬 수 없다.
⑤ 복대리인은 본인이나 제3자에 대하여 대리인과 동일한 권리의무가 있다.

해설

⑤ 복대리인은 본인이나 제3자에 대하여 대리인과 동일한 권리의무가 있다(제123조 제2항).
[지문분석]
① 복대리인은 그 권한 내에서 본인을 대리한다.
② 권한을 정하지 아니한 임의대리인은 보존행위 또는 대리의 목적인 물건이나 권리의 성질을 변하지 아니하는 범위에서 그 이용 또는 개량하는 행위를 할 수 있고 처분행위는 할 수 없다.
③ 본인의 허락이 있으면 대리인의 자기계약이 가능하다.
④ 원인된 법률관계가 존속하고 있어도 수권행위를 철회하여 대리권이 소멸될 수 있다.

19 미성년자 甲의 법정대리인 乙이 복대리인 丙을 선임한 경우에 관한 설명으로 옳지 않은 것은?

제9회

① 乙은 항상 복임권이 있다.
② 丙도 법정대리인의 지위를 가진다.
③ 乙이 부득이한 사유로 丙을 선임한 경우라면 甲에 대하여 그 선임감독에 관한 책임이 있다.
④ 乙이 사망한 경우 丙의 복대리인의 지위는 원칙적으로 소멸한다.
⑤ 丙은 자신이 수령한 법률행위의 목적물을 乙에게 인도할 의무가 있다.

해설

② 복대리인은 언제나 임의대리인이다.
[지문분석]
①③ 법정대리인은 언제든지 그 책임으로 복대리인을 선임할 수 있다. 다만 부득이한 사유로 복대리인을 선임한 경우에는 선임감독에 관한 책임만 진다.
④ 대리인의 대리권이 소멸하면 복대리권도 소멸하다.
⑤ 복대리인은 본인의 대리인이므로 원래 본인에게 인도하여야 하나 본인 甲이 미성년자이므로 수령능력의 제한이 있어 법정대리인 乙에게 인도하여야 한다.

정답 | 17 ③ 18 ⑤ 19 ②

20 복대리에 관한 설명으로 옳지 않은 것은? (다툼이 있으면 판례에 따름) 제3회

① 복대리인은 대리인의 대리인이 아니다.
② 복대리에서도 표현대리가 성립할 수 있다.
③ 복대리인은 본인이나 제3자에 대하여 대리인과 동일한 권리의무가 있다.
④ 복대리인이 선임된 후에 대리인의 대리권이 소멸하더라도 복대리권은 소멸하지 않는다.
⑤ 법정대리인이 부득이한 사유로 복대리인을 선임한 경우, 본인에 대하여 복대리인의 선임감독에 관한 책임이 있다.

해설

복대리인은 대리인에 의해 선임된 자이므로 대리인의 감독을 받을 뿐만 아니라 대리권의 존립과 범위에 있어 대리인의 대리권에 의존한다. 따라서 복대리인의 권한은 대리인의 권한을 초과할 수 없고, 대리인의 대리권이 소멸하면 복대리인의 복대리권도 소멸한다.

21 복대리권의 소멸사유가 아닌 것은? 제5회

① 본인의 사망
② 대리인의 파산
③ 복대리인의 파산
④ 대리인의 성년후견의 개시
⑤ 본인의 성년후견의 개시

해설

대리권의 소멸사유는 당연히 복대리권의 소멸사유이다. 본인의 성년후견의 개시는 대리권 소멸사유가 아니며 복대리권의 소멸사유도 아니다.

22 무권대리에 관한 다음 설명 중 옳지 않은 것은?

① 무권대리인이 한 계약은 본인이 이를 추인하지 아니하면 본인에 대하여 효력이 없다.
② 추인의 의사표시는 직접의 상대방이나 그 무권대리행위로 인한 권리 또는 법률관계의 승계인, 무권대리인에게 할 수 있다.
③ 본인이 상대방의 최고를 받은 후 상당한 기간 안에 확답을 발하지 않으면 무권대리인의 행위를 추인한 것으로 본다.
④ 무권대리인은 상대방의 선택에 좇아 상대방에게 계약의 이행 또는 손해배상의 책임을 부담한다.
⑤ 상대방이 무권대리인의 대리권 없음을 알았거나 알 수 있었을 경우에는 무권대리인은 상대방에게 책임을 부담하지 아니한다.

해설

> 제131조【상대방의 최고권】대리권 없는 자가 타인의 대리인으로 계약을 한 경우에 상대방은 상당한 기간을 정하여 본인에게 그 추인 여부의 확답을 최고할 수 있다. 본인이 그 기간 내에 확답을 발하지 아니한 때에는 추인을 거절한 것으로 본다.

정답 | 20 ④ 21 ⑤ 22 ③

23 무권대리에 관한 설명으로 옳지 않은 것은? (다툼이 있으면 판례에 따름)

제7회

① 무권대리인이 체결한 계약은 본인이 이를 추인할 수 있다.
② 무권대리인이 체결한 계약의 상대방은 상당한 기간을 정하여 본인에게 추인 여부의 확답을 최고할 수 있다.
③ 대리권 없이 타인의 부동산을 매도한 자가 그 부동산을 단독상속한 후 그 대리행위가 무권대리로 무효임을 주장하는 것은 신의칙상 허용될 수 없다.
④ 무권대리행위가 제3자의 기망 등 위법행위로 야기되었더라도 민법 제135조에 따른 무권대리인의 상대방에 대한 책임은 부정되지 않는다.
⑤ 민법 제135조에 따른 무권대리인의 상대방에 대한 책임은 대리권 흠결에 관하여 무권대리인에게 귀책사유가 있어야만 인정된다.

해설

무권대리인의 상대방에 대한 책임은 무과실책임으로서 대리권의 흠결에 관하여 대리인에게 과실 등의 귀책사유가 있어야만 인정되는 것이 아니고, 무권대리행위가 제3자의 기망이나 문서위조 등 위법행위로 야기되었다고 하더라도 책임은 부정되지 아니한다(대판 2014.2.27, 2013다213038).

24 협의의 무권대리에 관한 설명으로 옳은 것은? (다툼이 있으면 판례에 따름)

제5회

① 상대방이 상당한 기간을 정하여 본인에게 무권대리행위의 추인 여부의 확답을 최고한 경우 본인이 그 기간 내에 확답을 발하지 아니한 때에는 추인한 것으로 본다.
② 무권대리행위의 추인은 무권대리인이나 상대방에게 명시적인 방법으로만 할 수 있다.
③ 상대방은 계약 당시에 대리인에게 대리권이 없음을 안 때에도 본인의 추인이 있을 때까지 계약을 철회할 수 있다.
④ 본인이 무권대리행위의 내용을 변경하여 추인한 경우에는 상대방의 동의를 얻지 못하는 한 무효이다.
⑤ 대리인으로서 계약을 맺은 자에게 대리권이 없다는 사실을 알 수 있었던 상대방은 무권대리인에게 계약을 이행할 책임 또는 손해를 배상할 책임을 물을 수 있다.

해설

④ 무권대리행위의 추인은 무권대리인에 의하여 행하여진 불확정한 행위에 관하여 그 행위의 효과를 자기에게 직접 발생케 하는 것을 목적으로 하는 의사표시이며, 무권대리인 또는 상대방의 동의나 승낙을 요하지 않는

단독행위로서 추인은 의사표시의 전부에 대하여 행하여져야 하고, 그 일부에 대하여 추인을 하거나 그 내용을 변경하여 추인을 하였을 경우에는 상대방의 동의를 얻지 못하는 한 무효이다(대판 1982.1.26, 81다카549).

[지문분석]
① 본인이 그 기간 내에 확답을 발하지 아니한 때에는 추인을 거절한 것으로 본다.
② 무권대리행위의 추인은 무권대리인이나 상대방에게 묵시적으로도 할 수 있다.
③ 대리권이 없음을 안 때에는 계약을 철회할 수 없다.
⑤ 무권대리인에게 대리권이 없다는 사실을 상대방이 알았거나 알 수 있었을 때 또는 무권대리인이 제한능력자일 때에는 책임을 물을 수 없다(제135조 제2항).

25 甲이 만 18세인 대학생 乙에게 X아파트 분양계약체결에 관한 대리권을 수여하였고, 乙은 甲을 대리하여 丙이 분양하는 X아파트를 3억 원에 분양받기로 하는 계약을 체결한 경우에 관한 설명으로 옳지 않은 것은? (다툼이 있으면 판례에 따름) 제3회

① 丙은 甲에 대하여 X아파트 분양계약에 따른 이행을 청구할 수 있다.
② 乙의 법정대리인은 X아파트 분양계약을 법정대리인의 동의가 없다는 이유로 취소할 수 없다.
③ 丙이 X아파트에 대한 소유권이전등기를 해 주지 않은 경우, 특별한 사정이 없는 한 乙은 甲을 대리하여 계약을 해제할 수 없다.
④ 만일 乙이 무권대리인이었고, 丙이 이를 알지 못하였다면, 丙은 乙에게 계약의 이행을 청구할 수 있다.
⑤ 만일 X아파트 단지 인근에 쓰레기 매립장이 건설예정인 사실을 알고 있는 丙이 乙에게 이를 고지하지 않았다면 이는 부작위에 의한 기망행위가 된다.

해설
무권대리인이 제한능력자인 경우에는 상대방이 선의일지라도 무권대리인에게 책임을 물을 수 없다.

제135조【상대방에 대한 무권대리인의 책임】 ① 다른 자의 대리인으로서 계약을 맺은 자가 그 대리권을 증명하지 못하고 또 본인의 추인을 받지 못한 경우에는 그는 상대방의 선택에 따라 계약을 이행할 책임 또는 손해를 배상할 책임이 있다.
② 대리인으로서 계약을 맺은 자에게 대리권이 없다는 사실을 상대방이 알았거나 알 수 있었을 때 또는 대리인으로서 계약을 맺은 사람이 제한능력자일 때에는 제1항을 적용하지 아니한다.

정답 | 23 ⑤ 24 ④ 25 ④

26 대리권 없는 乙이 甲을 대리하여 甲 소유 X건물에 대하여 丙과 매매계약을 체결하였다. 표현대리가 성립하지 않는 경우 이에 관한 설명으로 옳은 것은? 제8회

① 계약체결 당시 乙이 무권대리인임을 丙이 알았다면 丙은 甲에게 추인 여부의 확답을 최고할 수 없다.
② 甲은 丙에 대하여 계약을 추인할 수 있으나 乙에 대해서는 이를 추인할 수 없다.
③ 계약체결 당시 乙이 무권대리인임을 丙이 알았더라도 甲이 추인하기 전이라면 丙은 乙을 상대로 의사표시를 철회할 수 있다.
④ 甲이 추인을 거절한 경우, 丙의 선택으로 乙에게 이행을 청구하였으나 이를 이행하지 않은 乙은 丙에 대하여 채무불이행에 따른 손해배상책임을 진다.
⑤ 甲이 사망하여 乙이 단독상속한 경우 乙은 본인의 지위에서 위 계약의 추인을 거절할 수 있다.

해설

> 제131조【상대방의 최고권】대리권 없는 자가 타인의 대리인으로 계약을 한 경우에 상대방은 상당한 기간을 정하여 본인에게 그 추인 여부의 확답을 최고할 수 있다. 본인이 그 기간 내에 확답을 발하지 아니한 때에는 추인을 거절한 것으로 본다.
> 제132조【추인, 거절의 상대방】추인 또는 거절의 의사표시는 상대방에 대하여 하지 아니하면 그 상대방에 대항하지 못한다. 그러나 상대방이 그 사실을 안 때에는 그러하지 아니하다.
> 제135조【상대방에 대한 무권대리인의 책임】① 다른 자의 대리인으로서 계약을 맺은 자가 그 대리권을 증명하지 못하고 또 본인의 추인을 받지 못한 경우에는 그는 상대방의 선택에 따라 계약을 이행할 책임 또는 손해를 배상할 책임이 있다.

④ 제135조 제1항
[지문분석]
① 무권대리의 상대방의 최고권은 선, 악을 불문하고 인정된다.
② 무권대리의 추인은 무권대리인이나 상대방에 할 수 있다.
③ 상대방의 철회권은 선의의 경우에만 인정된다.
⑤ 신의칙상 乙은 본인의 지위에서 위 계약의 추인을 거절할 수 없다. 甲이 대리권 없이 乙 소유 부동산을 丙에게 매도하여 부동산소유권 이전등기 등에 관한 특별조치법에 의하여 소유권이전등기를 마쳐주었다면 그 매매계약은 무효이고 이에 터잡은 이전등기 역시 무효가 되나, 甲은 乙의 무권대리인으로서 민법 제135조 제1항의 규정에 의하여 매수인인 丙에게 부동산에 대한 소유권이전등기를 이행할 의무가 있으므로 그러한 지위에 있는 甲이 乙로부터 부동산을 상속받아 그 소유자가 되어 소유권이전등기이행의무를 이행하는 것이 가능하게 된 시점에서 자신이 소유자라고 하여 자신으로부터 부동산을 전전매수한 丁에게 원래 자신의 매매행위가 무권대리행위여서 무효였다는 이유로 丁 앞으로 경료된 소유권이전등기가 무효의 등기라고 주장하여 그 등기의 말소를 청구하거나 부동산의 점유로 인한 부당이득금의 반환을 구하는 것은 금반언의 원칙이나 신의성실의 원칙에 반하여 허용될 수 없다(대판 1994.9.27, 94다20617).

27 계약에 대한 무권대리에 관한 설명으로 옳은 것은? (다툼이 있으면 판례에 따름) 제9회

① 범죄가 되는 무권대리행위에 대하여 장기간 형사고소를 하지 아니하였다는 사실만으로 묵시적인 추인이 있었다고 볼 수 있다.
② 본인이 추인을 거절하더라도 상대방은 철회권을 행사할 수 있다.
③ 본인이 무권대리행위의 일부에 대해 추인을 한 경우, 그에 대하여 상대방의 동의를 얻으면 유효하다.
④ 본인이 무권대리인에게 한 추인의 의사표시는 항상 효력이 없다.
⑤ 무권대리인의 계약상대방에 대한 책임(민법 제135조 제1항)은 대리권의 흠결에 관하여 대리인에게 과실이 있어야 인정된다.

해설

[지문분석]
① 무권대리행위가 범죄가 되는 경우에 대하여 그 사실을 알고도 장기간 형사고소를 하지 아니하였다 하더라도 그 사실만으로 묵시적인 추인이 있었다고 할 수는 없다(대판 1998.2.10, 97다31113).
② 본인이 추인을 거절하면 확정적 무효가 되어 상대방은 철회권을 행사할 수 없다.
④ 무권대리행위의 추인은 무권대리행위가 있음을 알고 그 행위의 효과를 자기에게 귀속시키도록 하는 단독행위로서 무권대리인이나 무권대리행위의 상대방에 대하여도 할 수 있다(대판 2009.11.12, 2009다46828). 다만 무권대리인에게 추인을 한 경우 상대방이 그 사실을 알 때까지 상대방에게 대항할 수 없다(제132조).
⑤ 민법 제135조 제1항은 "타인의 대리인으로 계약을 한 자가 그 대리권을 증명하지 못하고 또 본인의 추인을 얻지 못한 때에는 상대방의 선택에 좇아 계약의 이행 또는 손해배상의 책임이 있다."고 규정하고 있다. 위 규정에 따른 무권대리인의 상대방에 대한 책임은 무과실책임으로서 대리권의 흠결에 관하여 대리인에게 과실 등의 귀책사유가 있어야만 인정되는 것이 아니고, 무권대리행위가 제3자의 기망이나 문서위조 등 위법행위로 야기되었다고 하더라도 책임은 부정되지 아니한다(대판 2014.2.27, 2013다213038).

정답 | 26 ④ 27 ③

28 무권대리행위에 대한 본인의 추인에 관한 설명으로 옳은 것은? (다툼이 있으면 판례에 따름)

제10회

① 추인은 무권대리인의 동의가 있어야 유효하다.
② 추인은 무권대리인이 아닌 무권대리행위의 상대방에게 하여야 한다.
③ 무권대리행위가 범죄가 되는 경우, 본인이 그 사실을 알고 장기간 형사고소를 하지 않았다면 묵시적 추인이 인정된다.
④ 추인은 무권대리행위가 있음을 알고 하여야 한다.
⑤ 무권대리행위의 일부에 대한 추인은 상대방의 동의가 없더라도 유효하다.

해설

④ 무권대리행위는 그 효력이 불확정상태에 있다가 본인의 추인 유무에 따라 본인에 대한 효력발생 여부가 결정되는 것인바, 그 추인은 무권대리행위가 있음을 알고 그 행위의 효과를 자기에게 귀속시키도록 하는 단독행위로서 그 의사표시의 방법에 관하여 일정한 방식이 요구되는 것이 아니므로 명시적이든 묵시적이든 묻지 아니한다(대판 1990.4.27, 89다카2100).

[지문분석]
①⑤ 무권대리행위의 추인은 무권대리인에 의하여 행하여진 불확정한 행위에 관하여 그 행위의 효과를 자기에게 직접 발생케 하는 것을 목적으로 하는 의사표시이며, 무권대리인 또는 상대방의 동의나 승락을 요하지 않는 단독행위로서 추인은 의사표시의 전부에 대하여 행하여져야 하고, 그 일부에 대하여 추인을 하거나 그 내용을 변경하여 추인을 하였을 경우에는 상대방의 동의를 얻지 못하는 한 무효이다(대판 1982.1.26, 81다카549).
② 추인은 상대방뿐만 아니라 무권대리인에게도 할 수 있다. 다만 무권대리인에게 한 경우에는 선의의 상대방에게 대항할 수 없다.

> 제132조【추인, 거절의 상대방】추인 또는 거절의 의사표시는 상대방에 대하여 하지 아니하면 그 상대방에 대항하지 못한다. 그러나 상대방이 그 사실을 안 때에는 그러하지 아니하다.

③ 무권대리행위에 대한 추인은 무권대리행위로 인한 효과를 자기에게 귀속시키려는 의사표시이니만큼 무권대리행위에 대한 추인이 있었다고 하려면 그러한 의사가 표시되었다고 볼 만한 사유가 있어야 하고, 무권대리행위가 범죄가 되는 경우에 대하여 그 사실을 알고도 장기간 형사고소를 하지 아니하였다 하더라도 그 사실만으로 묵시적인 추인이 있었다고 할 수는 없는바, 권한 없이 기명날인을 대행하는 방식에 의하여 약속어음을 위조한 경우에 피위조자가 이를 묵시적으로 추인하였다고 인정하려면 추인의 의사가 표시되었다고 볼 만한 사유가 있어야 한다(대판 1998.2.10, 97다31113).

29 무권대리행위의 추인에 관한 설명으로 옳지 않은 것은? (다툼이 있으면 판례에 따름) 제3회

① 추인의 의사표시는 본인으로부터 그에 관한 대리권을 수여받은 임의대리인도 할 수 있다.
② 추인의 의사표시는 무권대리인뿐만 아니라 무권대리행위의 상대방에 대하여도 할 수 있다.
③ 무권대리행위의 상대방이 계약 당시 무권대리임을 안 경우에는 본인에 대해 추인 여부의 확답을 최고할 수 없다.
④ 추인은 의사표시 전부에 대하여 행하여져야 하고, 그 내용을 변경하여 추인할 경우에는 상대방의 동의가 없는 한 무효이다.
⑤ 본인이 무권대리인에게 무권대리행위를 추인한 경우, 계약 당시에 대리권 없음을 알지 못한 상대방은 그 추인 사실을 알기 전까지 무권대리인과 체결한 계약을 철회할 수 있다.

해설

상대방의 확답의 최고권은 선·악을 불문하고 인정된다.

30 무권대리인이 체결한 계약의 추인 및 추인거절에 관한 설명으로 옳지 않은 것은? (다툼이 있으면 판례에 따름) 제6회

① 추인은 묵시적인 방법으로도 할 수 있다.
② 기간을 정한 상대방의 최고에 대하여 본인이 그 기간 내에 추인 여부의 확답을 발하지 않으면 추인을 거절한 것으로 본다.
③ 추인의 거절을 이미 알고 있는 상대방에 대해서는 그 거절의 의사표시를 하지 않아도 대항할 수 있다.
④ 무권대리행위를 한 후 본인의 지위를 단독으로 상속한 무권대리인은 선의인 상대방에 대하여 무권대리행위의 추인을 거절하지 못한다.
⑤ 추인은 무권대리행위의 상대방에 대하여는 할 수 있지만, 무권대리행위로 인한 권리의 승계인에 대해서는 할 수 없다.

해설

무권대리행위의 추인에 특별한 방식이 요구되는 것이 아니므로 명시적인 방법뿐만 아니라 묵시적인 방법으로도 할 수 있고, 그 추인은 무권대리인, 무권대리행위의 직접의 상대방 및 그 무권대리행위로 인한 권리 또는 법률 관계의 승계인에 대하여도 할 수 있다(대판 1981.4.14, 80다2314).

정답 | 28 ④ 29 ③ 30 ⑤

31 대리권 없는 乙이 甲의 대리인이라 칭하며 甲 소유의 X토지를 丙에게 매도하였다. 다음 설명 중 옳은 것은? (다툼이 있는 경우에는 판례에 의함) 제1회

① 甲은 乙을 상대로 추인권을 행사할 수 있다.
② 甲의 추인이 있기 전에 甲과 丁이 X토지에 대하여 매매계약을 체결하고 丁이 소유권이전을 위한 가등기를 해 두었더라도, 甲이 무권대리인의 매매계약을 추인하면 그로 인한 소급효는 丁에게도 미친다.
③ 乙이 단독으로 甲을 상속한 경우, 乙은 丙과 체결한 매매계약에 대하여 추인 거절권을 행사할 수 있다.
④ 甲의 추인이 있기 전이라면, 丙이 매매계약 체결 당시 乙에게 대리권 없음을 알았던 경우라도 丙은 매매계약을 철회할 수 있다.
⑤ 甲이 추인을 거절한 경우, 丙은 乙을 상대로 계약의 이행과 함께 손해배상을 청구할 수 있다.

해설

① 추인은 무권대리의 상대방뿐만 아니라 무권대리인에게도 할 수 있다.
[지문분석]
② 추인은 소급효가 있어도 제3자의 권리를 해하지 못한다(제133조 단서). 따라서 가등기를 해둔 丁에게는 미치지 않는다.
③ 무권대리인이 본인을 상속한 경우 본인의 지위에서 추인을 거절하는 것은 신의칙에 반한다.
④ 악의의 상대방은 철회할 수 없다.
⑤ 무권대리인은 상대방의 선택에 따라 계약을 이행할 책임 또는 손해를 배상할 책임이 있다. 동시에 계약의 이행과 함께 손해배상책임을 지는 것이 아니다.

32 무권대리인 乙은 아무런 권한 없이 자신을 甲의 대리인이라고 칭하면서 丙과 甲 소유의 X 토지에 대한 매매계약을 체결하였다. 이에 관한 설명으로 옳지 않은 것은? (표현대리는 성립하지 않으며, 다툼이 있으면 판례에 따름)

제11회

① 丙이 계약체결 당시 乙이 무권대리인임을 알지 못하였다면, 丙은 甲의 추인이 있기 전에 乙을 상대로 계약을 철회할 수 있다.
② 丙이 계약체결 당시 乙이 무권대리인임을 알았더라도 丙은 상당한 기간을 정하여 甲에게 추인 여부의 확답을 최고할 수 있다.
③ 甲이 乙의 무권대리행위의 내용을 변경하여 추인한 경우, 그 추인은 그에 대한 丙의 동의가 있어야 유효하다.
④ 乙이 대리권을 증명하지 못하고 甲의 추인도 받지 못한 경우, 丙은 계약체결 당시 乙이 무권대리인임을 알았더라도 乙에게 계약의 이행이나 손해배상을 청구할 수 있다.
⑤ 계약체결 후 乙이 甲의 지위를 단독상속한 경우, 乙은 본인의 지위에서 丙을 상대로 계약의 추인을 거절할 수 없다.

해설

④ 대리권이 없다는 사실을 상대방이 알았거나 알 수 있었을 때 또는 대리인으로서 계약을 맺은 사람이 제한능력자일 때에는 그 책임이 없다(제135조 제2항).

[지문분석]

① 제134조【상대방의 철회권】대리권 없는 자가 한 계약은 본인의 추인이 있을 때까지 상대방은 본인이나 그 대리인에 대하여 이를 철회할 수 있다. 그러나 계약 당시에 상대방이 대리권 없음을 안 때에는 그러하지 아니하다.

② 상대방은 선·악을 불문하고 추인 여부의 확답을 최고할 수 있다.
③ 추인은 의사표시 전부에 대해 행해져야 하고 그 일부에 대해 추인하거나 그 내용을 변경하여 추인한 경우에는 상대방의 동의를 얻지 못하는 한 무효이다(대판 1982.1.26, 81다카549).
⑤ 무권대리인이 본인을 단독상속한 경우에 상대방이 선의·무과실이라면 무권대리인은 본인의 지위에서 추인을 거절할 수 없다. 즉, 甲이 대리권 없이 乙 소유 부동산을 丙에게 매도하여 소유권이전등기를 경료해 준 후 甲이 乙을 상속한 경우, 원래 자신의 매매행위가 무권대리행위여서 무효였다는 이유로 소유권이전등기의 말소를 청구하는 것은 금반언의 원칙이나 신의성실의 원칙에 반하여 허용될 수 없다(대판 1994.9.27, 94다20617).

33 대리에 관한 설명으로 옳은 것을 모두 고른 것은?

제9회

> ㉠ 계약의 무권대리에 대한 추인은 다른 의사표시가 없으면 추인한 때부터 그 효력이 생긴다.
> ㉡ 무권대리의 상대방이 상당한 추인기간을 설정한 경우, 그 기간 내에 본인이 확답을 발하지 않은 때에는 추인한 것으로 본다.
> ㉢ 대리인이 수인인 경우 각자가 본인을 대리하는 것이 원칙이다.
> ㉣ 채무의 이행의 경우 본인의 허락이 없어도 쌍방대리는 유효하다.

① ㉠, ㉡
② ㉠, ㉢
③ ㉡, ㉢
④ ㉡, ㉣
⑤ ㉢, ㉣

해설

[지문분석]
㉠ 무권대리의 추인은 다른 의사표시가 없는 때에는 계약 시에 소급하여 그 효력이 생긴다(제133조).
㉡ 대리권 없는 자가 타인의 대리인으로 계약을 한 경우에 상대방은 상당한 기간을 정하여 본인에게 그 추인 여부의 확답을 최고할 수 있다. 본인이 그 기간 내에 확답을 발하지 아니한 때에는 추인을 거절한 것으로 본다(제131조).

34 甲은 乙에게 매매계약체결의 대리권을 수여하였고, 乙은 甲을 대리하여 丙 소유의 토지에 관하여 丙과 매매계약을 체결하였다. 그 계약의 효력이 甲에게 미치는 경우를 모두 고른 것은? (다툼이 있으면 판례에 따름)

제6회

> ㉠ 甲이 피한정후견인 乙에게 대리권을 수여하여 위 계약이 체결된 경우
> ㉡ 甲이 수권행위를 통하여 乙과 丁이 공동으로 대리하도록 정하였음에도 乙이 단독의 의사결정으로 위 계약을 체결한 경우
> ㉢ 乙이 위 토지에 대한 丙의 선행 매매사실을 알면서도 丙의 배임적 이중매매행위에 적극 가담하여 위 계약을 체결하였으나 이러한 사실을 甲이 알지 못한 경우

① ㉠
② ㉢
③ ㉠, ㉡
④ ㉡, ㉢
⑤ ㉠, ㉡, ㉢

해설

㉠ 대리인은 행위능력자임을 요하지 않으므로 乙의 대리행위는 유효하다.
[지문분석]
㉡ 공동대리를 위반한 대리행위는 무권대리가 된다. 따라서 원칙적으로 본인에게 효력이 없다.
㉢ 의사표시의 효력이 의사의 흠결, 사기, 강박 또는 어느 사정을 알았거나 과실로 알지 못한 것으로 인하여 영향을 받을 경우에 그 사실의 유무는 대리인을 표준하여 결정한다. 따라서 대리인이 丙의 배임적 이중매매행위에 적극 가담하였다는 사실을 본인이 알지 못한 경우라도 위 대리행위는 반사회적 법률행위로서 무효이다.

35 甲의 아들인 성년자 乙이 아무런 권한 없이 丙에게 甲의 대리인이라고 사칭하고, 甲 소유의 X아파트를 丙에게 매각하였다. 다음 설명 중 옳지 않은 것은? (다툼이 있으면 판례에 따름)

제4회

① 乙이 丙에게 X아파트를 매각한 직후 甲이 X아파트를 丁에게 매각하고 소유권이전등기를 경료해 준 이후에, 甲이 乙의 무권대리행위를 추인하더라도 丁은 X아파트의 소유권을 취득한다.
② 甲은 丙에 대하여 적극적으로 추인의 의사가 없음을 표시하여 무권대리행위를 무효로 확정지을 수 있다.
③ 丙이 매매계약 당시 乙에게 대리권이 없음을 알지 못하였던 경우, 丙은 甲의 추인이 있기 전에 乙을 상대로 매매계약을 철회할 수 있다.
④ 丙은 상당한 기간을 정하여 甲에게 X아파트 매매계약의 추인 여부의 확답을 최고할 수 있고, 甲이 그 기간 내에 확답을 발하지 않으면 추인한 것으로 본다.
⑤ 乙이 자신의 대리권을 증명하지 못하고 甲의 추인을 받지 못한 경우, 乙은 과실이 없어도 丙의 선택에 따라 계약을 이행하거나 손해를 배상할 책임이 있다.

해설

甲이 그 기간 내에 확답을 발하지 않으면 추인을 거절한 것으로 본다.

정답 | 33 ⑤ 34 ① 35 ④

36 표현대리와 협의의 무권대리에 관한 설명으로 옳지 않은 것은? (다툼이 있으면 판례에 따름)

제4회

① 유권대리에 관한 주장 속에는 표현대리의 주장이 당연히 포함되어 있다고 볼 수는 없다.
② 처음부터 어떠한 대리권도 없었던 자에 대하여 대리권 소멸 후의 표현대리는 성립할 수 없다.
③ 증권회사로부터 위임받은 고객의 유치, 투자상담 및 권유, 위탁매매약정실적의 제고 등의 업무는 사실행위에 불과하나 이를 기본대리권으로 하여 권한을 넘은 표현대리가 성립할 수 있다.
④ 협의의 무권대리인이 타인의 대리인으로 한 계약은 본인이 이를 추인하지 아니하면 본인에 대하여 효력이 없다.
⑤ 협의의 무권대리행위의 상대방은 계약 당시 무권대리행위임을 안 때에는 본인이나 그 대리인에 대하여 자신의 의사표시를 철회할 수 없다.

해설

③ 민법 제126조의 표현대리가 성립하기 위하여는 무권대리인에게 법률행위에 관한 기본대리권이 있어야 하는바, 증권회사로부터 위임받은 고객의 유치, 투자상담 및 권유, 위탁매매약정실적의 제고 등의 업무는 사실행위에 불과하므로 이를 기본대리권으로 하여서는 권한초과의 표현대리가 성립할 수 없다(대판 1992.5.26, 91다32190).

[지문분석]
① 유권대리에 있어서는 본인이 대리인에게 수여한 대리권의 효력에 의하여 법률효과가 발생하는 반면 표현대리에 있어서는 대리권이 없음에도 불구하고 법률이 특히 거래상대방 보호와 거래안전유지를 위하여 본래 무효인 무권대리행위의 효과를 본인에게 미치게 한 것으로서 **표현대리가 성립된다고 하여 무권대리의 성질이 유권대리로 전환되는 것은 아니므로**, 양자의 구성요건 해당사실, 즉 주요사실은 다르다고 볼 수밖에 없으니 유권대리에 관한 주장 속에 무권대리에 속하는 표현대리의 주장이 포함되어 있다고 볼 수 없다(대판 1983.12.13, 83다카1489 전합).
⑤ 악의의 경우에는 철회할 수 없다.

> **제134조【상대방의 철회권】** 대리권 없는 자가 한 계약은 본인의 추인이 있을 때까지 상대방은 본인이나 그 대리인에 대하여 이를 철회할 수 있다. 그러나 **계약당시에 상대방이 대리권 없음을 안 때에는** 그러하지 아니하다.

37 무권대리와 표현대리에 관한 설명으로 옳지 않은 것은? (다툼이 있으면 판례에 따름) 제9회

① 유권대리에 관한 주장 속에는 무권대리에 속하는 표현대리의 주장이 포함되어 있다고 볼 수 없다.
② 표현대리가 성립하는 경우, 상대방에게 과실이 있어도 과실상계의 법리를 유추적용하여 본인의 책임을 경감할 수 없다.
③ 대리행위가 강행법규 위반으로 무효인 경우 표현대리 법리가 적용되지 않는다.
④ 상대방은 계약 당시에 대리인에게 대리권이 없음을 안 때에는 계약을 철회할 수 없다.
⑤ 제한능력자인 무권대리인은 민법 제135조 제1항에 따라 계약을 이행할 책임 또는 손해를 배상할 책임이 있다.

해설

> 제135조【상대방에 대한 무권대리인의 책임】① 다른 자의 대리인으로서 계약을 맺은 자가 그 대리권을 증명하지 못하고 또 본인의 추인을 받지 못한 경우에는 그는 상대방의 선택에 따라 계약을 이행할 책임 또는 손해를 배상할 책임이 있다.
> ② 대리인으로서 계약을 맺은 자에게 대리권이 없다는 사실을 상대방이 알았거나 알 수 있었을 때 또는 대리인으로서 계약을 맺은 사람이 제한능력자일 때에는 제1항을 적용하지 아니한다.

정답 | 36 ③ 37 ⑤

38 표현대리에 관한 설명으로 옳지 않은 것은?

제8회

① 민법 제125조의 표현대리가 성립하기 위한 대리권 수여의 표시는 사회통념상 대리권을 추단할 수 있는 직함의 사용을 승낙한 경우도 포함한다.
② 대리인이 복대리인을 통하여 대리권의 범위를 넘는 법률행위를 한 경우에도 권한을 넘은 표현대리에 관한 민법 제126조가 적용된다.
③ 표현대리가 성립하여 본인이 이행책임을 지는 경우, 상대방에게 과실이 있으면 과실상계의 법리를 적용하여 본인의 책임을 경감할 수 있다.
④ 대리권 소멸 후의 표현대리가 인정된 경우에 그 표현대리의 권한을 넘는 대리행위가 있으면 권한을 넘은 표현대리가 성립할 수 있다.
⑤ 권한을 넘은 표현대리에 관한 민법 제126조는 임의대리뿐만 아니라 법정대리에도 적용된다.

해설

> **제125조【대리권수여의 표시에 의한 표현대리】** 제삼자에 대하여 타인에게 대리권을 수여함을 표시한 자는 그 대리권의 범위 내에서 행한 그 타인과 그 제삼자 간의 법률행위에 대하여 책임이 있다. 그러나 제삼자가 대리권 없음을 알았거나 알 수 있었을 때에는 그러하지 아니하다.
> **제126조【권한을 넘은 표현대리】** 대리인이 그 권한 외의 법률행위를 한 경우에 제삼자가 그 권한이 있다고 믿을 만한 정당한 이유가 있는 때에는 본인은 그 행위에 대하여 책임이 있다.
> **제129조【대리권소멸 후의 표현대리】** 대리권의 소멸은 선의의 제삼자에게 대항하지 못한다. 그러나 제삼자가 과실로 인하여 그 사실을 알지 못한 때에는 그러하지 아니하다.

③ 표현대리행위가 성립하는 경우에 그 본인은 표현대리행위에 의하여 전적인 책임을 져야 하고, 상대방에게 과실이 있다고 하더라도 과실상계의 법리를 유추적용하여 본인의 책임을 경감할 수 없다(대판 1996.7.12, 95다49554).

[지문분석]
① 본인에 의한 대리권 수여의 표시는 반드시 대리권 또는 대리인이라는 말을 사용하여야 하는 것이 아니라 사회통념상 대리권을 추단할 수 있는 직함이나 명칭 등의 사용을 승낙 또는 묵인한 경우에도 대리권 수여의 표시가 있은 것으로 볼 수 있다(대판 1998.6.12, 97다53762).
② 복대리인 선임권이 없는 대리인에 의하여 선임된 복대리인의 권한도 기본대리권이 될 수 있을 뿐만 아니라, 그 행위자가 사자라고 하더라도 대리행위의 주체가 되는 대리인이 별도로 있고 그들에게 본인으로부터 기본대리권이 수여된 이상, 민법 제126조를 적용함에 있어서 기본대리권의 흠결 문제는 생기지 않는다(대판 1998.3.27, 97다48982).
④ 과거에 가졌던 대리권이 소멸되어 민법 제129조에 의하여, 표현대리로 인정되는 경우에, 그 표현대리의 권한을 넘는 대리행위가 있을 때에는 민법 제126조에 의한 표현대리가 성립할 수 있다(대판 1979.3.27, 79다234).
⑤ 제125조(대리권수여의 표시에 의한 표현대리)는 임의대리의 경우에만 성립하고, 제126조(권한을 넘은 표현대리), 제129조(대리권소멸 후의 표현대리)는 임의대리와 법정대리에 모두 적용된다.

39 표현대리에 관한 설명으로 옳은 것은? (다툼이 있으면 판례에 따름)   제3회

① 유권대리에 관한 주장 속에는 무권대리에 속하는 표현대리의 주장이 포함되어 있다고 볼 수 없다.
② 대리권소멸 후의 표현대리에 관한 규정은 법정대리에는 적용되지 않는다.
③ 표현대리가 성립하여 대리행위의 효과가 본인에게 귀속되면 표현대리의 성질이 유권대리로 전환된다.
④ 기본대리권이 월권행위와 관련이 없는 경우에는 권한을 넘은 표현대리는 성립할 여지가 없다.
⑤ 대리권을 추단할 수 있는 직함이나 명칭 등의 사용을 본인이 승낙 또는 묵인하였더라도 대리권 수여의 표시가 있는 것으로 볼 수 없다.

해설

[지문분석]
② 대리권소멸 후의 표현대리에 관한 규정은 법정대리에도 적용된다.
③ 표현대리가 성립하였다 하여 표현대리의 성질이 유권대리로 전환되는 것은 아니다.
④ 기본대리권의 내용이 되는 행위와 표현대리행위는 반드시 동종·유사할 필요는 없고 전혀 별개의 것이라도 무방하다(대판 1969.7.22, 69다548).
⑤ 대리권을 추단할 수 있는 직함이나 명칭 등의 사용을 본인이 승낙 또는 묵인하였더라도 대리권 수여의 표시가 있는 것으로 볼 수 있다.

40 표현대리에 관한 설명으로 옳지 않은 것은? (다툼이 있으면 판례에 따름)   제5회

① 권한을 넘은 표현대리에 있어서 법정대리권은 기본대리권이 될 수 없다.
② 대리행위가 강행법규 위반으로 무효인 경우에는 표현대리가 성립할 수 없다.
③ 유권대리에 관한 주장 속에 표현대리의 주장이 포함되어 있다고 볼 수 없다.
④ 민법 제129조의 대리권소멸 후의 표현대리로 인정되는 경우에, 그 표현대리의 권한을 넘는 대리행위가 있을 때에는 민법 제126조의 표현대리가 성립될 수 있다.
⑤ 대리권수여의 표시에 의한 표현대리가 성립하려면 대리권 없음에 대하여 상대방이 선의이고 무과실이어야 한다.

해설

> 민법 제126조 소정의 권한을 넘는 표현대리 규정은 거래의 안전을 도모하여 거래상대방의 이익을 보호하려는 데에 그 취지가 있으므로 **법정대리라고 하여 임의대리와는 달리 그 적용이 없다고 할 수 없고,** 따라서 한정치산자의 후견인이 친족회의 동의를 얻지 않고 피후견인의 부동산을 처분하는 행위를 한 경우에도 상대방이 친족회의 동의가 있다고 믿은 데에 정당한 사유가 있는 때에는 본인인 한정치산자에게 그 효력이 미친다(대판 1997.6.27, 97다3828).

41 권한을 넘은 표현대리(민법 제126조)에 관한 설명으로 옳지 않은 것은? (다툼이 있으면 판례에 따름)   제9회

① 권한을 넘은 대리행위와 기본대리권이 반드시 동종의 것이어야 하는 것은 아니다.
② 대리인이 사술을 써서 대리행위의 표시를 하지 아니하고 단지 본인의 성명을 모용하여 자기가 본인인 것처럼 기망하여 본인 명의로 직접 법률행위를 한 경우에는 특별한 사정이 없는 한 권한을 넘은 표현대리는 성립할 수 없다.
③ 권한을 넘은 표현대리에 관한 규정에서의 제3자에는 당해 표현대리행위의 직접 상대방이 된 자 외에 전득자도 포함된다.
④ 권한을 넘은 표현대리에 있어서 정당한 이유의 유무는 대리행위 당시를 기준으로 하여 판단한다.
⑤ 복임권이 없는 대리인이 선임한 복대리인의 대리권도 권한을 넘은 표현대리에서의 기본대리권이 될 수 있다.

해설

> 제126조 【권한을 넘은 표현대리】 대리인이 그 권한 외의 법률행위를 한 경우에 제삼자가 그 권한이 있다고 믿을 만한 정당한 이유가 있는 때에는 본인은 그 행위에 대하여 책임이 있다.
>
> 권한을 넘은 표현대리에 관한 민법 제126조의 규정에서 제3자라 함은 당해 표현대리행위의 직접 상대방이 된 자만을 지칭하는 것이고, 전득자는 제3자에 해당하지 아니한다(대판 1994.5.27, 93다21521).

42 권한을 넘은 표현대리에 관한 설명으로 옳지 않은 것은? (다툼이 있으면 판례에 따름)

제12회

① 권한을 넘은 표현대리에 관한 규정은 법정대리에도 적용된다.
② 대리인이 그 권한 외의 법률행위를 한 경우, 대리인에게 그 권한이 있다고 상대방이 믿을 만한 정당한 이유가 있는지 여부는 대리행위 당시를 기준으로 결정해야 한다.
③ 복대리인 선임권이 없는 대리인에 의하여 선임된 복대리인의 권한은 기본대리권이 될 수 없다.
④ 대리권소멸 후의 표현대리가 인정되는 경우, 그 표현대리의 권한을 넘은 대리행위가 있을 때에는 권한을 넘은 표현대리가 성립할 수 있다.
⑤ 대리행위의 표시를 하지 아니하고 자기가 본인인 것처럼 기망하여 본인 명의로 직접 법률행위를 한 경우, 특별한 사정이 없는 한 권한을 넘은 표현대리는 성립할 수 없다.

해설

> 권한을 넘은 표현대리란 대리인이 가지고 있는 기본대리권의 범위를 넘어서 대리행위를 한 것을 말한다. 복대리인 선임권이 없는 대리인에 의해 선임된 복대리인이 대리인의 대리권 외의 행위를 한 경우도 제126조의 기본대리권이 될 수 있다(대판 1998.3.27, 97다48982).

정답 | 40 ① 41 ③ 42 ③

43 표현대리에 관한 설명으로 옳지 않은 것은? (다툼이 있으면 판례에 따름) 제6회

① 유권대리에 관한 주장에는 표현대리의 주장이 포함되어 있지 않다.
② 강행법규에 위반하여 무효인 행위에 대해서는 표현대리의 법리가 적용되지 않는다.
③ 표현대리가 성립된다고 하여 무권대리의 성질이 유권대리로 전환되는 것은 아니다.
④ 표현대리가 성립하는 경우, 상대방에게 과실이 있으면 과실상계의 법리에 따라 본인의 책임을 경감할 수 있다.
⑤ 대리인이 사자(使者)를 통하여 권한을 넘은 법률행위를 하더라도 민법 제126조의 표현대리가 성립할 수 있다.

해설

표현대리행위가 성립하는 경우에 그 본인은 표현대리행위에 의하여 전적인 책임을 져야 하고, 상대방에게 과실이 있다고 하더라도 과실상계의 법리를 유추적용하여 본인의 책임을 경감할 수 없다(대판 1996.7.12, 95다49554).

44 표현대리에 관한 설명으로 옳지 않은 것은? (다툼이 있는 경우에는 판례에 의함) 제2회

① 표현대리가 성립하면 본인은 표현대리행위에 대하여 전적으로 책임을 져야 하고, 과실상계의 법리를 유추적용하여 본인의 책임을 경감할 수 없다.
② 대리권 수여의 표시에 의한 표현대리는 본인과 대리행위를 한 사람 사이의 기본적인 법률관계의 성질이나 그 효력의 유무와는 관계없이, 어떤 자가 본인을 대리하여 제3자와 법률행위를 함에 있어 본인이 그 사람에게 대리권을 수여하였다는 표시를 제3자에게 한 경우에 성립한다.
③ 등기신청행위를 기본대리권으로 가진 사람이 대물변제라는 사법행위를 한 경우, 그 대리행위는 기본대리권과 같은 종류의 행위가 아니므로 권한을 넘은 표현대리가 성립할 수 없다.
④ 권한을 넘은 표현대리에서 무권대리인에게 그 권한이 있다고 믿을 만한 정당한 이유가 있는가의 여부는 대리행위 당시를 기준으로 결정하여야 한다.
⑤ 기본적인 어떠한 대리권도 없었던 사람에 대하여 대리권소멸 후의 표현대리는 성립할 수 없다.

해설

기본대리권이 등기신청행위라 할지라도 표현대리인이 그 권한을 유월하여 대물변제라는 사법행위를 한 경우에는 표현대리의 법리가 적용된다(대판 1978.3.28, 78다282·283).

45 표현대리에 관한 설명으로 옳은 것은? (다툼이 있으면 판례에 따름) 제13회

① 권한을 넘은 표현대리에서 법정대리권도 기본 대리권이 될 수 있다.
② 대리행위가 강행법규 위반으로 무효이더라도 표현대리 법리가 적용된다.
③ 처음부터 아무 대리권도 없었던 사람의 대리행위에 대하여 대리권 소멸 후의 표현대리를 유추적용할 수 있다.
④ 대리권 수여의 표시로 인한 표현대리에서 대리권 존재에 대한 상대방의 선의 및 무과실은 요건이 아니다.
⑤ 표현대리의 성립으로 본인이 이행책임을 질 때 상대방의 과실이 있는 경우에는 과실상계의 법리에 따라 본인의 책임이 경감된다.

해설

[지문분석]
② 강행법규에 위반한 계약은 무효이므로 그 경우에 계약상대방이 선의·무과실이더라도 민법 제107조의 비진의표시의 법리 또는 표현대리 법리가 적용될 여지는 없다(대판 2016.5.12, 2013다49381).
③ 처음부터 아무 대리권도 없었던 사람의 대리행위에 대하여 대리권 소멸 후의 표현대리를 유추적용할 수 없다.
④ 제125조【대리권수여의 표시에 의한 표현대리】제3자에 대하여 타인에게 대리권을 수여함을 표시한 자는 그 대리권의 범위 내에서 행한 그 타인과 그 제3자 간의 법률행위에 대하여 책임이 있다. 그러나 제3자가 대리권 없음을 알았거나 알 수 있었을 때에는 그러하지 아니하다.
⑤ 표현대리가 성립하면 본인과 상대방 사이에 처음부터 대리권이 있는 것과 같은 효과가 발생하여 본인이 전적인 책임을 져야 하고, 상대방에게 과실이 있다고 하더라도 과실상계의 법리를 유추적용하여 본인의 책임을 경감할 수 없다(대판 1996.7.12, 95다49554).

정답 | 43 ④　44 ③　45 ①

제5절 | 법률행위의 무효와 취소

01 다음 법률행위 중 무효로 선의의 제3자에게 대항하지 못하는 것은?

① 의사능력이 없는 자의 법률행위
② 강행규정에 위반한 법률행위
③ 반사회질서인 법률행위
④ 불공정한 법률행위
⑤ 통정허위표시인 법률행위

해설

통정허위표시의 무효는 선의의 제3자에게 대항하지 못한다(제108조 제2항).

02 법률행위의 당사자 외에 선의의 제3자에 대하여도 무효를 주장할 수 있는 경우를 모두 고른 것은? (다툼이 있으면 판례에 따름)

제7회

㉠ 의사무능력자의 법률행위
㉡ 반사회질서의 법률행위
㉢ 무효인 진의 아닌 의사표시
㉣ 통정한 허위의 의사표시

① ㉠, ㉡
② ㉠, ㉢
③ ㉢, ㉣
④ ㉠, ㉡, ㉣
⑤ ㉡, ㉢, ㉣

해설

㉠㉡ 의사무능력자의 법률행위와 반사회질서의 법률행위는 절대적 무효이다.
[지문분석]
㉢㉣ 무효인 진의 아닌 의사표시와 통정한 허위의 의사표시는 상대적 무효이다.

03 법률행위의 무효에 관한 설명으로 옳은 것은? (다툼이 있으면 판례에 따름) 제9회

① 법률행위의 일부분이 무효이면 그 일부분만 무효로 되는 것이 원칙이다.
② 의사무능력을 이유로 법률행위가 무효인 경우 의사무능력자는 이익의 현존 여부를 불문하고 받은 이익 전부를 반환하여야 한다.
③ 무효인 법률행위에 대해 당사자가 무효임을 알고 추인하면 그 법률행위는 소급하여 유효하게 되는 것이 원칙이다.
④ 불공정한 법률행위로서 무효인 경우 그 무효인 법률행위는 추인에 의하여 유효로 될 수 없다.
⑤ 반사회적 법률행위로서 무효인 경우 그 무효로 선의의 제3자에게 대항할 수 없다.

해설

④ 불공정한 법률행위로서 무효인 경우에는 추인에 의하여 무효인 법률행위가 유효로 될 수 없다(대판 1994.6.24, 94다10900).

[지문분석]
① 법률행위의 일부분이 무효이면 전부가 무효로 되는 것이 원칙이다.

> 제137조【법률행위의 일부무효】 법률행위의 일부분이 무효인 때에는 그 전부를 무효로 한다. 그러나 그 무효부분이 없더라도 법률행위를 하였을 것이라고 인정될 때에는 나머지 부분은 무효가 되지 아니한다.

② 민법 제141조는 "취소한 법률행위는 처음부터 무효인 것으로 본다. 그러나 무능력자는 그 행위로 인하여 받은 이익이 현존하는 한도에서 상환할 책임이 있다."고 규정하고 있는데, 무능력자의 책임을 제한한 위 조항의 단서는 부당이득에 있어 수익자의 반환범위를 정한 민법 제748조의 특칙으로서 무능력자의 보호를 위해 그 선의·악의를 묻지 아니하고 반환범위를 현존 이익에 한정시키려는 데 그 취지가 있으므로, 의사능력의 흠결을 이유로 법률행위가 무효가 되는 경우에도 유추적용되어야 할 것이다(대판 2009.1.15, 2008다58367).

> 제141조【취소의 효과】 취소된 법률행위는 처음부터 무효인 것으로 본다. 다만, 제한능력자는 그 행위로 인하여 받은 이익이 현존하는 한도에서 상환(償還)할 책임이 있다.

③
> 제139조【무효행위의 추인】 무효인 법률행위는 추인하여도 그 효력이 생기지 아니한다. 그러나 당사자가 그 무효임을 알고 추인한 때에는 새로운 법률행위로 본다.

⑤ 반사회적 법률행위로서 무효는 절대적 무효로서 선의의 제3자에게 대항할 수 있다.

정답 | 01 ⑤ 02 ① 03 ④

04 법률행위의 무효에 관한 설명으로 옳은 것은? (다툼이 있으면 판례에 따름) 제10회

① 진의 아닌 의사표시는 원칙적으로 무효이다.
② 법률행위가 무효와 취소사유를 모두 포함하고 있는 경우, 당사자는 취소권이 있더라도 무효에 따른 효과를 제거하기 위해 이미 무효인 법률행위를 취소할 수 없다.
③ 법률행위의 무효는 제한능력자, 착오나 사기·강박에 의하여 의사표시를 한 자, 그의 대리인 또는 승계인 이외에는 주장할 수 없다.
④ 타인의 권리를 목적으로 하는 매매계약은 특별한 사정이 없는 한 유효하다.
⑤ 무효인 법률행위는 추인할 수 있는 날로부터 3년, 법률행위를 한 날로부터 10년 이후에는 추인할 수 없다.

해설

④ 타인의 권리를 목적으로 하는 매매계약은 특별한 사정이 없는 한 유효하다. 다만 담보책임이 문제될 뿐이다.

> 제569조 【타인의 권리의 매매】 매매의 목적이 된 권리가 타인에게 속한 경우에는 매도인은 그 권리를 취득하여 매수인에게 이전하여야 한다.

[지문분석]
① 진의 아닌 의사표시는 원칙적으로 유효이다.

> 제107조 【진의 아닌 의사표시】 ① 의사표시는 표의자가 진의 아님을 알고 한 것이라도 그 효력이 있다. 그러나 상대방이 표의자의 진의 아님을 알았거나 이를 알 수 있었을 경우에는 무효로 한다.

② 무효인 법률행위도 취소할 수 있다(무효와 취소의 이중효).
③ 무효인 법률행위는 누구든지 주장할 수 있다.
⑤ 무효인 법률행위의 추인은 기간의 제한이 없다. 취소권은 제척기간이 있다.

> 제146조 【취소권의 소멸】 취소권은 추인할 수 있는 날로부터 3년 내에 법률행위를 한 날로부터 10년 내에 행사하여야 한다.

05 법률행위의 무효에 관한 설명으로 옳지 않은 것은?

① 법률행위의 일부가 무효인 때에는 원칙적으로 그 전부를 무효로 한다.
② 무효인 법률행위에 따른 법률효과를 침해하는 것처럼 보이는 채무불이행이 있다면 채무불이행으로 인한 손해배상을 청구할 수 있다.
③ 불공정한 법률행위로서 무효인 경우 무효행위의 전환에 관한 민법 제138조가 적용될 수 있다.
④ 법률행위가 불성립하는 경우 무효행위의 추인을 통해 유효로 전환할 수 없다.
⑤ 무효행위의 추인은 그 무효 원인이 소멸한 후에 하여야 효력이 있다.

해설

무효인 법률행위는 그 법률행위가 성립한 당초부터 당연히 효력이 발생하지 않는 것이므로, 무효인 법률행위에 따른 법률효과를 침해하는 것처럼 보이는 위법행위나 채무불이행이 있다고 하여도 법률효과의 침해에 따른 손해는 없는 것이므로 그 손해배상을 청구할 수는 없다(대판 2003.3.28, 2002다72125).

06 무효인 법률행위에 관한 설명으로 옳지 않은 것은? (다툼이 있으면 판례에 따름)

① 무효행위의 추인은 그 무효 원인이 소멸한 후에 하여야 그 효력이 있다.
② 무효행위의 추인은 원칙적으로 소급효가 없다.
③ 불공정한 법률행위로서 무효인 경우에는 추인에 의하여 유효로 될 수 없다.
④ 불공정한 법률행위로서 무효인 경우에는 무효행위의 전환에 관한 민법 제138조가 적용될 수 없다.
⑤ 토지거래허가구역 내의 토지매매계약에서 토지거래허가를 받기 전에 처음부터 그 허가를 배제하기로 하는 약정은 확정적으로 무효이다.

해설

매매계약이 약정된 매매대금의 과다로 말미암아 민법 제104조에서 정하는 '불공정한 법률행위'에 해당하여 무효인 경우에도 무효행위의 전환에 관한 민법 제138조가 적용될 수 있다(대판 2010.7.15, 2009다50308).

정답 | 04 ④ 05 ② 06 ④

07 무효인 법률행위에 관한 설명으로 옳지 않은 것은? (다툼이 있으면 판례에 따름)   제5회

① 무효인 재산상 법률행위를 당사자가 무효임을 알고 추인한 경우 제3자에 대한 관계에서도 처음부터 유효한 법률행위가 된다.
② 무효인 법률행위가 다른 법률행위의 요건을 구비한 경우, 당사자가 그 무효를 알았다면 다른 법률행위를 하는 것을 의욕하였으리라고 인정될 때에는 다른 법률행위로서의 효력을 가진다.
③ 무효행위의 추인은 무효원인이 소멸한 후에 하여야 효력이 있다.
④ 무효행위의 추인은 명시적일 뿐만 아니라 묵시적으로도 할 수 있다.
⑤ 법률행위의 일부분이 무효인 때에는 그 전부를 무효로 한다. 그러나 그 무효부분이 없더라도 법률행위를 하였을 것이라고 인정될 때에는 나머지 부분은 무효가 되지 아니한다.

해설

무효인 법률행위는 당사자가 무효임을 알고 추인할 경우 새로운 법률행위를 한 것으로 간주할 뿐이고 소급효가 없는 것이므로 무효인 가등기를 유효한 등기로 전용키로 한 약정은 그때부터 유효하고 이로써 위 가등기가 소급하여 유효한 등기로 전환될 수 없다(대판 1992.5.12, 91다26546).

08 민법상 법률행위의 무효에 관한 설명으로 옳지 않은 것은? (다툼이 있으면 판례에 따름)   제13회

① 법률행위의 일부분이 무효인 때에는 그 전부를 무효로 하지만, 무효 부분이 없더라도 법률행위를 하였을 것이라고 인정될 때에는 나머지 부분은 무효가 되지 않는다.
② 무효인 법률행위가 다른 법률행위의 요건을 구비하고, 당사자가 무효를 알았더라면 다른 법률행위를 하는 것을 의욕하였으리라고 인정될 때에는 다른 법률행위로서 효력을 가진다.
③ 무효인 법률행위는 추인하여도 효력이 생기지 않지만, 당사자가 무효임을 알고 추인한 때에는 새로운 법률행위로 본다.
④ 토지거래허가구역 내 토지에 대하여 허가를 받기 전에 한 매매가 처음부터 허가를 배제하는 내용의 계약인 경우, 그 매매는 유동적 무효이다.
⑤ 무권리자가 타인의 권리를 처분하는 계약을 한 경우, 권리자가 추인하면 그 계약의 효과는 원칙적으로 계약체결 시로 소급한다.

해설

처음부터 토지거래허가를 배제하거나 잠탈하는 내용의 계약일 경우에는 확정적으로 무효로서 유효화될 여지가 없다.

09 甲은 토지거래허가구역 내의 X토지에 대하여 관할관청으로부터 허가를 받지 않고 乙에게 매도하는 계약을 체결하였고, 乙은 계약금을 지급한 경우에 관한 설명으로 옳지 않은 것은? (다툼이 있으면 판례에 따름) 제3회

① 甲은 허가를 받기 전에도 특별한 사정이 없는 한 계약금의 배액을 상환하고 적법하게 계약을 해제할 수 있다.
② 甲·乙 쌍방이 허가신청을 하지 않기로 의사표시를 명백히 한 경우에는 X토지에 대한 매매계약은 확정적으로 유효이다.
③ 乙은 매매계약이 확정적으로 무효가 되지 않는 한 계약체결 시 지급한 계약금에 대하여 이를 부당이득으로 반환청구할 수 없다.
④ 매매계약과 별개의 약정으로, 甲과 乙은 매매 잔금이 지급기일에 지급되지 않는 경우에 매매계약을 자동해제하기로 정할 수 있다.
⑤ 매매계약을 체결한 이후에 X토지에 대한 토지거래허가구역 지정이 해제된 경우, 甲과 乙 사이의 매매계약은 특별한 사정이 없는 한 확정적으로 유효가 된다.

해설

② 甲·乙 쌍방이 허가신청을 하지 않기로 의사표시를 명백히 한 경우에는 X토지에 대한 매매계약은 확정적으로 무효이다.

[지문분석]
① 특별한 사정이 없는 한 국토이용관리법상의 토지거래허가를 받지 않아 유동적 무효 상태인 매매계약에 있어서도 당사자 사이의 매매계약은 매도인이 계약금의 배액을 상환하고 계약을 해제함으로써 적법하게 해제된다(대판 1997.6.27, 97다9369).
③ 유동적 무효 상태의 매매계약을 체결하고 매수인이 이에 기하여 임의로 지급한 계약금은 그 계약이 유동적 무효 상태로 있는 한 이를 부당이득으로 반환을 구할 수는 없고 유동적 무효 상태가 확정적으로 무효로 되었을 때 비로소 부당이득으로 그 반환을 구할 수 있다(대판 1993.7.27, 91다33766).
④ 매매계약과 별개의 약정으로, 甲과 乙은 매매 잔금이 지급기일에 지급되지 않는 경우에 매매계약을 자동해제하기로 정할 수 있다.
⑤ 허가구역 지정기간 중에 허가구역 안의 토지에 대하여 토지거래허가를 받지 아니하고 토지거래계약을 체결한 후 허가구역 지정해제 등이 된 때에는 그 토지거래계약이 허가구역 지정이 해제되기 전에 확정적으로 무효로 된 경우를 제외하고는, 더 이상 관할 행정청으로부터 토지거래허가를 받을 필요가 없이 확정적으로 유효로 되어 거래 당사자는 그 계약에 기하여 바로 토지의 소유권 등 권리의 이전 또는 설정에 관한 이행청구를 할 수 있다(대판 1999.6.17, 98다40459 전합).

정답 | 07 ① 08 ④ 09 ②

10 甲이 토지거래허가구역 내의 자신의 토지에 대하여 乙과 매매계약을 체결한 경우에 관한 설명으로 옳은 것은? (다툼이 있으면 판례에 따름)   제7회

① 토지거래허가를 받기 전에도 위 계약의 채권적 효력은 발생한다.
② 토지거래허가를 받기 전에도 乙은 甲에게 소유권이전의무 불이행으로 인한 손해배상청구를 할 수 있다.
③ 위 계약 체결 후 토지거래허가를 받은 경우, 위 계약은 특별한 사정이 없는 한 그 허가를 받은 때부터 유효가 된다.
④ 토지거래허가를 받기 전에 甲이 허가신청협력의무의 이행거절의사를 명백히 표시한 경우, 위 계약은 확정적으로 무효가 된다.
⑤ 토지거래허가를 받지 못하여 위 계약이 확정적으로 무효가 된 경우, 그 무효가 됨에 있어 귀책사유가 있는 자는 위 계약의 무효를 주장할 수 없다.

해설

④ 당사자 쌍방이 허가신청협력의무 이행거절의사를 명백히 표시한 경우 또는 당사자 쌍방이 허가신청을 하지 않기로 의사표시를 명백히 한 때에는 확정적 무효이다(대판 1997.11.11, 97다36965).

[지문분석]
①② 국토이용관리법상 토지거래허가구역 내의 토지에 관한 거래계약은 관할 관청으로부터 허가받기 전의 상태에서는 거래계약의 채권적 효력도 전혀 발생하지 아니하여 무효이므로 권리의 이전 또는 설정에 관한 어떠한 내용의 이행청구도 할 수 없고, 따라서 상대방의 거래계약상 채무불이행을 이유로 손해배상을 청구할 수도 없다(대판 2000.1.28, 99다40524).
③ 허가를 받으면 그 계약은 소급해서 유효화되므로 허가 후에 새로이 거래계약을 체결할 필요는 없다(대판 1991.12.24, 90다12243 전합).
⑤ 토지거래허가를 받지 아니하여 유동적 무효 상태에 있는 계약이라고 하더라도 일단 거래허가신청을 하여 불허되었다면 특별한 사정이 없는 한, 불허된 때로부터는 그 거래계약은 확정적으로 무효가 된다고 보아야 하고, 거래허가신청을 하지 아니하여 유동적 무효인 상태에 있던 거래계약이 확정적으로 무효가 된 경우에는 거래계약이 확정적으로 무효로 됨에 있어서 귀책사유가 있는 자라고 하더라도 그 계약의 무효를 주장하는 것이 신의칙에 반한다고 할 수는 없다(이 경우 상대방은 그로 인한 손해의 배상을 청구할 수는 있다)(대판 1995.2.28, 94다51789).

11 국토의 계획 및 이용에 관한 법률이 정하는 토지거래허가구역 내의 토지거래행위에 관한 설명으로 옳지 않은 것은? (다툼이 있는 경우에는 판례에 의함)   제2회

① 권리의 이전 또는 설정에 관한 토지거래계약은 그에 대한 허가를 받을 때까지는 효력이 전혀 없다.
② 당사자의 일방이 허가신청절차에 협력하지 아니한다면 상대방은 소송으로써 그 이행을 구할 수 있다.
③ 매수인이 대금을 선급하기로 약정하였다면 허가를 받기 전에도 매도인은 대금 미지급을 이유로 계약을 해제할 수 있다.
④ 일단 허가를 받으면 토지거래계약은 처음부터 효력이 있으므로 거래계약을 다시 체결할 필요가 없다.
⑤ 토지매매계약의 무효가 확정되지 않은 상태에서는 매수인은 임의로 지급한 계약금을 부당이득으로 반환을 청구할 수 없다.

해설

관할 관청으로부터 토지거래허가를 받기까지는 매매계약이 그 계약내용대로의 효력이 있을 수 없는 것이어서 매수인으로서도 그 계약내용에 따른 대금지급의무가 있다고 할 수 없으며, 설사 계약상 매수인의 대금지급의무가 매도인의 소유권이전등기의무에 선행하여 이행하기로 약정되어 있었다고 하더라도, 매수인에게 그 대금지급의무가 없음은 마찬가지여서 매도인으로서는 그 대금지급이 없었음을 이유로 계약을 해제할 수 없다(대판 1991.12.24, 90다12243 전합).

정답 | 10 ④ 11 ③

12 국토의 계획 및 이용에 관한 법률상의 토지거래허가구역 내의 토지를 매매한 경우에 관한 설명으로 옳지 않은 것은? (다툼이 있으면 판례에 따름) 제4회

① 토지매매계약은 관할관청의 허가를 받아야만 그 효력이 발생하고 그 허가를 받기 전에는 채권적 효력도 발생하지 아니한다.
② 처음부터 토지거래허가를 배제하거나 잠탈하는 내용의 계약일 경우에는 확정적으로 무효로서 유효화될 여지가 없다.
③ 당사자들이 계약상 대금지급의무를 소유권이전등기의무에 선행하여 이행하기로 약정하였더라도, 허가 전이라면 매매대금 미지급을 이유로 계약을 해제할 수 없다.
④ 매도인의 토지거래허가 신청절차 협력의무와 매수인의 매매대금지급의무가 동시이행의 관계에 있는 것은 아니다.
⑤ 계약의 쌍방 당사자는 공동허가신청절차에 협력할 의무가 있지만, 이러한 의무에 일방이 위배하더라도 상대방은 협력의무의 이행을 소구할 수는 없다.

해설

국토이용관리법상의 토지거래규제구역 내의 토지에 관하여 관할관청의 허가 없이 체결된 매매계약이라고 하더라도, 거래 당사자 사이에는 그 계약이 효력 있는 것으로 완성될 수 있도록 서로 협력할 의무가 있어, 그 매매계약의 쌍방 당사자는 공동으로 관할관청의 허가를 신청할 의무가 있고, 이러한 의무에 위배하여 허가신청에 협력하지 않는 당사자에 대하여 상대방은 협력의무의 이행을 청구할 수 있다(대판 1994.12.27, 94다4806).

13 법률행위의 취소에 관한 설명으로 옳은 것은? (다툼이 있으면 판례에 따름)   제6회

① 취소원인의 진술이 없는 취소의 의사표시는 그 효력이 없다.
② 이미 취소된 법률행위는 무효인 법률행위의 추인의 요건과 효력으로서도 추인할 수 없다.
③ 해제된 계약은 이미 소멸하여 그 효력이 없으므로 착오를 이유로 다시 취소할 수 없다.
④ 취소할 수 있는 법률행위의 추인은 취소권자가 취소할 수 있는 법률행위임을 알고서 추인하여야 한다.
⑤ 민법이 취소권을 행사할 수 있는 기간으로 정한 '추인할 수 있는 날로부터 3년, 법률행위를 한 날로부터 10년'은 소멸시효기간이다.

해설

[지문분석]
① 취소의 의사표시란 반드시 명시적이어야 하는 것은 아니고, 취소자가 그 착오를 이유로 자신의 법률행위의 효력을 처음부터 배제하려고 한다는 의사가 드러나면 족한 것이며, 취소원인의 진술 없이도 취소의 의사표시는 유효하다(대판 2005.5.27, 2004다43824).
② 이미 취소된 법률행위는 무효인 법률행위의 추인의 요건과 효력으로도 추인할 수 있다.
③ 해제된 계약도 착오를 이유로 다시 취소할 수 있다.
⑤ 취소권은 형성권이므로 취소권의 존속기간은 제척기간이다.

정답 | 12 ⑤ 13 ④

14 미성년자의 매매계약을 미성년을 이유로 취소하는 경우, 민법 제146조가 규정하는 취소권의 행사기간에 관한 설명으로 옳지 않은 것은? (다툼이 있으면 판례에 따름)   제13회

① 취소권은 추인할 수 있는 날로부터 3년 내에, 매매계약을 한 날로부터 10년 내에 행사해야 한다.
② 추인할 수 있는 날은 취소 원인의 종료로 취소권 행사에 관한 장애가 없어져서 취소권자가 추인할 수도 있고 취소할 수도 있는 상태가 된 때이다.
③ 미성년자가 성년에 이른 날로부터 3년, 법정대리인이 미성년자의 매매계약을 안 날로부터 3년, 그 매매계약을 한 날로부터 10년 중 어느 것이든 먼저 경과하면 취소권을 행사할 수 없다.
④ 민법 제146조의 취소권 소멸 규정은 제척기간이 아니라 소멸시효기간에 관한 것이다.
⑤ 취소권은 재판상이든 재판 외이든 민법 제146조가 규정하는 기간 내에 행사하면 된다.

해설

법률행위를 취소할 수 있는 권리는 형성권으로서 민법 제146조에 규정된 취소권의 존속기간은 제척기간이라고 보아야 할 것이지만, 그 제척기간 내에 소(訴)를 제기하는 방법으로 권리를 재판상 행사하여야만 되는 것은 아니고, 재판 외에서 의사표시를 하는 방법으로도 권리를 행사할 수 있다(대판 1993.7.27, 92다52795).

15 법률행위의 취소에 관한 설명으로 옳지 않은 것은? (다툼이 있으면 판례에 따름) 제9회

① 제한능력자도 단독으로 취소권을 행사할 수 있다.
② 법률행위의 취소로 무효가 된 그 법률행위는 무효행위의 추인의 법리에 따라 추인할 수 없다.
③ 근로계약이 취소된 경우 이미 제공된 근로자의 노무를 기초로 형성된 취소 이전의 법률관계는 소급하여 효력을 잃지 않는다.
④ 취소권자가 추인할 수 있은 후에 이의를 보류한 상태에서 취소할 수 있는 계약을 이행한 때에는 법정추인이 되지 않는다.
⑤ 계약이 해제된 후에도 해제의 상대방은 해제로 인한 불이익을 면하기 위하여 취소권을 행사하여 계약 전체를 무효로 돌릴 수 있다.

해설

② 취소한 법률행위는 처음부터 무효인 것으로 간주되므로 취소할 수 있는 법률행위가 일단 취소된 이상 그 후에는 취소할 수 있는 법률행위의 추인에 의하여 이미 취소되어 무효인 것으로 간주된 당초의 의사표시를 다시 확정적으로 유효하게 할 수는 없고, 다만 무효인 법률행위의 추인의 요건과 효력으로서 추인할 수는 있다(대판 1997.12.12, 95다38240).

[지문분석]
③ 근로계약의 무효 또는 취소를 주장할 수 있다 하더라도 근로계약에 따라 그동안 행하여진 근로자의 노무제공의 효과를 소급하여 부정하는 것은 타당하지 않으므로 이미 제공된 근로자의 노무를 기초로 형성된 취소 이전의 법률관계까지 효력을 잃는다고 보아서는 아니 되고, 취소의 의사표시 이후 장래에 관하여만 근로계약의 효력이 소멸된다고 보아야 한다(대판 2017.12.22, 2013다25194·25200).

정답 | 14 ④ 15 ②

16 甲이 자신 소유의 X토지를 乙에게 매도하면서 乙의 매매대금의 지급과 동시에 乙 앞으로 소유권이전등기를 마쳐주기로 약정하였다. 이에 관한 설명으로 옳지 않은 것은? (다툼이 있으면 판례에 따름)   제10회

① 甲과 乙이 소유권이전등기와 매매대금의 지급을 이행하였으나 위 매매계약이 통정허위표시로 무효인 경우, 특별한 사정이 없는 한 甲이 지급받은 매매대금과 乙 명의로 마쳐진 소유권등기를 각각 부당이득으로 반환청구할 수 있다.

② 甲과 乙의 매매계약이 甲이 미성년자임을 이유로 적법하게 취소된 경우, 甲은 특별한 사정이 없는 한 이익이 현존하는 한도에서 상환할 책임이 있다.

③ 甲이 乙의 매매대금지급 불이행을 이유로 매매계약을 적법하게 해제한 경우, 乙은 계약해제에 따른 손해배상책임을 면하기 위해 착오를 이유로 그 매매계약을 취소할 수 없다.

④ 甲과 乙이 각각 소유권이전등기와 매매대금의 지급을 이행한 이후, 乙이 甲의 사기를 이유로 위 매매계약을 적법하게 취소한 경우, 甲의 매매대금반환과 乙의 소유권이전등기말소는 특별한 사정이 없는 한 동시에 이행되어야 한다.

⑤ 甲과 乙의 매매계약이 관련 법령에 따라 관할청의 허가를 받아야 함에도 아직 토지거래허가를 받지 않아 유동적 무효 상태인 경우, 乙은 甲에게 계약의 무효를 주장하여 이미 지급한 계약금의 반환을 부당이득으로 청구할 수 없다.

해설

③ 해제된 이후에도 착오를 이유로 취소할 수 있다. 매도인이 매수인의 중도금 지급채무 불이행을 이유로 **매매계약을 적법하게 해제한 후라도** 매수인으로서는 상대방이 한 계약해제의 효과로서 발생하는 손해배상책임을 지거나 매매계약에 따른 계약금의 반환을 받을 수 없는 불이익을 면하기 위하여 착오를 이유로 한 취소권을 행사하여 매매계약 전체를 무효로 돌리게 할 수 있다(대판 1996.12.6, 95다24982 · 24999).

[지문분석]
① 통정허위표시는 무효이므로 이미 이행한 급부에 대하여 상대방에게 반환청구할 수 있다.

> 제108조 【통정한 허위의 의사표시】 ① 상대방과 통정한 허위의 의사표시는 무효로 한다.
> 제741조 【부당이득의 내용】 법률상 원인 없이 타인의 재산 또는 노무로 인하여 이익을 얻고 이로 인하여 타인에게 손해를 가한 자는 그 이익을 반환하여야 한다.

② 미성년자는 그 행위로 인하여 받은 이익이 현존하는 한도에서 상환할 책임이 있다.

> 제141조 【취소의 효과】 취소된 법률행위는 처음부터 무효인 것으로 본다. 다만, 제한능력자는 그 행위로 인하여 받은 이익이 현존하는 한도에서 상환할 책임이 있다.

④ 매매계약이 취소된 경우에 당사자 쌍방의 원상회복의무는 동시이행의 관계에 있다(대판 2010.10.14, 2010다47438).

⑤ 허가를 배제하거나 잠탈하는 내용이 아닌 유동적 무효 상태의 매매계약을 체결하고 매수인이 이에 기하여 임의로 지급한 계약금은 그 계약이 유동적 무효 상태로 있는 한 이를 부당이득으로 반환을 구할 수는 없고 유동적 무효 상태가 확정적으로 무효로 되었을 때 비로소 부당이득으로 그 반환을 구할 수 있다(대판 1995.4.28, 93다26397).

17 법률행위의 취소에 관한 설명으로 옳지 않은 것은? 제8회

① 제한능력을 이유로 법률행위가 취소되면 제한능력자는 그 행위로 인해 받은 이익이 현존하는 한도에서 상환할 책임이 있다.
② 취소권은 추인할 수 있는 날로부터 3년 내에, 법률행위를 한 날로부터 10년 내에 행사하여야 한다.
③ 취소할 수 있는 법률행위는 추인에 의하여 유효한 것으로 확정된다.
④ 취소된 법률행위는 원칙적으로 처음부터 무효인 것으로 본다.
⑤ 미성년자가 한 법률행위는 그가 단독으로 유효하게 취소할 수 없다.

해설

취소할 수 있는 법률행위는 제한능력자, 착오로 인하거나 사기·강박에 의하여 의사표시를 한 자, 그의 대리인 또는 승계인만이 취소할 수 있다(제140조). 즉, 제한능력자는 법정대리인의 동의 없이 단독으로 유효하게 취소할 수 있다.

18 민법상의 법률행위의 무효와 취소에 관한 설명으로 옳은 것은? (다툼이 있는 경우에는 판례에 의함) 제1회

① 의사무능력자가 한 법률행위는 상대적 무효이다.
② 법률행위의 일부분이 무효인 때에는 원칙적으로 나머지 부분은 유효하게 존속한다.
③ 폭리행위로 무효인 법률행위도 추인에 의하여 유효하게 될 수 있다.
④ 미성년자가 법률행위를 한 후, 성년자가 되기 전에 그가 이를 추인하더라도 그 추인은 효력이 없다.
⑤ 취소권은 법률행위를 한 날로부터 3년 내에 행사하여야 한다.

해설

[지문분석]
① 의사무능력자가 한 법률행위는 절대적 무효이다.
② 제137조【법률행위의 일부무효】법률행위의 일부분이 무효인 때에는 그 전부를 무효로 하는 것이 원칙이다.
③ 불공정한 법률행위(폭리행위)로서 무효인 경우에는 추인에 의하여 무효인 법률행위가 유효로 될 수 없다 (대판 1994.6.24, 94다10900).
⑤ 제146조【취소권의 소멸】취소권은 추인할 수 있는 날로부터 3년 내에 법률행위를 한 날로부터 10년 내에 행사하여야 한다.

정답 | 16 ③ 17 ⑤ 18 ④

19 법률행위의 무효와 취소에 관한 설명으로 옳은 것은? (다툼이 있으면 판례에 따름) 제4회

① 무효인 법률행위의 추인은 명시적으로 하여야 하고 묵시적으로는 할 수 없다.
② 법률행위가 취소되면 처음부터 무효인 것으로 되지만, 제한능력자는 그 행위로 인하여 받은 이익이 현존하는 한도에서 상환(償還)할 책임이 있다.
③ 착오에 의한 의사표시를 한 자가 사망한 경우, 그 상속인은 피상속인의 착오를 이유로 취소할 수 없다.
④ 취소권은 추인할 수 있는 날로부터 10년 내에 행사하면 된다.
⑤ 법률행위의 일부분이 무효인 경우, 그 무효부분이 없더라도 법률행위를 하였을 것이라고 인정될 때에도 그 전부를 무효로 한다.

해설

② 제141조【취소의 효과】취소된 법률행위는 처음부터 무효인 것으로 본다. 다만, 제한능력자는 그 행위로 인하여 받은 이익이 현존하는 한도에서 상환(償還)할 책임이 있다.

[지문분석]
① 추인은 묵시적으로도 할 수 있다.
③ 상속인은 포괄승계인이므로 취소할 수 있다.
　제140조【법률행위의 취소권자】취소할 수 있는 법률행위는 제한능력자, 착오로 인하거나 사기·강박에 의하여 의사표시를 한 자, 그의 대리인 또는 승계인만이 취소할 수 있다.
④ 취소권은 추인할 수 있는 날로부터 3년 내에, 법률행위를 한 날로부터 10년 내에 행사하여야 한다.
⑤ 제137조【법률행위의 일부무효】법률행위의 일부분이 무효인 때에는 그 전부를 무효로 한다. 그러나 그 무효부분이 없더라도 법률행위를 하였을 것이라고 인정될 때에는 나머지 부분은 무효가 되지 아니한다.

20 법률행위의 무효와 취소에 관한 설명으로 옳은 것은? (다툼이 있으면 판례에 따름)

① 계약이 불공정한 법률행위로서 무효인 경우, 그 계약에 대한 부제소합의는 특별한 사정이 없는 한 유효하다.
② 취소할 수 있는 법률행위에서 취소권자의 상대방이 이행을 청구하는 경우에는 법정추인이 된다.
③ 매매계약이 약정된 대금의 과다로 인해 불공정한 법률행위에 해당하여 무효인 경우, 무효행위의 전환에 관한 민법 제138조는 적용될 여지가 없다.
④ 무권리자가 타인의 권리를 처분하는 계약을 체결한 경우, 권리자가 이를 추인하면 계약의 효과는 원칙적으로 계약 체결 시에 소급하여 권리자에게 귀속된다.
⑤ 취소할 수 있는 법률행위의 상대방이 그 법률행위로 취득한 권리를 타인에게 임의로 양도한 경우, 특별한 사정이 없는 한 그 취소의 의사표시는 그 양수인을 상대방으로 하여야 한다.

해설

④ 무권대리의 추인에 관한 민법 제130조, 제133조 등을 무권리자의 추인에 유추적용할 수 있다. 따라서 무권리자의 처분이 계약으로 이루어진 경우에 권리자가 이를 추인하면 원칙적으로 계약의 효과가 계약을 체결했을 때에 소급하여 권리자에게 귀속된다고 보아야 한다(대판 2017.6.8, 2017다3499).

[지문분석]
① 매매계약과 같은 쌍무계약이 급부와 반대급부와의 불균형으로 말미암아 불공정한 법률행위에 해당하여 무효라고 한다면, 그 계약으로 인하여 불이익을 입는 당사자로 하여금 위와 같은 불공정성을 소송 등 사법적 구제수단을 통하여 주장하지 못하도록 하는 **부제소합의 역시 다른 특별한 사정이 없는 한 무효**라고 할 것이다(대판 2017.5.30, 2017다201422).
② 취소권자가 상대방에게 이행을 청구하는 것은 법정추인이 되지만 상대방이 취소권자에게 이행을 청구하는 것은 법정추인이 되지 않는다.
③ 매매계약이 약정된 매매대금의 과다로 말미암아 민법 제104조에서 정하는 '불공정한 법률행위'에 해당하여 무효인 경우에도 **무효행위의 전환에 관한 민법 제138조가 적용될 수 있다**(대판 2010.7.15, 2009다50308).
⑤ 취소의 의사표시는 취소할 수 있는 법률행위의 직접 상대방 또는 포괄승계인에게만 취소권을 행사할 수 있다. 그러나 상대방의 특정승계인(그 양수인)은 상대방에 해당하지 않는다.

정답 | 19 ② 20 ④

21 법률행위의 무효와 취소에 관한 설명으로 옳지 않은 것은? (다툼이 있으면 판례에 따름)

제7회

① 무효인 법률행위는 추인하여도 원칙적으로 그 효력이 생기지 않는다.
② 법률행위의 일부분이 무효인 경우에 대하여 규정하고 있는 민법 제137조는 임의규정이다.
③ 취소할 수 있는 법률행위에서 취소권자의 상대방이 그 취소할 수 있는 행위로 취득한 권리를 양도하는 경우 법정추인이 된다.
④ 하나의 법률행위의 일부분에만 취소사유가 있다고 하더라도 그 법률행위가 가분적이거나 그 목적물의 일부가 특정될 수 있다면, 그 나머지 부분이라도 이를 유지하려는 당사자의 가정적 의사가 인정되는 경우 그 일부만의 취소도 가능하다.
⑤ 임차권양도계약과 권리금 계약이 결합하여 경제적·사실적 일체로 행하여진 경우, 그 권리금 계약 부분에만 취소사유가 존재하여도 특별한 사정이 없는 한 권리금계약 부분만을 따로 떼어 취소할 수는 없다.

해설

취소권자가 그 취소할 수 있는 행위로 취득한 권리를 양도하는 경우 법정추인이 되고, 상대방이 양도한 경우는 법정추인이 아니다.

22 법률행위의 무효와 취소에 관한 설명으로 옳지 않은 것은? (다툼이 있으면 판례에 따름) 제12회

① 취소된 법률행위는 처음부터 무효인 것으로 본다.
② 무효행위의 추인은 묵시적으로 할 수 있다.
③ 토지거래계약 허가구역 내 토지에 대하여 처음부터 허가를 잠탈하는 내용의 매매계약이 체결된 경우, 그 계약은 유동적 무효이다.
④ 반사회질서의 법률행위로서 무효인 경우, 그 무효로 선의의 제3자에게 대항할 수 있다.
⑤ 취소할 수 있는 법률행위의 상대방이 확정된 경우에는 그 취소는 그 상대방에 대한 의사표시로 하여야 한다.

해설

국토의 계획 및 이용에 관한 법률상 토지거래계약 허가구역 내의 토지에 관하여 허가를 배제하거나 잠탈하는 내용으로 매매계약이 체결된 경우에는 같은 법 제118조 제6항에 따라 그 계약은 체결된 때부터 확정적으로 무효이다(대판 2010.6.10, 2009다96328).

23 미성년자 甲은 자신의 자전거를 乙에게 매도하는 계약을 체결하였고 甲은 미성년자임을 이유로 계약을 취소하려고 한다. 이에 관한 설명으로 옳지 않은 것은? (다툼이 있으면 판례에 따름)

제12회

① 甲은 계약을 취소하면 그가 악의인 경우에도 그 현존이익의 한도에서 상환할 책임이 있다.
② 甲은 법정대리인의 동의 없이 단독으로 계약을 취소할 수 있다.
③ 甲의 취소권의 행사기간은 법원의 직권조사사항이다.
④ 甲의 법정대리인이 취소할 수 있는 법률행위를 추인하는 경우, 그 추인은 취소의 원인이 소멸된 후에 하여야만 효력이 있다.
⑤ 甲의 취소권은 추인할 수 있는 날로부터 3년 내에, 법률행위를 한 날로부터 10년 내에 행사하여야 한다.

해설

추인은 '취소의 원인이 소멸(종료)한 후'에 하여야 한다. 그러나 법정대리인은 취소의 원인이 소멸하기 전에도 추인할 수 있다(제144조 제2항).

정답 | 21 ③ 22 ③ 23 ④

24

甲은 18세 때 시가 5,000만 원에 상당하는 명화(名畵)를 법정대리인인 丙의 동의 없이 乙에게 400만 원에 매도하였으나, 그 당시 乙은 甲의 외모로 보아 그가 성년이라고 생각하였다. 현재 甲이 미성년자라고 할 때 다음 설명 중 옳은 것은?

제5회

① 甲은 매매계약을 취소할 수 없다.
② 丙은 매매계약을 추인할 수 있으나, 甲은 추인할 수 없다.
③ 乙이 丙에게 1개월 이상의 기간을 정하여 매매계약을 추인할 것인지 확답을 촉구한 경우, 丙이 그 기간 내에 확답을 발송하지 않으면 그 매매계약을 취소한 것으로 본다.
④ 丙이 적법하게 매매계약을 취소한 경우 그 매매계약은 취소한 때로부터 무효인 것으로 본다.
⑤ 甲이 매매대금을 전부 유흥비로 탕진한 후 丙이 매매계약을 적법하게 취소한 경우, 乙은 명화를 반환하고 매매대금 전부를 반환받을 수 있다.

해설

② 미성년자인 동안에는 추인할 수 없다. 추인은 취소의 원인이 소멸되어야 할 수 있다.

[지문분석]
① 미성년자도 취소할 수 있다.
③ 그 기간 내에 확답을 발송하지 않으면 그 매매계약을 추인한 것으로 본다.

④⑤ 제141조 【취소의 효과】 취소된 법률행위는 처음부터 무효인 것으로 본다. 다만, 제한능력자는 그 행위로 인하여 받은 이익이 현존하는 한도에서 상환(償還)할 책임이 있다.

매매대금을 유흥비로 탕진하였으므로 현존이익이 없어 매매대금을 반환받을 수는 없다.

25 의사무능력자 甲은 乙로부터 금전을 차용하는 소비대차계약을 乙과 체결하고 차용금을 전부 수령하였다. 이에 관한 설명으로 옳지 않은 것을 모두 고른 것은? (다툼이 있으면 판례에 따름)

제12회

> ㉠ 甲의 특별대리인 丙이 甲의 의사무능력을 이유로 계약의 무효를 주장하는 것은 특별한 사정이 없는 한 신의칙에 반한다.
> ㉡ 甲의 의사무능력을 이유로 계약이 무효가 된 경우, 甲은 그 선의·악의를 불문하고 乙에게 그 현존이익을 반환할 책임이 있다.
> ㉢ 甲이 수령한 차용금을 모두 소비한 경우, 乙은 甲에게 그 이익이 현존한다는 사실에 관한 증명책임을 부담한다.

① ㉡
② ㉢
③ ㉠, ㉡
④ ㉠, ㉢
⑤ ㉠, ㉡, ㉢

해설

㉠ 신의칙은 민법의 기초이념(의사무능력자, 제한능력자), 강행법규, 법적 안정성에 반하는 경우에는 적용되지 않는다.
㉢ 부당이득자가 취득한 이득은 현존하는 것으로 추정되므로 의사무능력자가 현존이익 없음을 증명하여야 한다.
[지문분석]
㉡ 의사무능력자는 선의·악의를 불문하고 무효인 법률행위로 인하여 '받은 이익이 현존하는 한도'에서 반환하면 된다(제141조 단서 유추적용).

정답 | 24 ② 25 ④

26 무효 또는 취소할 수 있는 법률행위의 추인에 관한 설명으로 옳은 것은?

① 무효인 계약은 계약당사자가 무효임을 알고 추인한 경우 계약 성립 시부터 새로운 법률행위를 한 것으로 본다.
② 불공정한 법률행위로서 무효인 경우 당사자가 무효임을 알고 추인하면 그 법률행위는 유효로 된다.
③ 무권리자가 타인의 권리를 처분하는 행위는 권리자가 이를 알고 추인하여도 그 처분의 효력이 발생하지 않는다.
④ 취소할 수 있는 법률행위를 추인할 수 있는 자는 그 법률행위의 취소권자이다.
⑤ 피성년후견인은 취소할 수 있는 법률행위를 단독으로 유효하게 추인할 수 있다.

해설

[지문분석]
① 무효인 법률행위는 추인하여도 그 효력이 생기지 아니한다. 그러나 당사자가 그 무효임을 알고 추인한 때에는 그때부터 새로운 법률행위를 한 것으로 본다(제139조).
② 불공정한 법률행위로서 무효인 경우에는 추인에 의하여 무효인 법률행위가 유효로 될 수 없다(대판 1994.6.24, 94다10900).
③ 권리자가 무권리자의 처분을 추인하면 무권대리에 대해 본인이 추인을 한 경우와 당사자들 사이의 이익상황이 유사하므로, **무권대리의 추인에 관한 민법 제130조, 제133조 등을 무권리자의 추인에 유추적용할 수 있다.** 따라서 무권리자의 처분이 계약으로 이루어진 경우에 권리자가 이를 추인하면 원칙적으로 계약의 효과가 계약을 체결했을 때에 소급하여 권리자에게 귀속된다고 보아야 한다(대판 2017.6.8, 2017다3499).
⑤ 취소권자가 추인할 수 있으나 취소의 원인이 소멸된 후에 하여야 한다. 따라서 피성년후견인은 그가 능력자로 된 후에 단독으로 유효하게 취소할 수 있다.

27 취소할 수 있는 법률행위의 법정추인에 해당하지 않는 것은? (다툼이 있으면 판례에 따름)

제10회

① 취소할 수 있는 행위로부터 생긴 채무의 이행을 위해 취소권자가 상대방에게 일부이행을 한 경우
② 취소할 수 있는 행위로부터 생긴 채무의 이행을 위해 취소권자가 상대방에게 이행을 청구하는 경우
③ 취소할 수 있는 행위로부터 생긴 채무의 이행을 위해 취소권자가 상대방에게 저당권을 설정해 준 경우
④ 취소권자가 취소할 수 있는 행위에 의하여 성립된 채권을 소멸시키고 그 대신 다른 채권을 성립시키는 경개를 하는 경우
⑤ 취소할 수 있는 행위로부터 취득한 권리의 전부를 취소권자의 상대방이 제3자에게 양도하는 경우

해설

> 제145조 【법정추인】 취소할 수 있는 법률행위에 관하여 전조의 규정에 의하여 추인할 수 있는 후에 다음 각 호의 사유가 있으면 추인한 것으로 본다. 그러나 이의를 보류한 때에는 그러하지 아니하다.
> 1. 전부나 일부의 이행
> 2. 이행의 청구
> 3. 경개
> 4. 담보의 제공
> 5. 취소할 수 있는 행위로 취득한 권리의 전부나 일부의 양도
> 6. 강제집행

⑤ 제145조 제5호, 권리의 양도가 법정추인이 되는 경우는 취소권자가 양도한 경우만 해당한다.

[지문분석]
① 제145조 제1호, 이행
② 제145조 제2호, 이행의 청구
③ 제145조 제4호, 담보의 제공
④ 제145조 제3호, 경개

정답 | 26 ④   27 ⑤

28 취소할 수 있는 법률행위로서 법정추인이 되는 경우가 아닌 것은? 　　제5회

① 취소할 수 있는 행위로부터 생긴 채권에 관하여 취소권자가 상대방에게 이행한 경우
② 취소권자가 취소할 수 있는 행위로 취득한 권리를 전부 양도한 경우
③ 취소권자의 상대방이 이행을 청구하는 경우
④ 취소권자가 채무자로서 담보를 제공하는 경우
⑤ 취소권자가 채권자로서 강제집행하는 경우

해설

상대방이 이행을 청구하는 경우는 법정추인이 아니다. 취소권자가 상대방에게 이행을 청구한 경우만 법정추인이 된다.

29 취소할 수 있는 법률행위의 법정추인 사유에 해당하지 않는 것은? (다툼이 있으면 판례에 따름) 　　제13회

① 취소권자 상대방의 이행청구
② 취소권자의 전부나 일부 이행
③ 경개계약
④ 취소권자의 저당권 설정행위
⑤ 취소권자의 강제집행

해설

취소권자가 이행청구한 경우에는 법정추인 사유이지만 상대방이 이행청구한 경우에는 법정추인 사유가 아니다.

정답 | 28 ③　29 ①

제6절 | 조건과 기한(법률행위의 부관)

01 조건에 관한 설명으로 옳지 않은 것은? (다툼이 있으면 판례에 의함)

① 조건이 되려면 조건의사와 그 표시가 필요하므로, 조건의사가 있더라도 그것이 외부에 표시되지 않으면 법률행위의 동기에 불과할 뿐이고 그것만으로는 법률행위의 부관으로서의 조건이 되는 것은 아니다.
② 단독행위에는 원칙적으로 조건을 붙이지 못한다.
③ 혼인·인지 등 신분행위에는 조건을 붙일 수 없다.
④ 조건과 친하지 않은 법률행위에 조건을 붙인 경우에는 그 조건만 무효이고 그 법률행위는 조건 없는 법률행위가 된다.
⑤ 조건부 권리·의무는 일반규정에 따라 처분·상속·보존 또는 담보로 할 수 있다.

해설

조건과 친하지 않은 법률행위에 조건을 붙인 경우에는 그 법률행위는 원칙적으로 전부 무효가 된다(대결 2005.11.8, 2005마541).

02 조건에 관한 설명으로 옳지 않은 것은? (다툼이 있는 경우에는 판례에 의함)   제2회

① 조건은 법률행위의 효력의 발생 또는 소멸을 장래 발생이 확실한 사실에 의존시키는 법률행위의 부관이다.
② "행정사 시험에 합격하면 자동차를 사주겠다."고 약속한 경우 약속 당시 이미 시험에 합격했다면, 이는 조건 없는 증여계약이다.
③ "내일 해가 서쪽에서 뜨면 자동차를 사주겠다."는 내용의 증여계약은 무효이다.
④ 혼인이나 입양 등 가족법상의 법률행위는 원칙적으로 조건과 친하지 않다.
⑤ 조건의 성취로 인하여 불이익을 받을 당사자가 신의성실에 반하여 조건의 성취를 방해한 때에는 상대방은 그 조건이 성취한 것으로 주장할 수 있다.

해설

조건은 법률행위의 효력의 발생 또는 소멸을 장래의 불확실한 사실의 성부에 의존하게 하는 법률행위의 부관을 말한다.

정답 | 01 ④   02 ①

03 조건에 관한 설명으로 옳지 않은 것은? 제5회

① 조건의 성취가 미정인 권리의무는 일반규정에 의하여 처분, 상속, 보존 또는 담보로 할 수 있다.
② 조건이 선량한 풍속 기타 사회질서에 위반한 것인 때에는 그 법률행위는 무효로 한다.
③ 당사자가 조건 성취 전에 특별한 의사표시를 하지 않으면 조건 성취의 효력은 소급효가 없다.
④ 해제조건부 법률행위의 경우 법률행위 당시 조건이 이미 성취할 수 없는 것인 때에는 그 법률행위는 무효이다.
⑤ 조건부 법률행위의 당사자는 조건의 성부가 미정인 동안에 조건의 성취로 인하여 생길 상대방의 이익을 해하지 못한다.

해설

해제조건부 법률행위의 경우 법률행위 당시 조건이 이미 성취할 수 없는 것인 때에는 그 법률행위는 조건 없는 법률행위가 된다.

> 제151조【불법조건, 기성조건】① 조건이 선량한 풍속 기타 사회질서에 위반한 것인 때에는 그 법률행위는 무효로 한다.
> ② 조건이 법률행위의 당시 이미 성취한 것인 경우에는 그 조건이 정지조건이면 조건 없는 법률행위로 하고 해제조건이면 그 법률행위는 무효로 한다.
> ③ 조건이 법률행위의 당시에 이미 성취할 수 없는 것인 경우에는 그 조건이 해제조건이면 조건 없는 **법률행위로 하고** 정지조건이면 그 법률행위는 무효로 한다.

04 법률행위의 부관에 관한 설명으로 옳은 것은? (다툼이 있으면 판례에 따름) 제10회

① 상계의 의사표시에는 원칙적으로 조건을 붙일 수 있다.
② 조건부 법률행위에서 조건의 내용 자체가 불법적이어서 무효인 경우, 원칙적으로 그 조건만이 무효이고 나머지 법률행위는 유효이다.
③ 해제조건부 법률행위의 조건이 불능조건인 경우, 그 법률행위는 무효이다.
④ 시기(始期) 있는 법률행위는 기한이 도래한 때로부터 그 효력을 잃는다.
⑤ 기한은 특별한 사정이 없는 한 채무자의 이익을 위한 것으로 추정한다.

해설

⑤ 기한은 채무자의 이익을 위한 것으로 추정한다(제153조 제1항).

[지문분석]
① 상계는 상대방에 대한 의사표시로 한다. 이 의사표시에는 조건 또는 기한을 붙이지 못한다(제493조 제1항).
② 조건부 법률행위에 있어 조건의 내용 자체가 불법적인 것이어서 무효일 경우 또는 조건을 붙이는 것이 허용되지 아니하는 법률행위에 조건을 붙인 경우 그 조건만을 분리하여 무효로 할 수는 없고 그 법률행위 전부가 무효로 된다(대결 2005.11.8, 2005마541).
③ 조건이 법률행위의 당시에 이미 성취할 수 없는 것인 경우에는 그 조건이 해제조건이면 조건 없는 법률행위로 하고 정지조건이면 그 법률행위는 무효로 한다(제151조 제2항).
④ 시기 있는 법률행위는 기한이 도래한 때로부터 그 효력이 생긴다(제152조 제1항).

05 법률행위의 조건에 관한 설명으로 옳은 것은? 제13회

① 해제조건이 있는 법률행위는 조건이 성취한 때부터 효력이 생긴다.
② 조건의 성취가 미정한 권리의무는 일반규정에 의해 처분, 상속 또는 담보로 할 수 없다.
③ 선량한 풍속 기타 사회질서에 위반한 조건의 법률행위는 조건이 없는 법률행위이다.
④ 해제조건이 법률행위의 당시에 이미 성취할 수 없는 것인 경우 그 법률행위는 무효이다.
⑤ 기한은 특별한 사정이 없는 한 채무자의 이익을 위한 것으로 추정한다.

해설

[지문분석]
① 해제조건 있는 법률행위는 조건이 성취한 때로부터 그 효력을 잃는다(제147조 제2항).
② 조건의 성취가 미정한 권리의무는 일반규정에 의하여 처분, 상속, 보존 또는 담보로 할 수 있다(제149조).
③ 조건이 선량한 풍속 기타 사회질서에 위반한 것인 때에는 그 법률행위는 무효로 한다(제151조 제1항).
④ 해제조건이 법률행위의 당시에 이미 성취할 수 없는 것인 경우 조건 없는 법률행위로 한다.

정답 | 03 ④　04 ⑤　05 ⑤

06 법률행위의 부관에 관한 설명으로 옳은 것은? 제12회

① 정지조건 있는 법률행위는 조건이 성취한 때로부터 그 효력을 잃는다.
② 조건이 법률행위의 당시에 이미 성취할 수 없는 불능조건인 경우에는 그 조건이 해제조건이면 그 법률행위는 무효로 한다.
③ 종기(終期) 있는 법률행위는 기한이 도래한 때로부터 그 효력이 생긴다.
④ 기한의 이익이 상대방에게도 있는 경우에 당사자 일방은 그 상대방의 손해를 배상하고 기한의 이익을 포기할 수 있다.
⑤ 조건의 성취가 미정한 권리의무는 일반규정에 의하여 처분, 상속 또는 담보로 할 수 없다.

해설

④ 기한의 이익을 가지는 자는 그것을 포기할 수 있으나 상대방의 이익을 해하지 못한다(제153조). 따라서 상대방에게 손해를 배상하고 이익을 포기할 수 있다.

[지문분석]
① 정지조건 있는 법률행위는 조건이 성취한 때로부터 그 효력이 생긴다(제147조 제1항).
② 조건이 법률행위의 당시에 이미 성취할 수 없는 것인 경우에는 그 조건이 해제조건이면 조건 없는 법률행위로 한다(제151조 제3항).
③ 종기 있는 법률행위는 기한이 도래한 때로부터 그 효력을 잃는다(제152조 제2항).
⑤ 조건의 성취가 미정한 권리의무는 일반규정에 의하여 처분, 상속, 보존 또는 담보로 할 수 있다(제149조).

07 조건과 기한에 관한 설명으로 옳지 않은 것은? (다툼이 있으면 판례에 따름) 제6회

① 조건이란 법률행위 효력의 발생 또는 소멸을 장래 발생할 것이 확실한 사실에 의존하게 하는 법률행위의 부관을 말한다.
② 조건의 성취로 이익을 받을 당사자가 신의성실에 반하여 조건을 성취시킨 경우, 상대방은 그 조건이 성취하지 아니한 것으로 주장할 수 있다.
③ 조건이 법률행위 당시 이미 성취한 것인 경우, 그 조건이 정지조건이면 조건 없는 법률행위로 한다.
④ 종기(終期) 있는 법률행위는 기한이 도래한 때로부터 그 효력을 잃는다.
⑤ 기한은 채무자의 이익을 위한 것으로 추정한다.

해설

조건이란 법률행위 효력의 발생 또는 소멸을 장래 발생할 것이 **불확실한 사실**에 의존하게 하는 법률행위의 부관을 말한다.

08 법률행위의 조건과 기한에 관한 설명으로 옳은 것은? (다툼이 있으면 판례에 따름) 제4회

① 조건성취로 불이익을 받을 자가 고의가 아닌 과실로 신의성실에 반하여 조건의 성취를 방해한 경우, 상대방은 조건이 성취된 것으로 주장할 수 없다.
② 정지조건이 성취되면 법률효과는 그 성취된 때로부터 발생하며, 당사자의 의사로 이를 소급시킬 수 없다.
③ 조건이 선량한 풍속 기타 사회질서에 위반한 것인 때에는 그 조건은 무효로 되지만 그 조건이 붙은 법률행위가 무효로 되는 것은 아니다.
④ "3년 안에 甲이 사망하면 현재 甲이 사용 중인 乙 소유의 자전거를 乙이 丙에게 증여한다"는 계약은 조건부 법률행위이다.
⑤ 조건의 성취가 미정한 권리는 일반규정에 의하여 처분할 수 없다.

해설

④ 3년 안에 甲이 사망하는 것은 장래 불확실한 사실이므로 조건에 해당한다.
[지문분석]
① 조건의 성취로 인하여 불이익을 받을 당사자가 신의성실에 반하여 조건의 성취를 방해한 때에는 상대방은 그 조건이 성취한 것으로 주장할 수 있다(제150조 제1항).
② 당사자가 조건성취의 효력을 그 성취 전에 소급하게 할 의사를 표시한 때에는 그 의사에 의한다(제147조 제3항).
③ 조건이 선량한 풍속 기타 사회질서에 위반한 것인 때에는 그 법률행위는 무효로 한다(제151조 제1항).
⑤ 조건의 성취가 미정한 권리의무는 일반규정에 의하여 처분, 상속, 보존 또는 담보로 할 수 있다(제149조).

정답 | 06 ④ 07 ① 08 ④

09 법률행위의 조건과 기한에 관한 설명으로 옳지 않은 것은? (다툼이 있으면 판례에 따름)

제12회

① 기한의 이익은 특약이나 법률행위의 성질로 분명하지 아니한 경우에는 채무자를 위한 것으로 추정한다.
② 채무자가 담보를 손상하게 한 때에 그는 기한의 이익을 주장하지 못한다.
③ 조건 있는 법률행위의 당사자는 조건의 성부가 미정한 동안에는 조건의 성취로 인하여 생길 상대방의 이익을 해하지 못한다.
④ 2024년 4월에 '2024년 제12회 행정사 시험에 응시하여 최종 합격하면 자동차를 사준다'는 법률행위를 한 경우, 이는 특별한 사정이 없는 한 정지조건부 법률행위이다.
⑤ 불법조건이 붙은 법률행위는 그 조건만 무효이다.

해설

조건부 법률행위에 있어 조건의 내용 자체가 불법적인 것이어서 무효일 경우 또는 조건을 붙이는 것이 허용되지 아니하는 법률행위에 조건을 붙인 경우 그 조건만을 분리하여 무효로 할 수는 없고 그 법률행위 전부가 무효로 된다(대결 2005.11.8, 2005마541).

10 조건과 기한에 관한 설명으로 옳은 것은?

제8회

① 기한은 채권자의 이익을 위한 것으로 본다.
② 정지조건은 법률행위 효력의 발생을 장래의 확실한 사실에 의존케 하는 조건이다.
③ 해제조건은 법률행위 효력의 발생을 장래의 불확실한 사실에 의존케 하는 조건이다.
④ 불법조건이 붙은 법률행위는 원칙적으로 불법조건을 제외한 나머지는 유효하다.
⑤ 시기 있는 법률행위는 기한이 도래한 때로부터 그 효력이 생긴다.

해설

[지문분석]
① 기한은 채무자의 이익을 위한 것으로 추정한다(제153조 제1항).
② 정지조건은 법률행위 효력의 발생을 장래의 불확실한 사실에 의존하게 하는 조건이다.
③ 해제조건은 법률행위 효력의 소멸을 장래의 불확실한 사실에 의존하게 하는 조건이다.
④ 불법조건이 붙은 법률행위는 조건만 무효인 것이 아니라 전부가 무효이다.

11 법률행위의 조건과 기한에 관한 설명으로 옳지 않은 것은? (다툼이 있으면 판례에 따름)

제7회

① 기한부 권리는 일반규정에 의하여 처분할 수 있다.
② 조건 있는 법률행위의 당사자는 조건의 성부가 미정한 동안에 조건의 성취로 인하여 생길 상대방의 이익을 해하지 못한다.
③ 해제조건 있는 법률행위는 조건이 성취한 때로부터 그 효력을 잃지만, 당사자의 의사에 따라 이를 소급하게 할 수 있다.
④ 시기 있는 법률행위는 기한이 도래한 때로부터 그 효력이 생긴다.
⑤ 부첩관계의 종료를 해제조건으로 하는 증여계약에서 그 조건은 무효이므로 그 증여계약은 조건 없는 법률행위가 된다.

해설

조건만 무효인 것이 아니라 증여계약 자체가 무효이다.

12 조건이나 기한에 관한 설명으로 옳지 않은 것은?

제1회

① 당사자가 조건 성취의 효력을 그 성취 전에 소급하게 할 의사를 표시한 때에는 그 의사에 의한다.
② 기한의 이익은 당사자의 특약이나 법률행위의 성질상 분명하지 않으면 채권자를 위한 것으로 추정한다.
③ 해제조건이 법률행위 당시 이미 성취될 수 없는 것이면 조건 없는 법률행위로 한다.
④ 조건이 사회질서에 위반한 것인 때에는 그 법률행위는 무효로 한다.
⑤ 조건의 성취가 미정한 권리는 일반규정에 의하여 처분할 수 있다.

해설

제153조【기한의 이익과 그 포기】① 기한은 채무자의 이익을 위한 것으로 추정한다.

정답 | 09 ⑤ 10 ⑤ 11 ⑤ 12 ②

13 법률행위의 조건과 기한에 관한 설명으로 옳지 않은 것은? (다툼이 있으면 판례에 따름)

제3회

① 기한의 이익은 포기할 수 있지만, 상대방의 이익을 해하지 못한다.
② 정지조건 있는 법률행위는 조건이 성취한 때로부터 그 효력을 잃는다.
③ 조건의 성취가 미정한 권리의무는 일반규정에 의하여 처분, 상속, 보존 또는 담보로 할 수 있다.
④ 조건부 법률행위에 있어 조건의 내용 자체가 불법적인 것이어서 무효일 경우, 그 조건만을 분리하여 무효로 할 수 없다.
⑤ 불확정한 사실이 발생한 때를 이행기한으로 정한 경우, 그 사실이 발생한 때뿐만 아니라 발생이 불가능하게 된 때에도 이행기한은 도래한 것으로 보아야 한다.

해설

정지조건 있는 법률행위는 조건이 성취한 때로부터 그 효력이 생긴다.

14 법률행위의 조건과 기한에 관한 설명으로 옳은 것은? (다툼이 있으면 판례에 따름) 제11회

① 기한이익 상실의 특약은 특별한 사정이 없는 한 정지조건부 기한이익 상실의 특약으로 추정한다.
② 당사자가 불확정한 사실이 발생한 때를 이행기한으로 정한 경우, 그 사실의 발생이 불가능하게 된 때에는 기한의 도래로 볼 수 없다.
③ 조건성취로 불이익을 받을 자가 과실로 신의성실에 반하여 조건의 성취를 방해한 때에는 상대방은 조건이 성취된 것으로 주장할 수 없다.
④ 기한부 법률행위의 당사자가 기한도래의 효력을 그 도래 전으로 소급하게 할 의사를 표시한 때에는 그 의사에 의한다.
⑤ 조건이 성립하기 위해서는 조건의사와 그 표시가 필요하고, 조건의사가 있더라도 그것이 외부에 표시되지 않으면 원칙적으로 법률행위의 동기에 불과하다.

해설

⑤ 조건이 되려면 조건의사와 그 표시가 필요하므로, 조건의사가 있더라도 그것이 외부에 표시되지 않으면 법률행위의 동기에 불과할 뿐이고 그것만으로는 법률행위의 부관으로서의 조건이 되는 것은 아니다(대판 2003.5.13, 2003다10797).

[지문분석]
① 기한이익의 상실특약이 있는 때에 일반적으로 명백히 정지조건부 기한이익 상실의 특약이라고 볼 만한 특별한 사정이 없는 이상 형성권적 기한이익 상실의 특약으로 추정하는 것이 타당하다(대판 2010.8.26, 2008다42416·42423).
② 당사자가 불확정한 사실이 발생한 때를 이행기한으로 정한 경우, 그 사실이 발생한 때는 물론 그 사실의 발생이 불가능하게 된 때에도 그 이행기한은 도래한 것으로 보아야 한다(대판 2007.5.10, 2005다67353).
③ 조건의 성취로 인하여 불이익을 받을 당사자가 신의성실에 반하여 조건의 성취를 방해한 때에는 상대방은 그 조건이 성취한 것으로 주장할 수 있다(제150조 제1항). 고의에 의한 경우만이 아니라 과실에 의한 경우에도 신의성실에 반하여 조건의 성취를 방해한 때에 해당한다고 할 것이므로, 그 상대방은 민법 제150조 제1항의 규정에 의하여 그 조건이 성취된 것으로 주장할 수 있다(대판 1998.12.22, 98다42356).
④ 기한도래에는 소급효가 없으며, 당사자의 약정으로도 소급하지 못한다(조건과 구별).

정답 | 13 ② 14 ⑤

해커스행정사
adm.Hackers.com

해커스행정사
양기백 민법총칙
1차 기출 + 실전문제집

제 6 장

기간

제6장 기간

01 기간의 계산에 관한 설명 중 옳지 않은 것은?

① 민법의 기간에 관한 규정은 사법관계뿐만 아니라 공법관계에도 적용된다.
② 기간을 시·분·초로 정한 때에는 즉시로부터 기산한다.
③ 기간을 일·주·월·년으로 정한 때에는 원칙적으로 기간의 초일은 산입하지 아니한다.
④ 기간을 일·주·월·년으로 정한 때에는 기간 말일의 종료로 기간이 만료한다.
⑤ 2020년 4월 3일 선박 중에 있다가 그 선박침몰 사고로 생사불명인 자에 대해 2025년 8월 31일 실종선고가 내려졌다면 그 자는 2021년 4월 2일 24시에 사망한 것으로 본다.

해설

선박의 침몰은 제27조 제2항의 특별실종에 해당하여 실종기간은 1년이고, 초일불산입원칙에 의해 2020년 4월 4일 0시에 기산하여 만료점은 2021년 4월 3일 24시가 된다. 따라서 2021년 4월 3일 24시에 사망한 것으로 본다.

02 기간에 관한 설명으로 옳은 것은? 제2회

① 기간의 계산에 관한 민법 규정은 강행규정이다.
② 연령을 계산할 때에는 출생일을 산입하지 아니한다.
③ 기간을 일, 주, 월 또는 년으로 정한 때에는 기간말일의 개시로 만료한다.
④ 시, 분, 초를 단위로 하는 기간은 자연적 계산방법에 따라 즉시부터 기산한다.
⑤ 기간의 계산에 관한 민법 규정은 기산일로부터 소급하여 계산되는 기간의 계산방법에 대하여 적용되지 아니한다.

해설

④ 제156조 【기간의 기산점】 기간을 시, 분, 초로 정한 때에는 즉시로부터 기산한다.

[지문분석]
① 기간의 계산에 관한 민법 규정은 임의규정이다.
제155조 【본장의 적용범위】 기간의 계산은 법령, 재판상의 처분 또는 법률행위에 다른 정한 바가 없으면 본장의 규정에 의한다.

② 제158조【나이의 계산과 표시】나이는 출생일을 산입하여 만(滿) 나이로 계산하고, 연수(年數)로 표시한다. 다만, 1세에 이르지 아니한 경우에는 월수(月數)로 표시할 수 있다.

③ 제159조【기간의 만료점】기간을 일, 주, 월 또는 연으로 정한 때에는 기간말일의 종료로 기간이 만료한다.

⑤ 기산일부터 소급하여 계산하는 역산의 경우에도 유추적용된다.

03 기간에 관한 설명으로 옳지 않은 것은? (다툼이 있으면 판례에 따름) 제9회

① 계약 기간의 기산점을 오는 7월 1일부터 기산하여 주(週)로 정한 때에는 기간의 초일은 산입하지 아니한다.
② 기간을 시(時)로 정한 때에는 즉시로부터 기산한다.
③ 기간을 월(月)로 정한 경우에 최종의 월에 해당일이 없는 때에는 그 월의 말일로 기간이 만료한다.
④ 기간의 말일이 토요일 또는 공휴일에 해당한 때에는 기간은 그 익일로 만료한다.
⑤ 정년이 60세라 함은 만 60세에 도달하는 날을 말하는 것이라고 보는 것이 상당하다.

해설

① 오는 7월 1일부터 기산한다는 의미는 7월 1일 0시부터 시작한다는 말이므로 기간의 초일을 산입한다.
제157조【기간의 기산점】기간을 일, 주, 월 또는 연으로 정한 때에는 기간의 초일은 산입하지 아니한다. 그러나 그 기간이 오전 영시로부터 시작하는 때에는 그러하지 아니하다.

[지문분석]

② 제156조【기간의 기산점】기간을 시, 분, 초로 정한 때에는 즉시로부터 기산한다.

③ 제160조【역에 의한 계산】① 기간을 주, 월 또는 연으로 정한 때에는 역에 의하여 계산한다.
② 주, 월 또는 연의 처음으로부터 기간을 기산하지 아니하는 때에는 최후의 주, 월 또는 연에서 그 기산일에 해당한 날의 전일로 기간이 만료한다.
③ 월 또는 연으로 정한 경우에 최종의 월에 해당일이 없는 때에는 그 월의 말일로 기간이 만료한다.

④ 제161조【공휴일 등과 기간의 만료점】기간의 말일이 토요일 또는 공휴일에 해당한 때에는 기간은 그 익일로 만료한다.

⑤ 대한석탄공사에 피용된 채탄부의 정년이 53세라 함은 만 53세에 도달하는 날을 말하는 것이라고 보는 것이 상당하다(대판 1973.6.12, 71다2669).

정답 | 01 ⑤ 02 ④ 03 ①

04 민법상 기간에 관한 설명으로 옳은 것은? (다툼이 있으면 판례에 따름) 제11회

① 2023년 6월 1일(목) 14시부터 2일간의 기간이 만료하는 때는 2023년 6월 4일 24시이다.
② 2023년 6월 1일(목) 16시부터 72시간의 기간이 만료하는 때는 2023년 6월 4일 16시이다.
③ 2023년 4월 1일(토) 09시부터 2개월의 기간이 만료하는 때는 2023년 6월 2일 24시이다.
④ 2004년 5월 16일(일) 오전 7시에 태어난 사람은 2023년 5월 16일 24시에 성년자가 된다.
⑤ 민법 제157조의 초일불산입의 원칙은 강행규정이므로 당사자의 합의로 달리 정할 수 없다.

해설

② 제156조【기간의 기산점】기간을 시, 분, 초로 정한 때에는 즉시로부터 기산한다.
따라서 6월 4일 16시에 만료한다.

[지문분석]
① 초일불산입의 원칙에 따라 2023년 6월 2일(금)부터 기산하여 6월 3일 24시에 기간이 만료하여야 하지만 6월 3일이 토요일, 다음 날이 일요일(공휴일)이므로 익일인 6월 5일 24시에 기간은 만료한다.
③ 2023년 6월 1일 24시에 만료한다.
④ 나이는 출생일을 산입하여 만(滿) 나이로 계산하므로 2004년 5월 16일부터 기산하여 만 19세가 되는 2023년 5월 15일 24시(5월 16일 0시)에 성년이 된다.
⑤ 민법 제157조 초일불산입의 원칙은 임의규정이다.

05 민법상 기간에 관한 설명으로 옳지 않은 것은? (다툼이 있으면 판례에 따름) 제12회

① 내년 6월 1일부터 '4일 동안'이라고 하는 경우에 그 기산점은 내년 6월 1일이다.
② 기간을 시(時)로 정한 때에는 즉시로부터 기산한다.
③ 정년이 60세라고 하는 것은 특별한 사정이 없으면 만 60세가 만료되는 날을 말한다.
④ 1세에 이른 사람의 나이는 출생일을 산입하여 만(滿) 나이로 계산하고 연수(年數)로 표시한다.
⑤ 어느 기간의 말일인 6월 4일이 토요일이고 6월 6일이 공휴일인 경우, 그 기간은 6월 7일에 만료한다.

해설

정년이 53세라 함은 만 53세에 도달하는 날을 말하는 것이지, 만 53세가 만료하는 날을 의미하지는 않는다(대판 1973.6.12, 71다2669).

06 민법상 기간에 관한 설명으로 옳은 것은? (다툼이 있으면 판례에 따름)
제4회

① 월로 정한 기간의 기산일이 공휴일인 경우에는 그 다음 날부터 기산한다.
② 기한을 일, 주, 월 또는 연으로 정한 때에 기간의 초일을 산입하지 아니하는 것은 강행규정이며 당사자의 약정으로 달리 정할 수 없다.
③ 2016.4.30. 10시부터 2개월인 경우 2016.6.30. 10시로 기간이 만료한다.
④ 사단법인의 사원총회일이 2016.7.19. 10시인 경우 늦어도 7.12. 24시까지 사원에게 총회소집통지를 발신하면 된다.
⑤ 1997.6.1. 07시에 출생한 사람은 2016.6.1. 0시부터 성년자가 된다.

해설

⑤ 연령의 계산은 출생일을 산입하므로 19년이 되는 2016.6.1. 0시부터 성년자가 된다.
[지문분석]
① 기간의 초일이 공휴일인 경우에 초일부터 기산한다.
② 임의규정이다.
③ 2016.6.30. 24시로 기간이 만료한다.
④ 총회의 소집은 1주일 전에 통지를 발신하여야 한다. 2016.7.19. 초일은 산입하지 아니하고 7.19. 0시부터 역으로 7일 계산하여 7.12. 0시까지 발신하여야 한다.

07 민법상 기간에 관한 설명으로 옳지 않은 것은? (다툼이 있으면 판례에 따름)
제13회

① 기간의 계산은 법령, 재판상의 처분 또는 법률행위에 다른 정한 바가 없으면 민법의 규정에 의한다.
② 민법의 기간에 관한 규정은 사법관계뿐만 아니라 공법관계에도 적용된다.
③ 나이는 출생일을 산입하여 만(滿) 나이로 계산한다.
④ 기간을 일, 주, 월 또는 년으로 정한 때는 초일 불산입의 원칙이 적용되어 당사자 간의 합의에 의해 이와 달리 정할 수 없다.
⑤ 기간의 말일이 토요일 또는 공휴일에 해당한 때는 기간은 그 익일로 만료한다.

해설

초일 불산입이 원칙이나, 당사자 간의 합의에 의해 이와 달리 정할 수 있다.

제155조【본장의 적용범위】 기간의 계산은 법령, 재판상의 처분 또는 법률행위에 다른 정한 바가 없으면 본장의 규정에 의한다.

정답 | 04 ② 05 ③ 06 ⑤ 07 ④

08 민법상 기간에 관한 설명으로 옳지 않은 것은? (다툼이 있으면 판례에 따름) 제3회

① 기간을 일, 주, 월 또는 년으로 정한 때에 그 기간의 초일을 산입하기로 한 당사자 사이의 약정은 유효하다.
② 1996.6.5. 08시에 출생한 사람은 2015.6.5. 0시부터 성년자가 된다.
③ 월로 정한 기간의 기산일이 공휴일인 경우에는 그 다음 날부터 기산한다.
④ 2015.5.31. 09시부터 1개월인 경우, 2015.6.30. 24시에 기간이 만료한다.
⑤ 2015.6.10. 09시에 甲이 乙에게 자전거를 빌리면서 10시간 후에 반환하기로 한 경우, 甲은 乙에게 2015.6.10. 19시까지 반환하여야 한다.

해설

> 기간의 초일이 공휴일이라 하더라도 기간은 초일부터 기산한다. 민법 제161조가 정하는 기간의 말일이 공휴일에 해당한 때에는 기간은 그 익일로 만료한다는 규정의 취지는 명문이 정하는 바와 같이 기간의 말일이 공휴일인 경우를 정하는 것이고, 이는 기간의 만료일이 공휴일에 해당함으로써 발생할 불이익을 막자고 함에 그 뜻이 있는 것이므로 기간 기산의 초일은 이의 적용이 없다(대판 1982.2.23, 81누204).

09 민법상 기간에 관한 설명으로 옳은 것은? (다툼이 있으면 판례에 따름) 제5회

① 기간이 오전 0시부터 시작하는 경우라고 하더라도 초일을 산입하지 않는다.
② 기간의 계산에 관하여 법률행위에서 다르게 정하고 있더라도 민법의 기간 계산방법이 우선한다.
③ 초일이 공휴일이라고 해서 다음 날부터 기간을 기산하는 것은 아니다.
④ 민법상 기간의 계산에 관한 규정은 공법관계에는 적용되지 않는다.
⑤ 주, 월 또는 연(年)의 처음으로부터 기간을 기산하지 아니하는 때에는 최후의 주, 월 또는 연(年)에서 그 기산일에 해당한 날로 기간이 만료한다.

해설

[지문분석]

① 제157조 【기간의 기산점】 기간을 일, 주, 월 또는 연으로 정한 때에는 기간의 초일은 산입하지 아니한다. 그러나 그 기간이 오전 영시로부터 시작하는 때에는 그러하지 아니하다.

② 제155조 【본장의 적용범위】 기간의 계산은 법령, 재판상의 처분 또는 법률행위에 다른 정한 바가 없으면 본장의 규정에 의한다.

④ 민법상 기간의 계산에 관한 규정은 공법관계에도 적용된다.
⑤ 주, 월 또는 연의 처음으로부터 기간을 기산하지 아니하는 때에는 최후의 주, 월 또는 연에서 그 기산일에 해당한 날의 전일로 기간이 만료한다(제160조 제2항).

10 민법상 기간에 관한 설명으로 옳지 않은 것은? (다툼이 있으면 판례에 따름)

① 연령 계산에는 출생일을 산입한다.
② 기간의 초일(初日)이 공휴일에 해당한 때에는 기간은 그 익일부터 기산한다.
③ 기간을 시, 분, 초로 정한 때에는 즉시로부터 기산한다.
④ 기간을 주, 월 또는 연으로 정한 때에는 역(曆)에 의하여 계산한다.
⑤ 기간을 일, 주, 월로 정한 때에는 그 기간이 오전 영(零)시로부터 시작하는 때가 아니면 기간의 초일은 산입하지 않는다.

해설

> 민법 제161조가 정하는 기간의 말일이 공휴일에 해당한 때에는 기간은 그 익일로 만료한다는 규정의 취의는 명문이 정하는 바와 같이 기간의 말일이 공휴일인 경우를 정하는 것이고, 이는 기간의 만료일이 공휴일에 해당함으로써 발생할 불이익을 막자고 함에 그 뜻이 있는 것이므로 기간 기산의 초일은 이의 적용이 없다(대판 1982.2.23, 81누204).

11 기간에 관한 설명으로 옳지 않은 것은? (다툼이 있으면 판례에 따름)

① 기간의 계산은 법령, 재판상의 처분 또는 법률행위에 다른 정한 바가 없으면 민법 규정에 의한다.
② 연령이 아닌 기간 계산에서 기간을 월(月)로 정한 경우, 그 기간이 오전 0시로부터 시작하는 때에는 초일을 산입한다.
③ 기간의 초일이 공휴일이라 하더라도 그 기간은 초일부터 기산한다.
④ 기간을 주(週)로 정한 때에는 역(曆)에 의하여 계산한다.
⑤ 기간의 말일이 토요일인 때에는 기간은 그 전일로 만료한다.

해설

> 제161조【공휴일 등과 기간의 만료점】기간의 말일이 토요일 또는 공휴일에 해당한 때에는 기간은 그 익일로 만료한다.

정답 | 08 ③ 09 ③ 10 ② 11 ⑤

12 기간에 관한 계산으로 옳지 않은 것은?

① 1993.5.30. 01시에 출생한 사람은 2012.5.30. 0시부터 성년자가 된다.
② 2013.5.15. 08시에 승용차를 빌리면서 12시간 후에 반환하기로 약정하였다면, 같은 날 20시까지 이행하여야 한다.
③ 2012.3.8. 14시에 돈을 빌리면서 1년 후에 변제하기로 약정하였다면, 2013.3.8. 24시까지 이행하여야 한다.
④ 2013.3.23. 토요일 13시에 매매목적물을 인도받으면서 1개월 후에 대금을 변제하겠다고 약정하였다면, 2013.4.24. 24시까지 이행하여야 한다.
⑤ 사단법인의 사원총회 소집을 1주 전에 통지하여야 하는 경우, 총회일이 2013.5.15. 10시라면 늦어도 2013.5.7. 24시까지는 총회소집의 통지를 발송하여야 한다.

해설

초일불산입의 원칙에 의하여 2013.3.24. 0시부터 기산하여 1개월이므로 2013.4.23. 24시까지 이행하여야 한다. 초일이 토요일인 것은 아무 의미가 없다.

13 甲은 乙에게 1천만 원을 빌려주면서 대여기간을 각 대여일로부터 1개월로 약정하였다. 민법의 기간에 관한 규정에 따를 때 변제기가 옳은 것을 모두 고른 것은? (8월 15일 외에는 평일을 전제로 함)

㉠ 대여일: 1월 31일 14시, 변제기: 2월 28일(윤년 아님) 24시
㉡ 대여일: 3월 14일 17시, 변제기: 4월 14일 17시
㉢ 대여일: 7월 15일 17시, 변제기: 8월 15일(공휴일)의 익일인 8월 16일 24시

① ㉢
② ㉠, ㉡
③ ㉠, ㉢
④ ㉡, ㉢
⑤ ㉠, ㉡, ㉢

해설

㉠ 초일은 산입하지 않으므로 2월 1일부터 기산하여 2월 말일인 2월 28일 24시에 기간이 만료된다.
㉢ 기간의 말일이 8월 15일 공휴일이므로 익일인 8월 16일 24시로 기간이 만료된다.

> 제157조【기간의 기산점】기간을 일, 주, 월 또는 연으로 정한 때에는 기간의 초일은 산입하지 아니한다. 그러나 그 기간이 오전 영시로부터 시작하는 때에는 그러하지 아니하다.
> 제159조【기간의 만료점】기간을 일, 주, 월 또는 연으로 정한 때에는 기간 말일의 종료로 기간이 만료한다.
> 제160조【역에 의한 계산】① 기간을 주, 월 또는 연으로 정한 때에는 역에 의하여 계산한다.
> ② 주, 월 또는 연의 처음으로부터 기간을 기산하지 아니하는 때에는 최후의 주, 월 또는 연에서 그 기산일에 해당한 날의 전일로 기간이 만료한다.
> ③ 월 또는 연으로 정한 경우에 최종의 월에 해당일이 없는 때에는 그 월의 말일로 기간이 만료한다.
> 제161조【공휴일 등과 기간의 만료점】기간의 말일이 토요일 또는 공휴일에 해당한 때에는 기간은 그 익일로 만료한다.

[지문분석]
㉡ 4월 14일 24시가 기간의 만료시점이므로 변제기가 된다.

---

14 2000년 5월 25일 오후 11시에 출생한 자가 성년이 되는 때는?

① 2018년 5월 25일 오후 11시
② 2019년 5월 25일 오전 0시
③ 2019년 5월 25일 오후 11시
④ 2020년 5월 25일 오전 0시
⑤ 2020년 5월 25일 오후 11시

해설

만 19세에 성년이 되고 연령계산은 초일을 산입한다. 따라서 2019년 5월 24일 24시, 즉 5월 25일 0시에 성년이 된다.

> 제4조【성년】사람은 19세로 성년에 이르게 된다.
> 제158조【나이의 계산과 표시】나이는 출생일을 산입하여 만(滿) 나이로 계산하고, 연수(年數)로 표시한다. 다만, 1세에 이르지 아니한 경우에는 월수(月數)로 표시할 수 있다.

정답 | 12 ④ 13 ③ 14 ②

해커스행정사
adm.Hackers.com

제 7 장

소멸시효

제7장 소멸시효

제1절 | 서설 및 소멸시효의 요건

01 소멸시효에 관한 설명으로 옳지 않은 것은? (다툼이 있으면 판례에 따름) 제9회

① 채권 및 소유권 이외의 재산권은 10년간 행사하지 아니하면 시효가 완성한다.
② 점유권은 시효에 걸리지 아니한다.
③ 시효는 권리행사에 법률상의 장애사유가 없는 때로부터 진행한다.
④ 정지조건부 권리는 조건이 성취된 때부터 시효가 진행된다.
⑤ 부작위를 목적으로 하는 채권의 시효는 위반행위를 한 때로부터 진행한다.

해설

> 제162조 【채권, 재산권의 소멸시효】 ① 채권은 10년간 행사하지 아니하면 소멸시효가 완성한다.
> ② 채권 및 소유권 이외의 재산권은 20년간 행사하지 아니하면 소멸시효가 완성한다.

02 소멸시효와 제척기간에 대한 다음 설명 중 옳지 않은 것은?

① 형성권의 존속기간은 제척기간이다.
② 소멸시효나 제척기간에는 모두 중단이 인정된다.
③ 제척기간의 이익은 당사자가 주장하지 않더라도 법원이 당연히 고려하여야 한다.
④ 제척기간에 의한 권리소멸의 효과는 소급하지 않는다.
⑤ 소멸시효에 관하여는 시효이익의 포기가 있으나, 제척기간에는 없다.

해설

> 소멸시효는 중단제도가 있으나 제척기간은 권리의 예정(존속)기간이므로 중단제도가 존재하지 않는다.

03 소멸시효와 제척기간에 관한 설명으로 옳지 않은 것은?

제8회

① 권리자의 청구로 소멸시효가 중단된 경우 그때까지 경과된 기간은 시효기간에 산입된다.
② 소멸시효가 완성되면 그 기산일에 소급하여 권리소멸의 효과가 생긴다.
③ 소멸시효의 이익을 포기하기 위해서는 원칙적으로 소멸시효의 완성사실을 알아야 한다.
④ 제척기간의 기산점은 특별한 사정이 없는 한 원칙적으로 권리가 발생한 때이다.
⑤ 제척기간은 그 성질상 기간의 중단이 있을 수 없다.

해설

시효가 중단된 때에는 중단까지에 경과한 시효기간은 이를 산입하지 아니하고 중단사유가 종료한 때로부터 새로이 진행한다(제178조 제1항).

04 소멸시효와 제척기간에 관한 설명으로 옳지 않은 것은? (다툼이 있으면 판례에 따름)

제13회

① 소멸시효의 이익은 미리 포기할 수 있다.
② 소멸시효는 그 기산일에 소급하여 효력이 생긴다.
③ 제척기간이 경과한 때부터 장래에 향하여 권리가 소멸한다.
④ 제척기간의 기산점은 특별한 사정이 없는 한 원칙적으로 권리가 발생한 때이다.
⑤ 제척기간이 도과했는지 여부는 당사자의 주장이 없더라도 법원이 직권으로 조사하여 재판에 고려해야 한다.

해설

소멸시효의 이익은 미리 포기하지 못한다(제184조 제1항).

정답 | 01 ① 02 ② 03 ① 04 ①

05 소멸시효의 대상이 되는 권리를 모두 고른 것은?   제7회

> ㉠ 해제조건부 채권 ㉡ 불확정기한부 채권
> ㉢ 소유권 ㉣ 인격권

① ㉠, ㉡ ② ㉠, ㉢
③ ㉠, ㉣ ④ ㉡, ㉢
⑤ ㉡, ㉣

해설

㉠ 해제조건부 채권과 ㉡ 불확정기한부 채권은 채권이므로 소멸시효의 대상이다.
[지문분석]
㉢ 소유권은 소멸시효의 대상이 아니다.
㉣ 소멸시효의 대상이 되는 권리는 채권 및 소유권 이외의 재산권이다. 가족권, 인격권 같은 비재산권은 소멸시효에 걸리지 않는다.

06 소멸시효에 관한 설명으로 옳지 않은 것은? (다툼이 있으면 판례에 따름)   제12회

① 부동산 매수인이 목적 부동산을 인도받아 계속 점유하고 있는 경우, 매수인의 소유권이전등기청구권은 채권이므로 소멸시효가 진행한다.
② 소유권에 기한 물권적 청구권은 소멸시효에 걸리지 아니한다.
③ 판결에 의하여 확정되고 판결 확정 당시에 변제기가 도래한 채권은 단기소멸시효에 해당한 것이라도 그 판결의 당사자 사이에서 그 시효기간은 10년으로 한다.
④ 시효의 중단은 원칙적으로 당사자 및 그 승계인 사이에만 효력이 있다.
⑤ 점유권은 시효에 걸리지 아니한다.

해설

시효제도는 일정 기간 계속된 사회질서를 유지하고 시간의 경과로 인하여 곤란해지는 증거보전으로부터의 구제를 꾀하며 자기 권리를 행사하지 않고 소위 권리 위에 잠자는 자는 법적 보호에서 이를 제외하기 위하여 규정된 제도라 할 것인바, 부동산에 관하여 인도, 등기 등의 어느 한 쪽만에 대하여서라도 권리를 행사하는 자는 전체적으로 보아 그 부동산에 관하여 권리 위에 잠자는 자라고 할 수 없다 할 것이므로, 매수인이 목적 부동산을 인도받아 계속 점유하는 경우에는 그 소유권이전등기청구권의 소멸시효가 진행하지 않는다(대판 1999.3.18, 98다32175 전합).

07 甲이 자신 소유의 X토지를 乙에게 매도하고, 乙은 甲에게 매매대금을 모두 지급하였다. 甲과 乙이 행사하는 다음 등기청구권 중 소멸시효가 진행되는 경우를 모두 고른 것은? (다툼이 있으면 판례에 따름)

제10회

> ㉠ 乙이 甲을 상대로 위 매매계약에 기하여 X토지에 대해 소유권이전등기청구권을 행사하는 경우
> ㉡ 乙이 위 매매계약에 기하여 甲으로부터 X토지를 인도받아 사용·수익하고 있으나, 아직 甲의 명의로 소유권이전등기가 남아 있어 甲을 상대로 X토지에 대해 소유권이전등기청구권을 행사하는 경우
> ㉢ 乙이 위 매매계약에 기하여 甲으로부터 X토지에 대해 소유권이전등기를 경료받았으나, 이후 甲과 乙의 매매계약이 적법하게 취소되어 甲이 乙을 상대로 소유권에 기한 말소등기청구권을 행사하는 경우

① ㉠
② ㉡
③ ㉠, ㉢
④ ㉡, ㉢
⑤ ㉠, ㉡, ㉢

해설

㉠ 매매에 의한 소유권이전등기청구권은 채권적 청구권이므로 10년의 소멸시효에 걸린다.

[지문분석]
㉡ 시효제도는 일정 기간 계속된 사회질서를 유지하고 시간의 경과로 인하여 곤란해지는 증거보전으로부터의 구제를 꾀하며 자기 권리를 행사하지 않고 소위 권리 위에 잠자는 자는 법적 보호에서 이를 제외하기 위하여 규정된 제도라 할 것인바, 부동산에 관하여 인도, 등기 등의 어느 한 쪽만에 대하여서라도 권리를 행사하는 자는 전체적으로 보아 그 부동산에 관하여 권리 위에 잠자는 자라고 할 수 없다 할 것이므로, **매수인이 목적 부동산을 인도받아 계속 점유하는 경우에는 그 소유권이전등기청구권의 소멸시효가 진행하지 않는다**(대판 1999.3.18, 98다32175 전합).
㉢ 해제에 따른 매도인의 원상회복 청구권은 소유권에 기한 물권적 청구권이라 할 것이고, 따라서 이는 소멸시효의 대상이 아니라고 할 것이다(대판 1982.7.27, 80다2968).

정답 | 05 ① 06 ① 07 ①

08 소멸시효의 기산점에 관한 설명으로 옳지 않은 것은?

① 기한을 정하지 않은 권리 – 기한이 객관적으로 도래한 때
② 확정기한부 권리 – 기한이 도래한 때
③ 부작위채권 – 위반행위를 한 때
④ 동시이행의 항변권이 붙어 있는 채권 – 이행기가 도래한 때
⑤ 채무불이행에 의한 손해배상청구권 – 채무불이행 시

해설

기한을 정하지 않은 권리의 소멸시효 기산점은 권리가 발생한 때이다.

참고 각종 권리에서 소멸시효의 기산점

권리	소멸시효 기산점
기한을 정하지 않은 권리	권리가 발생한 때(채권성립 시)
확정기한부 권리	기한이 도래한 때
불확정기한부 권리	기한이 객관적으로 도래한 때(선의, 무과실 불요)
정지조건부 권리	조건의 성취 시
부작위채권	위반행위를 한 때
채무불이행에 의한 손해배상청구권	채무불이행 시
동시이행의 항변권이 붙은 채권	동시이행관계와 상관없이 이행기부터

09 민법상 원칙적으로 적용되는 소멸시효의 기산점에 관한 설명으로 옳지 않은 것은? 제8회

① 변제기가 확정기한인 때에는 그 기한이 도래한 때부터 기산된다.
② 변제기가 불확정기한인 때에는 채권자가 기한도래의 사실을 안 때부터 기산된다.
③ 기한의 정함이 없는 채권은 그 채권이 발생한 때부터 기산된다.
④ 부작위를 목적으로 하는 채권의 소멸시효는 위반행위를 한 때부터 진행한다.
⑤ 정지조건부 채권은 조건이 성취된 때부터 기산된다.

해설

불확정기한부 권리의 경우 기한이 객관적으로 도래한 때부터 시효가 진행한다. 비록 권리자가 기한의 도래를 몰랐고 또 모른 데 과실이 없었어도, 소멸시효는 그 기한이 객관적으로 도래한 때부터 진행한다.

10 소멸시효의 기산점에 관한 설명으로 옳지 않은 것은? (다툼이 있으면 판례에 따름) 제5회

① 채무불이행으로 인한 손해배상청구권의 소멸시효는 계약이 성립한 때로부터 진행한다.
② 확정기한부 채권의 소멸시효는 그 기한이 도래한 때로부터 진행한다.
③ 정지조건부 권리의 소멸시효는 그 조건이 성취된 때로부터 진행한다.
④ 부작위를 목적으로 하는 채권의 소멸시효는 위반행위를 한 때로부터 진행한다.
⑤ 동시이행의 항변권이 붙은 채권의 소멸시효는 그 이행기로부터 진행한다.

해설

채무불이행으로 인한 손해배상청구권의 소멸시효는 채무불이행 시로부터 진행한다(대판 1995.6.30, 94다54269).

11 소멸시효의 기산점에 관한 설명으로 옳지 않은 것은? (다툼이 있으면 판례에 따름) 제13회

① 동시이행의 항변권이 붙은 채권의 소멸시효는 이행기부터 진행한다.
② 이행불능으로 인한 전보배상청구권의 소멸시효는 이행불능 시부터 진행한다.
③ 기한의 정함이 없는 채권의 소멸시효는 채권이 성립한 때부터 진행한다.
④ 형성권적 기한이익 상실의 특약이 있는 할부채무는 1회의 불이행 시부터 바로 전액에 대해 소멸시효가 진행한다.
⑤ 부작위를 목적으로 하는 채권의 소멸시효는 위반행위를 한 때부터 진행한다.

해설

형성권적 기한이익 상실의 특약이란 일정한 사유가 발생한 후 채권자의 통지나 청구 등 채권자의 의사행위를 기다려 비로소 이행기가 도래하는 것으로 하는 약정을 말한다. 따라서 1회의 불이행이 있다고 바로 소멸시효가 진행되는 것은 아니다.

정답 | 08 ① 09 ② 10 ① 11 ④

12 민법상 소멸시효에 관한 설명으로 옳은 것은? (다툼이 있으면 판례에 따름) 제7회

① 판결에 의하여 확정된 채권은 판결확정 당시에 변제기가 도래하지 않아도 10년의 소멸시효에 걸린다.
② 본래의 소멸시효 기산일과 당사자가 주장하는 기산일이 서로 다른 경우에 법원은 당사자가 주장하는 기산일을 기준으로 소멸시효를 계산해야 한다.
③ 소멸시효의 기산점이 되는 '권리를 행사할 수 있는 때'란 권리를 행사하는 데 있어 사실상의 장애가 없는 경우를 말한다.
④ 어떤 권리의 소멸시효기간이 얼마나 되는지에 대해서 법원은 당사자의 주장에 따라 판단하여야 한다.
⑤ 어떤 채권이 1년의 단기소멸시효에 걸리는 경우, 그 채권의 발생원인이 된 계약에 기하여 상대방이 가지는 반대채권도 당연히 1년의 단기소멸시효에 걸린다.

해설

② 기산일은 변론주의 적용대상이다.
[지문분석]
① 판결확정 당시에 변제기가 도래하지 않은 경우에는 10년이 아니라 원래의 단기소멸시효에 걸린다.

> 제165조 【판결 등에 의하여 확정된 채권의 소멸시효】 ① 판결에 의하여 확정된 채권은 단기의 소멸시효에 해당한 것이라도 그 소멸시효는 10년으로 한다.
> ② 파산절차에 의하여 확정된 채권 및 재판상의 화해, 조정 기타 판결과 동일한 효력이 있는 것에 의하여 확정된 채권도 전항과 같다.
> ③ 전2항의 규정은 판결확정 당시에 변제기가 도래하지 아니한 채권에 적용하지 아니한다.

③ 사실상이 아니라 법률상 장애가 없는 경우를 말한다.
④ 소멸시효기간은 법원의 직권판단사항이다.
⑤ 일정한 채권의 소멸시효기간에 관하여 이를 특별히 1년의 단기로 정하는 민법 제164조는 그 각 호에서 개별적으로 정하여진 채권의 채권자가 그 채권의 발생원인이 된 계약에 기하여 **상대방에 대하여 부담하는 반대채무에 대하여는 적용되지 아니한다.** 따라서 그 채권의 상대방이 그 계약에 기하여 가지는 반대채권은 원칙으로 돌아가, 다른 특별한 사정이 없는 한 민법 제162조 제1항에서 정하는 10년의 일반소멸시효기간의 적용을 받는다(대판 2013.11.14, 2013다65178).

13 소멸시효에 관한 설명으로 옳지 않은 것은? (다툼이 있으면 판례에 따름) 제11회

① 선택채권의 소멸시효는 선택권을 행사할 수 있는 때로부터 진행한다.
② 부작위를 목적으로 하는 채권의 소멸시효는 위반행위를 한 때로부터 진행한다.
③ 불확정기한부 채권의 소멸시효는 그 기한이 객관적으로 도래한 때로부터 진행한다.
④ 어떤 권리의 소멸시효기간이 얼마나 되는지에 대해서는 법원이 직권으로 판단할 수 없다.
⑤ 부동산에 대한 매매대금채권이 소유권이전등기청구권과 동시이행의 관계에 있는 경우, 매매대금청구권은 그 지급기일 이후 시효의 진행에 걸린다.

해설

어떤 권리의 소멸시효기간이 얼마나 되는지에 관한 주장은 단순한 법률상의 주장에 불과하므로 변론주의의 적용대상이 되지 않고 법원이 직권으로 판단할 수 있다(대판 2008.3.27, 2006다70929·70936).

[참고] 주의
소멸시효의 기산일은 변론주의의 적용대상이므로 당사자가 주장하는 날을 기준으로 판단한다(대판 1995.8.25, 94다35886).

- 소멸시효의 기산점 ➡ 변론주의 적용 ○
- 소멸시효의 기간 ➡ 변론주의 적용 ×

정답 | 12 ② 13 ④

14 민법상 소멸시효에 관한 설명으로 옳은 것을 모두 고른 것은?

제8회

> ㉠ 소유권은 재산권이므로 소멸시효의 대상이 된다.
> ㉡ 음식점의 음식대금채권의 소멸시효는 1년이다.
> ㉢ 점유자가 점유를 상실하면 그때로부터 점유권의 소멸시효가 진행된다.

① ㉠　　　　　　　　　② ㉡
③ ㉢　　　　　　　　　④ ㉡, ㉢
⑤ ㉠, ㉡, ㉢

해설

㉡ 제164조【1년의 단기소멸시효】다음 각 호의 채권은 1년간 행사하지 아니하면 소멸시효가 완성한다.
　1. 여관, 음식점, 대석, 오락장의 숙박료, 음식료, 대석료, 입장료, 소비물의 대가 및 체당금의 채권
　2. 의복, 침구, 장구 기타 동산의 사용료의 채권
　3. 노역인, 연예인의 임금 및 그에 공급한 물건의 대금채권
　4. 학생 및 수업자의 교육, 의식 및 유숙에 관한 교주, 숙주, 교사의 채권

[지문분석]
㉠ 소유권은 소멸시효의 대상이 아니다.
㉢ 점유권은 점유라는 사실상태에 따르는 물권이므로 점유가 상실되면 점유권이 소멸할 뿐이지 성질상 소멸시효가 문제되지 않는다.

15 소멸시효에 관한 설명으로 옳지 않은 것은? (다툼이 있는 경우에는 판례에 의함)

제1회

① 채권은 10년, 소유권 이외의 재산권은 20년 동안 행사하지 않으면 소멸시효가 완성됨이 원칙이다.
② 음식점의 음식료에 대한 채권이 판결에 의하여 확정된 경우, 그 소멸시효기간은 1년이다.
③ 원본채권이 시효로 소멸하면, 변제기가 도래하지 아니한 이자채권도 소멸한다.
④ 부작위를 목적으로 하는 채권은 위반행위를 한 때로부터 소멸시효가 진행한다.
⑤ 소멸시효의 이익은 시효기간의 완성 전에는 포기할 수 없다.

해설

원칙적으로 음식점의 음식료에 대한 채권은 1년의 단기소멸시효에 걸리지만 단기소멸시효에 해당하는 것이라도 판결에 의하여 확정된 경우에는 10년의 소멸시효에 걸린다.

> 제165조【판결 등에 의하여 확정된 채권의 소멸시효】① 판결에 의하여 확정된 채권은 단기의 소멸시효에 해당한 것이라도 그 소멸시효는 10년으로 한다.

16 1년의 단기소멸시효에 걸리는 채권이 아닌 것은? 　　　　　　　　　　　　　제5회

① 노역인의 임금채권
② 의사의 치료비채권
③ 여관의 숙박료채권
④ 의복의 사용료채권
⑤ 음식점의 음식료채권

해설

의사의 치료비채권은 3년의 단기소멸시효에 걸린다.

> 제163조【3년의 단기소멸시효】다음 각 호의 채권은 3년간 행사하지 아니하면 소멸시효가 완성한다.
> 1. 이자, 부양료, 급료, 사용료 기타 1년 이내의 기간으로 정한 금전 또는 물건의 지급을 목적으로 한 채권
> 2. 의사, 조산사, 간호사 및 약사의 치료, 근로 및 조제에 관한 채권
> 3. 도급받은 자, 기사 기타 공사의 설계 또는 감독에 종사하는 자의 공사에 관한 채권
> 4. 변호사, 변리사, 공증인, 공인회계사 및 법무사에 대한 직무상 보관한 서류의 반환을 청구하는 채권
> 5. 변호사, 변리사, 공증인, 공인회계사 및 법무사의 직무에 관한 채권
> 6. 생산자 및 상인이 판매한 생산물 및 상품의 대가
> 7. 수공업자 및 제조자의 업무에 관한 채권
>
> 제164조【1년의 단기소멸시효】다음 각 호의 채권은 1년간 행사하지 아니하면 소멸시효가 완성한다.
> 1. 여관, 음식점, 대석, 오락장의 숙박료, 음식료, 대석료, 입장료, 소비물의 대가 및 체당금의 채권
> 2. 의복, 침구, 장구 기타 동산의 사용료의 채권
> 3. 노역인, 연예인의 임금 및 그에 공급한 물건의 대금채권
> 4. 학생 및 수업자의 교육, 의식 및 유숙에 관한 교주, 숙주, 교사의 채권

정답 | 14 ②　15 ②　16 ②

17 민법상 1년의 소멸시효 기간의 적용을 받는 채권이 아닌 것은? 제10회

① 음식점의 음식대금채권
② 여관의 숙박대금채권
③ 판결에 의하여 확정된 채권
④ 의복 등 동산의 사용료채권
⑤ 연예인의 임금채권

해설

판결에 의하여 확정된 채권은 10년의 소멸시효의 적용을 받는다.
> 제165조【판결 등에 의하여 확정된 채권의 소멸시효】① 판결에 의하여 확정된 채권은 단기의 소멸시효에 해당한 것이라도 그 소멸시효는 10년으로 한다.

18 다음 중 3년의 단기소멸시효에 걸리는 채권을 모두 고른 것은? (다툼이 있으면 판례에 따름) 제4회

㉠ 의사의 치료에 관한 채권
㉡ 노역인의 임금채권
㉢ 도급받은 자의 공사에 관한 채권
㉣ 2년 후에 원금과 이자를 한꺼번에 받기로 하고 대여한 경우의 이자채권
㉤ 상인인 가구상이 판매한 자개장롱의 대금채권

① ㉠, ㉤
② ㉠, ㉢, ㉤
③ ㉡, ㉢, ㉣
④ ㉢, ㉣, ㉤
⑤ ㉠, ㉡, ㉢, ㉣

해설

[지문분석]
㉡ 노역인의 임금채권은 1년이다.
㉣ 2년 후에 원금과 이자를 한꺼번에 받기로 하고 대여한 경우의 이자채권은 일반채권으로서 10년이다.

19 민법상 3년의 소멸시효기간의 적용을 받는 채권이 아닌 것은? (다툼이 있으면 판례에 따름)

제11회

① 의사의 치료에 관한 채권
② 세무사의 직무에 관한 채권
③ 도급받은 자의 공사에 관한 채권
④ 공인회계사의 직무에 관한 채권
⑤ 수공업자의 업무에 관한 채권

해설

> 민법 제163조 제5호에서 정하고 있는 '변호사, 변리사, 공증인, 공인회계사 및 법무사의 직무에 관한 채권'에만 3년의 단기소멸시효가 적용되고, 세무사와 같이 그들의 직무와 유사한 직무를 수행하는 다른 자격사의 직무에 관한 채권에 대하여는 민법 제163조 제5호가 유추적용된다고 볼 수 없다. 세무사를 상법 제4조 또는 제5조 제1항이 규정하는 상인이라고 볼 수 없고, 세무사의 직무에 관한 채권이 상사채권에 해당한다고 볼 수 없으므로, 세무사의 직무에 관한 채권에 대하여는 민법 제162조 제1항에 따라 10년의 소멸시효가 적용된다(대판 2022.8.25, 2021다311111).

> 제163조 【3년의 단기소멸시효】 다음 각 호의 채권은 3년간 행사하지 아니하면 소멸시효가 완성한다.
> 1. 이자, 부양료, 급료, 사용료 기타 1년 이내의 기간으로 정한 금전 또는 물건의 지급을 목적으로 한 채권
> 2. 의사, 조산사, 간호사 및 약사의 치료, 근로 및 조제에 관한 채권
> 3. 도급받은 자, 기사 기타 공사의 설계 또는 감독에 종사하는 자의 공사에 관한 채권
> 4. 변호사, 변리사, 공증인, 공인회계사 및 법무사에 대한 직무상 보관한 서류의 반환을 청구하는 채권
> 5. 변호사, 변리사, 공증인, 공인회계사 및 법무사의 직무에 관한 채권
> 6. 생산자 및 상인이 판매한 생산물 및 상품의 대가
> 7. 수공업자 및 제조자의 업무에 관한 채권

정답 | 17 ③ 18 ② 19 ②

20 민법상 3년의 소멸시효 기간의 적용을 받는 채권이 아닌 것은?   제13회

① 이자 기타 1년 이내의 기간으로 정한 금전지급채권
② 의사의 치료에 관한 채권
③ 도급받은 자의 공사에 관한 채권
④ 변호사의 직무에 관한 채권
⑤ 판결에 의하여 확정된 채권

해설

판결에 의하여 확정된 채권은 단기의 소멸시효에 해당한 것이라도 그 소멸시효는 10년으로 한다(제165조 제1항).

21 甲의 乙에 대한 채권의 소멸시효기간이 가장 긴 것은? (甲, 乙은 상인이 아님)   제12회

① 甲이 연예인 乙에게 물건을 공급한 경우, 甲의 물건공급대금채권
② 甲의 동산을 乙이 사용한 경우, 甲의 동산사용료채권
③ 甲교사의 강의를 乙학생이 수강한 경우, 甲의 수강료채권
④ 甲이 乙에게 부동산을 매도한 경우, 甲의 매매대금채권
⑤ 생산자 甲이 乙에게 생산물을 판매한 경우, 甲의 생산물대금채권

해설

④ 보통채권 - 10년
[지문분석]
① 노역인, 연예인의 임금 및 그에 공급한 물건의 대금채권 - 1년
② 의복, 침구, 장구 기타 동산의 사용료의 채권 - 1년
③ 학생 및 수업자의 교육, 의식 및 유숙에 관한 교주, 숙주, 교사의 채권 - 1년
⑤ 생산자 및 상인이 판매한 생산물 및 상품의 대가 - 3년

정답 | 20 ⑤   21 ④

제2절 | 소멸시효의 중단과 정지

01 소멸시효의 중단에 관한 다음 내용 중 옳지 않은 것은?

① 시효가 중단된 때에는 중단까지에 경과한 시효기간은 이를 산입하지 아니하고 중단사유가 종료한 때로부터 새로이 진행한다.
② 시효의 중단은 당사자 및 그 승계인 간에만 효력이 있다.
③ 재판상 청구는 소송의 각하, 기각 또는 취하의 경우에도 시효중단의 효력이 있다.
④ 최고는 6월 내에 재판상의 청구, 파산절차 참가, 화해를 위한 소환, 임의출석, 압류 또는 가압류, 가처분을 하지 아니하면 시효중단의 효력이 없다.
⑤ 재판상의 청구로 인하여 중단한 시효는 재판이 확정된 때로부터 새로이 진행한다.

해설

> 제170조【재판상의 청구와 시효중단】① 재판상의 청구는 소송의 각하, 기각 또는 취하의 경우에는 시효중단의 효력이 없다.

정답 | 01 ③

02 소멸시효의 중단사유에 관한 설명으로 옳지 않은 것은? (다툼이 있으면 판례에 따름) 제6회

① 지급명령신청은 시효중단사유가 아니다.
② 부동산의 가압류로 중단된 시효는 특별한 사정이 없는 한, 가압류등기가 말소된 때로부터 새로이 진행된다.
③ 채무승인이 있었다는 사실은 이를 주장하는 채권자 측에서 증명하여야 한다.
④ 채무의 일부변제도 채무승인으로서 시효중단사유가 될 수 있다.
⑤ 시효중단의 효력이 있는 승인에는 상대방의 권리에 관한 처분의 능력이나 권한이 있음을 요하지 않는다.

해설

> 제170조 【재판상의 청구와 시효중단】 ① 재판상의 청구는 소송의 각하, 기각 또는 취하의 경우에는 시효중단의 효력이 없다.
> ② 전항의 경우에 6월 내에 재판상의 청구, 파산절차참가, 압류 또는 가압류, 가처분을 한 때에는 시효는 최초의 재판상 청구로 인하여 중단된 것으로 본다.
> 제172조 【지급명령과 시효중단】 지급명령은 채권자가 법정기간 내에 가집행신청을 하지 아니함으로 인하여 그 효력을 잃은 때에는 시효중단의 효력이 없다.

지급명령신청은 시효중단사유이다(제172조). 민법 제170조 제1항에 규정하고 있는 '재판상의 청구'란 종국판결을 받기 위한 '소의 제기'에 한정되지 않고, 권리자가 이행의 소를 대신하여 재판기관의 공권적인 법률판단을 구하는 **지급명령신청도 포함된다**고 보는 것이 타당하다. 그리고 민법 제170조의 재판상 청구에 지급명령신청이 포함되는 것으로 보는 이상 특별한 사정이 없는 한, 지급명령신청이 각하된 경우라도 6개월 이내 다시 소를 제기한 경우라면 민법 제170조 제2항에 의하여 시효는 당초 지급명령신청이 있었던 때에 중단되었다고 보아야 한다(대판 2011.11.10, 2011다54686).

03 소멸시효 중단에 관한 설명으로 옳지 않은 것은? (다툼이 있으면 판례에 따름) 제13회

① 재판상의 청구는 그 소송이 각하, 기각 또는 취하된 경우에는 그로부터 6월 내에 다시 재판상의 청구 등을 하지 않는 한 시효중단의 효력이 없다.
② 시효중단의 효력 있는 승인은 상대방의 권리에 관한 처분의 능력이나 권한이 있음을 요한다.
③ 시효의 중단은 원칙적으로 당사자 및 그 승계인 간에만 효력이 있다.
④ 압류는 시효의 이익을 받은 자에 대해 하지 않은 때에는 이를 그에게 통지한 후가 아니면 시효중단의 효력이 없다.
⑤ 재판상의 청구로 인해 중단한 시효는 재판이 확정된 때부터 새로이 진행한다.

해설
시효중단의 효력 있는 승인에는 상대방의 권리에 관한 처분의 능력이나 권한 있음을 요하지 아니한다(제177조).

04 소멸시효의 중단에 관한 설명으로 옳지 않은 것은? (다툼이 있으면 판례에 따름) 제9회

① 채무자가 제기한 소에 대하여 채권자가 응소하여 그 소송에서 적극적으로 권리를 주장하고 그것이 받아들여진 경우 재판상의 청구가 될 수 있다.
② 시효완성 전에 한 채무의 일부변제는 특별한 사정이 없는 한 시효중단사유가 될 수 있다.
③ 현존하지 않는 장래의 채권을 시효진행이 개시되기 전에 미리 승인하는 것도 허용된다.
④ 임의출석의 경우에 화해가 성립되지 아니한 때에는 1월 내에 소를 제기하지 아니하면 시효중단의 효력이 없다.
⑤ 시효의 중단은 당사자 및 그 승계인 사이에만 효력이 있는 것이 원칙이다.

해설
소멸시효의 중단사유로서의 승인은 시효이익을 받을 당사자인 채무자가 그 권리의 존재를 인식하고 있다는 뜻을 표시함으로써 성립하는 것이므로 이는 소멸시효의 진행이 개시된 이후에만 가능하고 그 이전에 승인을 하더라도 시효가 중단되지는 않는다고 할 것이고, 또한 현존하지 아니하는 장래의 채권을 미리 승인하는 것은 채무자가 그 권리의 존재를 인식하고서 한 것이라고 볼 수 없어 허용되지 않는다고 할 것이다(대판 2001.11.9, 2001다52568).

정답 | 02 ① 03 ② 04 ③

05 소멸시효의 중단 또는 정지에 관한 설명으로 옳지 않은 것은? (다툼이 있으면 판례에 따름)

제3회

① 재판상의 청구는 그 소송이 취하된 경우에는 그로부터 6개월 내에 다시 재판상의 청구 등을 하지 않는 한 소멸시효 중단의 효력이 없다.
② 당연무효의 가압류·가처분은 소멸시효의 중단사유에 해당하지 않는다.
③ 부부 중 한쪽이 다른 쪽에 대하여 갖는 권리는 혼인관계가 종료된 때부터 6개월 내에는 소멸시효가 완성되지 않는다.
④ 승인은 소멸시효의 진행이 개시된 이후에만 가능하고, 그 이전에는 승인을 하더라도 시효가 중단되지 않는다.
⑤ 시효중단의 효력 있는 승인에는 상대방의 권리에 관한 처분의 능력이나 권한이 있을 것을 요한다.

해설

> 제177조 【승인과 시효중단】 시효중단의 효력 있는 승인에는 상대방의 권리에 관한 처분의 능력이나 권한 있음을 요하지 아니한다.

06 소멸시효에 관한 설명으로 옳은 것은? (다툼이 있으면 판례에 따름)

제4회

① 물상보증인이 채권자를 상대로 채무자의 채무가 모두 소멸하였다고 주장하면서 근저당권말소청구소송을 제기하였는데 채권자가 피고로서 응소하여 적극적으로 권리를 주장하고 받아들여진 경우에도 그 채권의 소멸시효는 중단되지 않는다.
② 비법인사단이 총유물을 매도한 후 그 대표자가 매수인에게 소유권이전등기의무에 대하여 시효중단의 효력이 있는 승인을 하는 경우에 있어 사원총회의 결의를 거치지 아니하였다면 그 승인은 무효이다.
③ 채권자가 물상보증인의 소유인 부동산에 경료된 근저당권을 실행하기 위하여 경매를 신청한 경우, 그 경매와 관련하여 채무자에게 압류사실이 통지되었는지 여부와 무관하게 소멸시효 중단의 효력이 발생한다.
④ 담보가등기가 경료된 부동산을 양수하여 소유권이전등기를 마친 자는 그 가등기담보권에 의하여 담보된 채권의 채무자가 시효이익을 포기한 경우 독자적으로 시효이익을 주장할 수 없다.
⑤ 대여금 채권의 소멸시효가 진행하는 중 채권자가 채무자 소유의 부동산에 가압류집행을 함으로써 소멸시효의 진행을 중단시킨 경우 그 기입등기일로부터 새롭게 소멸시효기간이 진행한다.

해설

① 물상보증인이 그 피담보채무의 부존재 또는 소멸을 이유로 제기한 저당권설정등기 말소등기절차이행청구소송에서 채권자 겸 저당권자가 청구기각의 판결을 구하고 피담보채권의 존재를 주장하였다고 하더라도 이로써 직접 채무자에 대하여 재판상 청구를 한 것으로 볼 수는 없는 것이므로 피담보채권의 소멸시효에 관하여 규정한 민법 제168조 제1호 소정의 '청구'에 해당하지 아니한다(대판 2004.1.16, 2003다30890).

[지문분석]

② 비법인사단의 사원총회가 그 총유물에 관한 매매계약의 체결을 승인하는 결의를 하였다면, 통상 그러한 결의에는 그 매매계약의 체결에 따라 발생하는 채무의 부담과 이행을 승인하는 결의까지 포함되었다고 봄이 상당하므로, 비법인사단의 대표자가 그 채무에 대하여 소멸시효 중단의 효력이 있는 승인을 하거나 그 채무를 이행할 경우에는 특별한 사정이 없는 한 별도로 그에 대한 사원총회의 결의를 거칠 필요는 없다(대판 2009.11.26, 2009다64383).

③ 채무자에게 압류사실이 통지된 경우에 채무자는 시효중단의 효과를 받는다.

> **제176조【압류, 가압류, 가처분과 시효중단】** 압류, 가압류 및 가처분은 시효의 이익을 받은 자에 대하여 하지 아니한 때에는 이를 그에게 통지한 후가 아니면 시효중단의 효력이 없다.

채권자가 물상보증인이나, 저당부동산의 제3취득자에 대하여 그 피담보채권의 실행으로서 임의경매를 신청하여 경매법원이 경매개시결정을 하고 경매절차의 이해관계인인 채무자에게 그 결정이 송달된 경우에는 시효의 이익을 받은 채무자는 민법 제176조에 의하여 당해 피담보채권의 소멸시효 중단의 효과를 받는다고 보아야 한다(대판 1990.6.26, 89다카32606).

④ 시효이익의 포기는 상대적 효력만 있기 때문에 채무자가 시효이익을 포기하였더라도 담보가등기가 경료된 부동산을 양수하여 소유권이전등기를 마친 자는 독자적으로 시효이익을 주장할 수 있다.

⑤ 시효가 중단된 때에는 중단사유가 종료한 때부터 새로이 시효가 진행된다. 따라서 가압류등기가 말소된 때부터 새로이 진행한다.

정답 | 05 ⑤ 06 ①

07 소멸시효 중단에 관한 설명으로 옳지 않은 것은? (다툼이 있으면 판례에 따름) 제11회

① 지급명령에 의한 시효중단의 효과는 지급명령을 신청한 때에 발생한다.
② 시효이익을 받을 본인의 대리인은 소멸시효 중단사유인 채무의 승인을 할 수 있다.
③ 가압류의 피보전채권에 관하여 본안의 승소판결이 확정되면 가압류에 의한 시효중단의 효력은 당연히 소멸한다.
④ 재판상의 청구로 인하여 중단한 소멸시효는 재판이 확정된 때로부터 새로이 진행한다.
⑤ 시효중단의 효력 있는 승인에는 상대방의 권리에 관한 처분능력이나 권한 있음을 요하지 않는다.

해설

[1] 민법 제168조에서 가압류를 시효중단사유로 정하고 있는 것은 가압류에 의하여 채권자가 권리를 행사하였다고 할 수 있기 때문인데 가압류에 의한 집행보전의 효력이 존속하는 동안은 가압류채권자에 의한 권리행사가 계속되고 있다고 보아야 할 것이므로 **가압류에 의한 시효중단의 효력은 가압류의 집행보전의 효력이 존속하는 동안은 계속된다.**
[2] 민법 제168조에서 가압류와 재판상의 청구를 별도의 시효중단사유로 규정하고 있는 데 비추어 보면, **가압류의 피보전채권에 관하여 본안의 승소판결이 확정되었다고 하더라도 가압류에 의한 시효중단의 효력이 이에 흡수되어 소멸된다고 할 수 없다**(대판 2000.4.25, 2000다11102).

08 소멸시효에 관한 설명으로 옳은 것은? 제5회

① 시효중단사유가 종료하면 남은 시효기간이 경과함으로써 소멸시효는 완성된다.
② 주된 권리의 소멸시효가 완성되어도 종속된 권리에는 그 영향을 미치지 않는다.
③ 소멸시효중단의 효력은 당사자 사이에서만 효력이 있다.
④ 소멸시효는 특약에 의하여 이를 배제, 연장 또는 가중할 수 있다.
⑤ 판결에 의하여 확정된 채권은 단기의 소멸시효에 해당한 것이라도 그 소멸시효는 10년으로 한다.

해설

[지문분석]
① 시효가 중단된 때에는 중단까지에 경과한 시효기간은 이를 산입하지 아니하고 중단사유가 종료한 때로부터 새로이 진행한다(제178조 제1항).
② 주된 권리의 소멸시효가 완성한 때에는 종속된 권리에 그 효력이 미친다(제183조).
③ 시효의 중단은 당사자 및 그 승계인 간에만 효력이 있다(제169조).
④ 소멸시효는 법률행위에 의하여 이를 배제, 연장 또는 가중할 수 없으나 이를 단축 또는 경감할 수 있다(제184조 제2항).

09 소멸시효의 중단과 정지에 관한 설명으로 옳지 않은 것은?

제1회

① 파산절차참가는 채권자가 이를 취소한 때에는 시효중단의 효력이 없다.
② 임의출석의 경우에 화해가 성립되지 아니한 때에는 1월 내에 소를 제기하지 아니하면 시효중단의 효력이 없다.
③ 재판상의 청구를 한 후에 소의 각하가 있고 6월 내에 다시 재판상의 청구를 한 경우, 소멸시효는 다시 재판상의 청구를 한 때로부터 중단된 것으로 본다.
④ 천재 기타 사변으로 인하여 소멸시효를 중단할 수 없을 때에는 그 사유가 종료한 때로부터 1월 내에는 시효가 완성하지 아니한다.
⑤ 물상보증인의 부동산을 압류한 경우에 그 사실을 주채무자에게 통지한 후가 아니면 그 주채무자에게 시효중단의 효력이 없다.

해설

6월 내에 재판상의 청구, 파산절차참가, 압류 또는 가압류, 가처분을 한 때에는 시효는 최초의 재판상 청구로 인하여 중단된 것으로 본다(제170조 제2항).

정답 | 07 ③ 08 ⑤ 09 ③

10 소멸시효에 관한 설명으로 옳은 것을 모두 고른 것은?   제2회

> ㉠ 기한을 정하지 않은 권리의 소멸시효는 권리가 발생한 때로부터 진행한다.
> ㉡ 소멸시효는 그 기산일에 소급하여 효력이 생긴다.
> ㉢ 소멸시효의 중단은 그 당사자 사이에만 효력이 생긴다.
> ㉣ 시효중단의 효력이 있는 승인에는 상대방의 권리에 관한 처분의 능력이나 권한 있음을 요하지 아니한다.

① ㉠, ㉡
② ㉠, ㉢
③ ㉢, ㉣
④ ㉠, ㉡, ㉣
⑤ ㉡, ㉢, ㉣

해설

㉡ 제167조【소멸시효의 소급효】소멸시효는 그 기산일에 소급하여 효력이 생긴다.

㉣ 제177조【승인과 시효중단】시효중단의 효력 있는 승인에는 상대방의 권리에 관한 처분의 능력이나 권한 있음을 요하지 아니한다.

[지문분석]

㉢ 제169조【시효중단의 효력】시효의 중단은 당사자 및 그 승계인 간에만 효력이 있다.

11 소멸시효에 관한 설명으로 옳은 것은? (다툼이 있는 경우에는 판례에 의함)

① 시효의 중단사유가 재판상의 청구인 때에는 중단까지 경과한 시효기간은 이를 산입하지 아니하고 재판이 확정된 때로부터 새로이 시효가 진행한다.
② 건물이 완공되지 않아 소유권이전등기청구권을 행사할 수 없었다는 사유는 그 청구권의 소멸시효의 진행을 막는 법률상의 장애사유가 되지 아니한다.
③ 근저당권설정등기청구권은 피담보채권에 부종하는 청구권이므로 독자적인 시효기간의 적용을 받지 아니한다.
④ 물상보증인이 피담보채무의 부존재를 이유로 제기한 저당권설정등기 말소청구소송에서 저당권자가 청구기각의 판결을 구하였다면 이를 직접 채무자에 대한 재판상 청구로 볼 수 있다.
⑤ 채무자는 소멸시효의 진행이 개시된 이후는 물론 그 이전에도 채무를 승인하여 시효를 중단할 수 있다.

해설

[지문분석]

② 소멸시효는 객관적으로 권리가 발생하여 그 권리를 행사할 수 있는 때로부터 진행하고 그 권리를 행사할 수 없는 동안만은 진행하지 않는바, '권리를 행사할 수 없는' 경우란, 권리자가 권리의 존재나 권리행사 가능성을 알지 못하였다는 등의 사실상 장애사유가 있는 경우가 아니라, 법률상의 장애사유, 예컨대 기간의 미도래나 조건불성취 등이 있는 경우를 말하는데(대판 2006.4.27, 2006다1381 등 참조), **건물에 관한 소유권이전등기청구권에 있어서 그 목적물인 건물이 완공되지 아니하여 이를 행사할 수 없었다는 사유는 법률상의 장애사유에 해당한다**(대판 2007.8.23, 2007다28024 · 28031).
③ 근저당권설정 약정에 의한 근저당권설정등기청구권이 그 피담보채권이 될 채권과 별개로 소멸시효에 걸린다(대판 2004.2.13, 2002다7213).
④ 물상보증인이 그 피담보채무의 부존재 또는 소멸을 이유로 제기한 저당권설정등기 말소등기절차이행청구소송에서 채권자 겸 저당권자가 청구기각의 판결을 구하고 피담보채권의 존재를 주장하였다고 하더라도 이로써 직접 채무자에 대하여 재판상 청구를 한 것으로 볼 수는 없는 것이므로 피담보채권의 소멸시효에 관하여 규정한 민법 제168조 제1호 소정의 '청구'에 해당하지 아니한다(대판 2004.1.16, 2003다30890).
⑤ 소멸시효의 중단사유로서의 승인은 시효이익을 받을 당사자인 채무자가 그 권리의 존재를 인식하고 있다는 뜻을 표시함으로써 성립하는 것이므로 이는 **소멸시효의 진행이 개시된 이후에만 가능하고 그 이전에 승인을 하더라도 시효가 중단되지는 않는다**고 할 것이고, 또한 현존하지 아니하는 장래의 채권을 미리 승인하는 것은 채무자가 그 권리의 존재를 인식하고서 한 것이라고 볼 수 없어 허용되지 않는다고 할 것이다(대판 2001.11.9, 2001다52568).

정답 | 10 ④ 11 ①

12 소멸시효의 중단과 정지에 관한 설명으로 옳지 않은 것은? (다툼이 있으면 판례에 따름)

제12회

① 채무자가 제기한 소에 대하여 채권자가 응소하여 그 소송에서 적극적으로 권리를 주장하고 그것이 받아들여진 경우, 재판상의 청구가 될 수 있다.
② 승소 확정판결을 받은 채권자가 그 판결상 채권의 시효중단을 위해 후소를 제기하는 경우, 재판상 청구가 있다는 점에 대하여만 확인을 구하는 형태의 새로운 방식의 확인소송은 허용될 수 없다.
③ 상속재산에 속한 권리나 상속재산에 대한 권리는 상속인의 확정, 관리인의 선임 또는 파산선고가 있는 때로부터 6월 내에는 소멸시효가 완성하지 아니한다.
④ 화해를 위한 소환은 상대방이 출석하지 아니한 때에는 화해신청인이 1월 내에 소를 제기하지 아니하면 시효중단의 효력이 없다.
⑤ 천재 기타 사변으로 소멸시효를 중단할 수 없을 때에는 그 사유가 종료한 때로부터 1월 내에는 시효가 완성하지 아니한다.

해설

시효중단을 위한 후소로서 이행소송 외에 전소 판결로 확정된 채권의 시효를 중단시키기 위한 조치, 즉 '재판상의 청구'가 있다는 점에 대하여만 확인을 구하는 형태의 '새로운 방식의 확인소송'이 허용되고, 채권자는 두 가지 형태의 소송 중 자신의 상황과 필요에 보다 적합한 것을 선택하여 제기할 수 있다고 보아야 한다(대판 2018.10.18, 2015다232316 전합).

13 소멸시효에 관한 설명으로 옳지 않은 것은? (다툼이 있으면 판례에 따름)   제6회

① 시효의 이익을 받은 자가 소송에서 소멸시효완성 사실을 주장하지 않으면, 그 의사에 반하여 재판할 수 없다.
② 천재 기타 사변으로 인하여 소멸시효를 중단할 수 없는 경우에는 그 사유가 종료한 때에 시효가 완성된다.
③ 부작위를 목적으로 하는 채권의 소멸시효는 위반행위를 한 때로부터 진행한다.
④ 파산절차에 의하여 확정된 채권이 확정 당시에 변제기가 이미 도래한 경우, 그 시효는 10년으로 한다.
⑤ 소멸시효는 그 기산일에 소급하여 효력이 생긴다.

해설

그 사유가 종료한 때로부터 1개월 후에 시효가 완성된다.

> 제182조【천재 기타 사변과 시효정지】천재 기타 사변으로 인하여 소멸시효를 중단할 수 없을 때에는 그 사유가 종료한 때로부터 1월 내에는 시효가 완성하지 아니한다.

정답 | 12 ② 13 ②

제3절 | 소멸시효의 효력

01 소멸시효의 효력에 관한 설명으로 옳지 않은 것은? (다툼이 있으면 판례에 따름)

① 당사자의 원용이 없어도 시효완성의 사실로써 채무는 당연히 소멸된다.
② 채무자의 소멸시효에 기한 항변권의 행사도 우리 민법의 대원칙인 신의성실의 원칙과 권리남용금지의 원칙의 지배를 받는다.
③ 소멸시효는 그 기산일에 소급하여 효력이 생긴다.
④ 주된 권리의 소멸시효가 완성한 때에도 종속된 권리에는 그 효력이 없다.
⑤ 소멸시효의 이익은 미리 포기하지 못한다.

해설

> 제183조【종속된 권리에 대한 소멸시효의 효력】주된 권리의 소멸시효가 완성한 때에는 종속된 권리에 그 효력이 미친다.

02 소멸시효에 관한 설명으로 옳지 않은 것은? (다툼이 있으면 판례에 따름) 제9회

① 시효기간 만료로 인한 권리의 소멸은 시효의 이익을 받은 자가 시효완성의 항변을 하지 않으면 그 의사에 반하여 재판할 수 없다.
② 시효를 원용할 수 있는 사람은 권리의 소멸에 의하여 직접 이익을 받는 사람에 한정된다.
③ 시효가 완성된 채권의 시효이익을 채무자가 포기하면 포기한 때로부터 그 채권의 시효가 새로 진행한다.
④ 시효는 법률행위에 의하여 이를 배제하거나 경감할 수 없다.
⑤ 시효는 그 기산일에 소급하여 효력이 생긴다.

해설

> 제184조【시효의 이익의 포기 기타】① 소멸시효의 이익은 미리 포기하지 못한다.
> ② 소멸시효는 법률행위에 의하여 이를 배제, 연장 또는 가중할 수 없으나 이를 단축 또는 경감할 수 있다.

03 소멸시효와 제척기간에 관한 설명으로 옳은 것은? (다툼이 있으면 판례에 따름) 제10회

① 소멸시효가 완성되면 그 기간이 경과한 때부터 장래에 향하여 권리가 소멸하지만, 제척기간이 완성되면 그 기산일에 소급하여 권리가 소멸한다.
② 소멸시효는 그 성질상 기간의 중단이 있을 수 없지만, 제척기간은 권리자의 청구가 있으면 기간이 중단된다.
③ 소멸시효가 완성된 이후 그 이익을 포기하는 것은 원칙적으로 인정되지만, 제척기간은 그 포기가 인정되지 않는다.
④ 소멸시효 완성에 의한 권리소멸은 법원의 직권조사사항이지만, 제척기간에 의한 권리의 소멸은 원용권자가 이를 주장하여야 한다.
⑤ 매도인의 하자담보책임에 기한 매수인의 손해배상청구권과 같이 청구권에 관하여 제척기간을 정하고 있는 경우에는 제척기간이 적용되므로 소멸시효는 당연히 적용될 수 없다.

해설

③ 소멸시효에서는 시효이익을 포기할 수 있으나, 제척기간에는 기간의 만료로 권리 자체가 소멸하기 때문에 포기가 인정되지 않는다.

[지문분석]
① 소멸시효는 그 기산일에 소급하여 권리소멸의 효과가 생기지만, 제척기간의 경우 기간이 경과한 때로부터 장래에 향하여 권리가 소멸한다.
② 소멸시효에는 시효중단이 있으나, 제척기간은 권리의 존속기간으로서 기간의 중단이 있을 수 없다.
④ 제척기간의 경과로 인한 권리의 소멸은 당사자의 주장이 없더라도 당연히 직권으로 조사하여 재판에 고려해야 하는 직권조사사항이다. 이에 반해 소멸시효 완성에 의한 권리의 소멸은 변론주의의 원칙상 당사자가 시효소멸을 주장해야 재판의 기초로 삼을 수 있다.
⑤ 매도인에 대한 하자담보에 기한 손해배상청구권에 대하여는 민법 제582조의 제척기간이 적용되고, 이는 법률관계의 조속한 안정을 도모하고자 하는 데에 취지가 있다. 그런데 하자담보에 기한 매수인의 손해배상청구권은 권리의 내용·성질 및 취지에 비추어 민법 제162조 제1항의 채권 소멸시효의 규정이 적용되고, **민법 제582조의 제척기간 규정으로 인하여 소멸시효 규정의 적용이 배제된다고 볼 수 없으며**, 이때 다른 특별한 사정이 없는 한 무엇보다도 매수인이 매매 목적물을 인도받은 때부터 소멸시효가 진행한다고 해석함이 타당하다(대판 2011.10.13, 2011다10266).

정답 | 01 ④ 02 ④ 03 ③

04 **소멸시효완성 후 시효이익의 포기에 관한 설명으로 옳지 않은 것은? (다툼이 있으면 판례에 따름)**

① 시효완성 후 시효이익의 포기는 허용되지만, 시효완성 전 시효이익의 포기는 허용되지 않는다.
② 시효이익의 포기는 그 의사표시로 인하여 권리에 직접적인 영향을 받는 상대방에게 도달한 때에 그 효력이 발생한다.
③ 주채무자가 시효이익을 포기하여도 보증인에게 그 효과가 없다.
④ 시효이익을 포기한 경우에는 그때부터 새로이 소멸시효가 진행한다.
⑤ 채무자가 시효완성 후 채무를 승인한 경우에는 시효완성의 사실을 알고 그 이익을 포기한 것으로 추정된다.

해설

판례 변경으로 인하여 시효완성 후 채무승인이 있어도 시효이익 포기의 의사표시가 있다고 추정되지 않는다(대판 2025.7.24, 2023다240299 전합).

05 **소멸시효의 효력에 관한 설명으로 옳지 않은 것은? (다툼이 있으면 판례에 따름)** 제12회

① 소멸시효는 그 기산일에 소급하여 효력이 생긴다.
② 주된 권리의 소멸시효가 완성한 때에는 종속된 권리에 그 효력이 미친다.
③ 소멸시효는 법률행위에 의하여 이를 배제할 수 없으나 연장할 수는 있다.
④ 소멸시효의 이익은 미리 포기하지 못한다.
⑤ 채무자가 소멸시효 완성 후 채권자에 대하여 채무 일부를 변제함으로써 시효의 이익을 포기한 경우, 포기한 때로부터 새로이 소멸시효가 진행한다.

해설

소멸시효는 법률행위에 의하여 이를 배제, 연장 또는 가중할 수 없으나 이를 단축 또는 경감할 수 있다(제184조 제2항).

정답 | 04 ⑤ 05 ③

2026 대비 최신개정판

해커스행정사
양기백
민법총칙 1차 기출+실전문제집

개정 2판 1쇄 발행 2025년 11월 3일

지은이	양기백
펴낸곳	해커스패스
펴낸이	해커스행정사 출판팀
주소	서울특별시 강남구 강남대로 428 해커스행정사
고객센터	1588-2332
교재 관련 문의	publishing@hackers.com
	해커스행정사 사이트(adm.Hackers.com) 1:1 무료상담
	카카오톡 채널 [해커스행정사]
동영상강의	adm.Hackers.com
ISBN	979-11-7404-592-8 (13360)
Serial Number	02-01-01

저작권자 ⓒ 2025, 양기백
이 책의 모든 내용, 이미지, 디자인, 편집 형태는 저작권법에 의해 보호받고 있습니다. 서면에 의한 저자와 출판사의 허락 없이 내용의 일부 혹은 전부를 인용, 발췌하거나 복제, 배포할 수 없습니다.

한 번에 합격!
해커스행정사 adm.Hackers.com

해커스행정사

• 양기백 교수님의 **본 교재 인강**(교재 내 할인쿠폰 수록)